이혼과 문학

“가장 신성한 블라지미르 성모이콘”

키예프루시 시대

모스크바 루시 시대

이콘과 문학

한국외국어대학교 출판부

머리말

루시의 세례와 이콘

9세기 테살로니키 출신의 콘스탄틴(키릴)과 메포지 형제 수도사는 슬라브인에게 비잔틴 정교를 포교하기 위하여 그리스어 복음서와 전례서 등을 자신들이 창제한 새 문자로 번역하여 전파했다. 처음에 그들은 원시슬라브어의 한 형태로 밝혀진 글라골 문자(глаголица)를 체계화하였고, 그 후 이미 비잔틴 정교를 수용했던 불가리아 왕국에서 두 형제와 그 제자들에 의하여 불가리아식 키릴문자(кириллица)가 만들어졌다. 이렇게 글라골 문자를 바탕으로 체계화된 키릴 문자의 알파벳에 그리스어 정자법을 기초로 만든 몇 개의 자모가 보충되면서 이른바 러시아 고대 교회슬라브어가 탄생하

키릴과 메포지 이콘

였다. 고대 교회슬라브어로 번역 필사된 비잔틴 정교 문헌들은 그 후 동슬라브인의 중심 거점이 된 키예프 루시는 물론 슬라브인이 거주하는 전 지역에 전파된다. 공통 언어로서 체계화되기 시작한 교회슬라브어로 인해 슬라브인들은 비잔틴 세계의 문화와 기독교를 비교적 쉽고 자연스럽게 접할 수 있었고, 나아가 교회슬라브어는 슬라브-러시아가 비잔틴 정교를 수용하는데 큰 역할을 하게 되었다.

그러나 이 과정에서 키예프 루시는 그리스어로 쓰여진 비잔틴 정교 문화의 문헌들을 고대 교회슬라브어로 번역하고 전파하는데 많은 한계를 지닐 수밖에 없었다. 문화사적 관점에서 볼 때, 이것은 키예프 루시가 겪어야 할 당연한 난관이었다. 고대 교회슬라브어의 탄생과 비잔틴 정교문화가 모두 불가리아를 통한 간접 수용이었다는 것부터가 문제였다. 보다 본질적인 문제는 키예프 루시의 블라지미르 대공이 비잔틴 정교를 수용한 그 시점의 루시인들은 농경생활 속의 토속신앙을 지키는 문맹상태였고, 정교회 평신도나 성직자들조차도 비잔틴 정교의 성서나 교리에 대한 지식과 정확한 이해가 부족했기 때문에, 원전의 번역과 교리전파 과정에서 그리스 원전의 전례서가 담고 있는 추상적인 개념과 시적 뉘앙스를 충분히 살릴 수 없는 상황이었다.

따라서 키예프 루시인들에게는 난해한 문자를 통한 정교문화의 학습보다는 프레스코나 이콘과 같은 시각적인 종교적 상징물이 보다 효과적인 전달매체가 되었다. 그리스도, 성모, 성자들의 형상과 성서의 주제를 담고 있는 조형예술이 그들로 하여금 기독교의 신비롭고 신성한 세계를 감성적이고 흥미롭게 이해할 수 있도록 하였던 것이다. 이러한 결과론적 현상은 10세기말 블라지미르 대공이 비잔틴 정교를 공식적으로 수용하게 된 중요한 이유 중의 하나와 관련된다. 11세기 중반 야로슬라프 현공 치세말기에 집대성되기 시작한 『원초연대기』에 따르면, 블라지미르 대공이 그 당시 유대교, 이슬람교, 로마 가톨릭교가 아닌 비잔틴 정교를 선택한 것은 콘스탄티노플에 있는 성 소피아 사원의 웅장하고 화려한 외형과 내부구조 그리고 장식물-모자이크, 프레스코, 이콘과 이코노스타스(이콘화벽)-의 아름다움과 엄숙하고 장중한 예배의식에 매료되었기 때문이었다. 그리하여 크림반도에 있는 코르순(Корсунь, 키예프와 콘스탄티노플을 잇는 거점, 옛 이름 헤르소네스)에서 비잔틴 정교의 세례의식을 치룬 대공은 정교 예배서와 이콘과 같은 성물을 지니고 키예프로 돌아오는 길에, 그들이 숭배하던 슬라브 민족의 범신론적 자연신들(페룬, 스트리보그, 모코쉬 등)의 판테온을 모두 파괴하였다. 모든 루시인들은 기독교 세례를 받아야함을 상징적으로 선포한 것이다.

이렇게 코르순에서 키예프로 들어온 비잔틴 정교회이콘은 키예프 루시의 정신세계와 문화 속에 뿌리내린 이교적 자연관과 새로운 기독교적 세계관을 조화롭게 공존시킨 매개체로서 러시아인의 정신적 표상이 된다. 실제로, 루시의 토속신앙적 농경문화 위에 연착하게 된 정교문화는 이교신앙의 사당을 작은 교회로, 주술도구는 이콘과 같은 성물로, 주술사는 정교의 사제로 대치하거나 또는 그들과 공존하였다. 현지에 정착한 교회 사제들은 주민들의 다양한 토속적인 의식과 축제문화를 솔선하여 수용했고, 현지 주민들 또한 교회의 종교적 관습을 필요에 따라 받아들였다. 자연의 재앙, 경작, 가축과 사람의 전염병을 관장하는 그들의 자연신들이 이콘 속 수호성자들의 이름으로 명명되면서 정교는 토착신앙 위로 자연스럽게 접목되었다. 페룬(Перун, 천둥 번개의 신)은 선지자 일리야로, 볼로스(Волос, 가축의 신)는 성 블라스로, 하지축제인 쿠팔라(Купала)는 세례 요한의 날과 겹치면서 이반 쿠팔라(Иван Купала)의 날로 명명된다. 또한 새봄맞이 축제 마슬레니차(масленица)와 성삼위일체의 날과 겹치는 세믹(семик) 등은 부활절 주간에 포함된다. 동시에 정교 사제들의 왕래가

잦아지면서 그들이 들려주는 이콘 속 성서의 기적이야기는 특히 주민들의 흥미를 끌었다. 정교의 복음 전파를 위해서는 성서나 기도서에 의한 설교보다는 '성삼위일체 이콘,' '그리스도 이콘,' '성모이콘' 그리고 '니콜라이 기적성자이콘'과 같은 시각적 성물들이 보다 효과적이었던 것이다.

키예프 루시시대는 물론 정교회 국가로서 오늘날 러시아 민족의 정신적 삶의 일부가 된 이콘은 우리로 하여금 비잔틴제국과 러시아의 정교문화 및 기독교 회화예술사적 관점에서 그것의 의미와 역할을 보다 체계적으로 이해해야 할 필요성을 갖게 한다. 왜냐하면 이콘의 신학적, 미학적 가치는 러시아 문화와 예술, 특히 전통 러시아문학과 회화예술의 혼으로 작용하기 때문이다.

목차

저자의 말

이콘은 하늘을 향해 있는 창문이다. 그러나 이 창문은 특별한 시선과 마음을 지닌 사람들을 위해서만 열린다. 경구와도 같은 이 말은 이콘은 무엇인가라는 질문에 대한 짧은 현답이다. 이콘은 그림이 아니다. 그림이 선과 색을 통하여 현세의 모든 현상을 묘사한다면, 이콘은 묘사가 아니라 다른 세계의 현상을 제시한다. 르네상스 시대부터 인간과 동물의 세계, 자연과 사물의 세계는 삼차원 공간의 캔버스나 화벽 위의 환상적인 재현을 통한 그림으로 묘사되어 왔다. 하지만 수십 세기에 걸쳐 쌓여진 독특한 화법의 결정체로서의 이콘은 자체의 프리즘을 통하여 불가시의 세계를 보여주는 것이다. 이콘을 보다 가까이 하기 위해서는 그것이 만들어진 시대에 살던 사람들의 눈으로 보고자 노력해야 한다. 이콘을 창조한 사람들은 가깝게는 비잔틴 정교회의 수도사를 비롯하여 러시아 정교의 고행수도사나 귀의자들이다. 그들에게 신은 보편적인 우주의 진리이자 확고 불변한 실제였고, 눈에 보이지 않는 사실의 목격자요 심판관이었다.

이러한 교회의 성물을 앞에 놓고 러시아인의 조상들은 숭배냐 모독이냐의 사이에서 심각한 갈등과 고심을 거듭해왔다. 고대 루시에 비잔틴 정교가 유입되면서 슬라브민족이 지닌 전통적인 농경생활의 관습과 슬라브 신화속에 등장하는 자연신에 대한 제사나 계절축제는 정교회 축일의식과 혼합되었고, 부락의 사당과 집안을 지키던 가신이나 부적들은 정교회의 작은 예배당이나 성소의 이콘으로 대치되었다. 페룬을 비롯한 자연신 토템들은 세례 요한, 그리스도, 성모, 니콜라이 기적성자의 이콘이나 이들 이콘으로 봉헌된 수도원과 자리바꿈을 한 것이다. 이것은 바로 토속적 민간신앙과 기독교의 자연스럽고도 절묘한 조화이자, 객관적 시각에서 말하는 이른바 러시아 이중신앙의 단초이기도 하다. 그러나 고대 루시의 일부 고집스러운 부락민들은 그들의 고유한 토속신앙을 고수하였는데, 심지어 이들은 키예프 루시의 코르순 지방 벽촌에서 은둔생활을 하던 비잔틴 정교를 믿는 바랴그인 고행수도사들을 살해하기까지 하였다. 이러한 토박이 反기독교도들과 종교적 이단에 의해 이콘파괴와 같은 성물모독행위가 만연되기도 하였다. 실제로 이콘숭배주의와 이콘타파주의 간의 논쟁과 싸움을 수차례 겪은 비잔틴 정교회였지만, 러시아정교회 사제들의 편에서는 농촌공동체를 구성하는 토박이 이교신앙인들의 성물모독행위와 풍조를 탄압과 금기로만 일관할 수 없었던 것이다. 이렇게 조성된 러시아 민족의 종교적 양면성은 "러시아인들은 입으로는 하나님을 찾으면서 손은 자신의 엉덩이를 긁고 있다"는 19세기 벨린스키의 비판적 견해에서 잘 나타나고 있다. 도스토옙스키 소설속의 하찮은 도둑과 죄수들도 이콘의 종교적 에피소드를 잘 알고 있으며, 소설의 주인공인 무신론자들도 이콘이 있는 자신들의 성소에 현수등을 켠다. 이콘에 내힌 성물모독과 숭배의 관점은 이처럼 사고하는 현대 러시아인들이 무신론과 유신론을 구분하는 정신적 잣대가 된 것이다.

정교회의 예배서, 성승전 또는 성사선과 같은 교회문학적 고전 속에는 이콘의 병풍이라 일컫는 이콘화벽의 구조와도 같이 그리스도,

성모, 그리고 성자들의 이콘에 관한 에피소드들이 모자이크화되어 있다. 성서 또한 복음성자 누가가 그렸던 성모이콘에 대한 기적이야기를 비롯하여 '아브라암의 환대(구약의 성삼위일체 이콘의 원상)' 이콘 등 수많은 고대 이콘의 출처를 고증한다. 나아가서 이콘은 민담, 영웅서사시, 설화에도 모티브화된다. 이와 같은 루시의 고대문헌들은 이콘의 기원과 의미, 그리고 현상구조와 화법을 이해하는 열쇠가 되며, 역으로 이콘은 시각적 형상의 프리즘을 통해 이러한 문헌의 내용을 투시해준다.

벽촌의 농민에서 황제에 이르기까지 러시아 민족은 자신들만의 고유한 집안의 성소속에 그들의 가문과 계보를 잇는 이콘과 성물들을 모셔왔다. 이콘은 그들의 사회, 종교적 삶과 조형예술을 비롯한 문학예술 세계 속에 변함없이 살아있는 민족혼이다.

이 책은 비잔틴 정교의 세례와 함께 생성된 키예프 루시의 정교회 이콘을 소개하고, 이콘에 대한 정의를 통하여 이콘의 기원, 그것의 의미와 사명, 화법과 유형, 그리고 이콘이 지닌 문학적 기능을 설명하였다. 문학적 기능은 고대 루시의 교회문학 장르를 비롯하여 러시아 현대문학 속의 이콘을 주제 또는 모티브로 하는 대표적인 몇 편의 작품을 통하여 실증하였다. 그리고 독자의 이해를 돕기 위해 러시아 정교문화의 흐름과 그 정신을 담고 있는 정교회의 성자전 문학을 개관하였다. 이콘은 정교회의 교리상의 정통성과 러시아문학의 전통유산 그리고 러시아 민족정신을 연결해주는 하나의 고리 역할을 하기 때문이다.

책의 내용은 학생들과 함께 고대 루시문학을 공부하면서 어렵고 지루한 순간을 넘기기 위한 필자의 토막 이야기들과 이콘에 관한 논문들을 풀어 엮은 것이다. 낡고 작은 목판의 이콘처럼, 독자들도 이 작은 책자를 통하여 잠시나마 다른 세계로 향하는 마음의 창을 열어 볼 수 있었으면 하는 필자의 바람이다.

이 책을 엮도록 용기를 주신 학과 선생님들과 편집, 교정을 도와준 사랑하는 러시아연구소 후학들의 노고에 깊은 감사를 드리고, 책을 만들어 주신 외대출판부 가족께 특별히 감사드린다.

2010년 11월

장 실

1

이콘이란 무엇인가?

이콘의 신학적 의미와 가치

사원의 이콘과 이콘화벽

이콘화가 알림피

1. 이콘이란 무엇인가?

고대 그리스어의 에이콘(eikon; 원형과 닮은 이미지, 구현, 조상)에서 파생된 이콘(икона)은 러시아어의 오브라즈(образ: 형상, 성상)와 같은 의미로 사용된다. 넓은 뜻에서 이콘은 카타콤의 지하 암벽이나 석관에 새겨진 초기 기독교 역사의 상징적 이미지인 소상이나 성서적 테마의 부조회화술을 비롯하여 비잔틴 정교회가 전례의식이나 교회 장식에 사용한 모든 형태의 성물이미지, 즉 모자이크, 벽화, 대리석 소상, 금속 제기 등의 성상예술을 포괄한다.[1] 좁은 의미에서의 이콘은 주로 사각형의 목판에 수지와 달걀노른자의

그림 1 카타콤의 부조(물고기)

그림 2 카타콤의 벽화 '선한 목자'

1. 카타콤의 벽면이나 석관에 새겨진 성서 속 삽화와 달, 물고기, 어린 양과 같은 상징적 이미지는 기독교의 영성을 표현한 원시기독교 조형예술의 본보기이다. 이러한 형상들은 예배의식내용과 종교사적 사건의 의미를 서술한 교부문학의 내용과 일치되면서 교회의 복음전파를 위한 종교화의 모태가 된 것이다. 기독교 원년부터 신자들의 무덤이나 예배 또는 비밀집회 장소였던 카타콤은 로마 교외의 것뿐만 아니라, 소아시아, 북아프리카, 남부 이탈리아 등지의 카타콤들도 보존되어 있다.

그림 3 카타콤의 프레스코 '기도하는 여인'

그림 4 카타콤 내벽

반죽으로 만든 불투명한 색의 안료로 그려진 그리스도, 성모, 천사, 성자 그리고 성서적 사건의 주제를 형상화한 그림이다. 정교회의 이콘화법 관례에 따르면 이콘의 목판은 〈그림 5〉에서 보듯이 '노아의 방주' 또는 십계명 석판을 넣어둔 모세의 '언약궤' 콥체그(ковчег)를 모형으로 하며 그 크기는 정교회가 사용하는 크고 작은 성서나 예배서의 규격에 맞추도록 했었다.[2]

정교회 주석사전에서 이콘은 이렇게 정의된다: 성서(священное писание)가 시각적 문자체계라면 이콘은 시각적 형상체계인 그림의 신학으로 하느님의 계시를 구현한다. 따라서 이콘은 정교회의 예배서로서 인지기능과 기도와 찬송의 기능을 함께 하는 또 다른 성서이다.[3] 또한 이콘예술의 언어적 기능과 기호론적인 시각에서 보리스 우스펜스키는 기독교 회화예술로서의 이콘화판 속에는 하느님의 언약과 성자들의 말씀, 즉 언어가 내재하며, 이 언어를 이콘화가는 이콘화법상의 약속된 기호체계로 가시화시킨다고 전제한다. 약속된 체계화라 함은 일반적으로 이콘의 화판(доска)이 역원근법(обратная

2 С. Алексеев, *Энциклопедия православной иконы*(СПб., 2004), с. 314-318; Л. Д. Райгородский, *Беседы о русских иконах*(СПб., 1996), с. 8 참조.

3 С. Мовлева, *Малый православный толковый словарь*(М., 2005), с. 173.

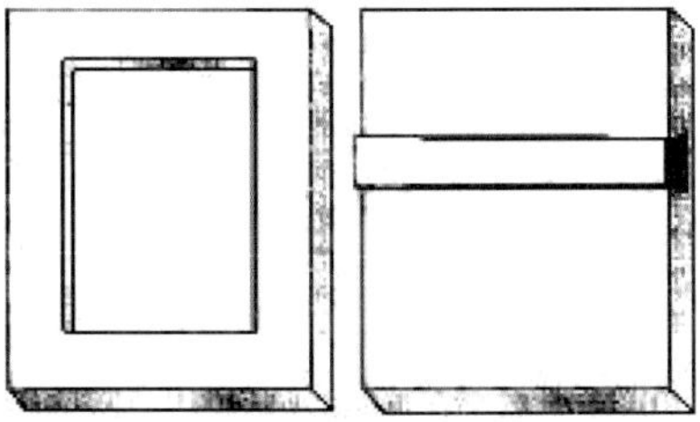

그림 5 이콘 목판의 평면(앞, 뒤)

переспектива)에 의한 좌·우 대칭, 시공간적인 전경과 후경구도로 그려지며, 그 여백에 성자의 이름, 이콘의 명칭, 그리고 짧은 해설이 문자 텍스트화 되고 있음을 말한다. 정교회 교리에 의하면 이콘화는 원상(первообраз)을 단순히 묘사하는 것이 아니라 화판 위에 현현시킨다. 천상에 있는 원상은 자신의 이콘을 통해 묘사되어진 형상과 존재론적 상호관계 속에서 실재하고 있음(원상의 이름과 이콘 속에 명명된 이름의 사실적 관계)을 증명하는 것이다. 예컨대, 신의 말씀은 구약의 싱심위일체(Святая Троица Ветхозавстпая)의 제2격-로고스, 즉 그리스도이다. "하나님의 말씀으로 세상이 만들어졌으니 보이지 않는 것으로부터 보이게 되리니(히브리 11.3)"라는 사도 바울의 말처럼, 성삼위일체 이콘 속의 로고스는 부재(無)에서 존재(有)로 가시적인 세계를 있게 한 창조의 힘 그 자체라는 것이다. 또한 '창조의 6일'은 존재의 시작을 약속한 여섯 개의 '언약'이라는 점에서 신의 세계 속에서만이 언어의 작용, 즉 말(слово)과 실체(вещь)가 일치된 이콘적(иконичный) 사실관계를 볼 수 있다. 우주의 구조 안에 있는 로고스와 형상, 말과 이콘은 서로 같은 요소이기에 이콘의 언어로써 신을 인지하고 또 기도할 수 있는 것이다. 또한 시편(135,12 ; 148,13)의 문장 "여호와의 이름(Имя Божие)으로…"는 이콘의 이와 같은 언어석 표현수단(вербальная роль иконы)의 의미를 잘 반영해준다. 신의 숭고함, 전지전능함을 뜻하는 '신의 이름'은 이곤 속의 제명과 같은 문자 텍스트[4]로 가시화되면서 발씀으로 두영되거나 오히려 신비롭게 감

4 이콘 속의 문자텍스트라 함은 надпись(형상의 이름, 표서, 헌사 등의 제명)와 подпись(축약된

그림 6 그리스도 책형 이콘

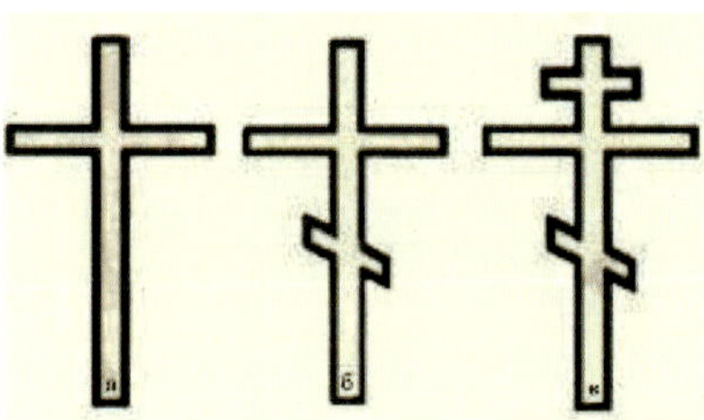

그림 7 십자가의 유형

추어지기도 하면서, 감상자를 초월적인 이콘의 세계로 이끈다. 화판의 중심형상(средник) 좌우 상단 여백에 쓰이는 다양한 제명들은 그리스도, 성모 그리고 성자들의 이름이며 동시에 신심 깊은 이콘화가들[5]의 화필에 의한 성스러운 낙관이다. 이러한 낙관은 다른 문자텍스트(이콘의 주제를 축약한 헌사나 주석)와 함께 중심형상의 불가시적 에너지인 신의 능력을 현현케 한다.[6]

이것은 8세기 기독교공의회가 규정한 바, 역원근법(обратная переспектива) 구도로 묘사되는 이콘화판은 좌 · 우 대칭과(слева направо, справа налево) 전경 · 후경(передний и задний план)으로 구성됨을 뜻하는 것이다. 이러한 이콘의 역원근법적 구도는 화판을 들여다보는 우리의 시각에서가 아니라 이콘 속 형상의 시각, 즉 내부 관찰자의 시각을 중심으로 그려진다. 때문에 안과 밖의 서로 반대되는 시각은 화판 속 중심 형상과 배경을 서로 대칭되게 만들고 초월적인 시공간의 상황을 설명해주는

해설이나 주석 그리고 서명) 그리고 Евангельный текст(복음서, 기도서, 찬송가 속의 중심 내용)을 포괄하는 письменные слова를 지칭함.

5 고골의 『초상화』에서 수도원장으로부터 수도원의 이콘을 그리도록 주문받은 화가는 먼저 고행수도사로서의 정진을 마친 후에 화필을 들고 '예수탄생' 이콘을 완성한다. 실제로 러시아정교회 이콘화가들은 11~12세기 끼예보-페체르스키 수도원의 고행수도사제 Алипий와 Григорий의 이콘화가로서의 정신세계를 본받아 왔다.

6 불가시적 에너지의 현현은 일반적으로 『오지기뜨리야 성모이콘』, 『니콜라이 기적성자 이콘』과 같은 기적능력을 지닌 이콘(чудотворные иконы)을 대상으로 설명되어진다. 장실, "러시아 이콘과 문학," 『슬라브 연구』, 제21권, 제1호 (2005).

앞 그림과 뒷 그림의 구도를 만들게 된다. 이콘의 이러한 구도는 서양회화의 선 원근법(линейная перспектива)이 아닌 동양화의 공간 표현기법의 개념, 다시 말해 인간의 시각적 경험을 따르지 않고 사물의 실제모습 묘사를 우선함으로써 서양화의 르네상스적 인간중심의 개념과는 달리 우주 속에 나를 포용하는 동양화의 화필과 닮아 있다. 이콘 또한 그것을 바라보고 기도하는 인간을 천상의 신비로운 세계로 이끌어 주고 또 품어주는 것이다. '그리스도 책형 이콘'의 역원근법적 구도를 설명하면서 보리스 우스펜스키는 전형적인 정교회 십자가의 기본틀을 적용시키고있다. 예컨데, 〈그림 7〉в의 8단 십자가 아래쪽 끝단의 횡목(디딤목, подножие)은 책형당한 예수의 시각에서, 오른쪽 끝이 십자가에 매달린 예수의 오른쪽 팔을 향해 들려있고, 왼쪽 끝은 예수의 왼필 아래쪽으로 내려져 있다(상단의 짧은 횡목은 '나자로의 예수,' '이스라엘의 왕'이라고 새겨진 책형된 예수의 명패임). 〈그림 6〉에서 보듯이 실제로 그리스도의 책형 당시, 예수의 오른편에 매달려 예수의 존재와 그 이름을 믿었던 강도를 향해 예수의 오른 발은 위로 들어 올려 있었다. 이는 요한계시록의『최후의 심판(страшный суд)』에서 그리스도의 오른편(одесную)은 정의로운 자의 천당이고, 그리스도의 왼편(ошуюю)은 죄많은 자의 지옥으로 구분하는 의미상의 기호체세와 다름아니다. 약속된 기

그림 8 인간의 운명

호체계로서의 이콘을 부연 설명하고자 우스펜스키가 인용하고 있는 〈그림 8〉의 표서에 대한 살트이코프의 해설 또한 이콘이 지닌 공간구도상의 기호체계를 잘 설명해준다: “네 위에 계신 그분(Он)을 두려워하라. 네 앞에 있는 그것(속세의 재물)을 탐하지 말라. 네 뒤에 있는 그것(죽음)을 겁내지 말라. 네 발밑에 있는 그것(관)을 피하려 하지 말라.” 그림의 중앙에는 죽음을 피할 수 없는 속세의 인간이 우리를 향해 서 있다. 그의 앞쪽, 관찰자의 시선으로, 화판의 왼편에는 속세의 재물들이 있고 그의 뒤쪽 화판 오른편에는 죽음의 형상이 비스듬히 서 있다. 화가는 이 세 형상을 화판의 앞쪽으로 돌출시켜 놓고, 중앙의 인간을 축으로 시간과 공간을 방향 전환시키고 있다. 전경의 재물은 현실의 공간이고 후경의 죽음은 미래의 공간이며, 시간의 이동은 관찰자의 시각에서 왼쪽에서 오른쪽으로 움직인다.[7]

이처럼 이콘의 화판은 작지만 무한한 시간과 공간의 예술이다. 이 공간 속에 불가시적인 신의 존재가 현존하고 하늘의 뜻과 은총이 유입되며 성모, 그리스도, 그리고 성자가 재림한다. 그리하여 이콘을 향해 기도하는 인간들은 이콘 속 형상의 초감각적인 시선과 표정으로부터 자신을 감출 수 없다. 신학의 이론도 이콘의 화법도 결코 완전무결한 실체일 수는 없다. 따라서 여기에는 모자람의 가치라는 하나의 공통된 명제가 내재된다. 때문에 완전할 수 없는 세속의 인간들도 성서의 우화적 담화와 영적의미를 지닌 이콘을 통하여 그 모자람을 깨닫고자 하는 것이다.[8] 그렇다면 이렇게 성스럽고 신비로운 이콘은 누구에 의해서 어떻게 그려져야 했던가?

---

7 Б. А. Успенский, *Семиотика искусства*(М., 1995), с. 222–223, 299–300 참조.

8 라이고드스키는 이콘의 공간을 이렇게 설명한다. “우리에게 다른 세계를 제시해주는 이콘의 작은 공간은 현세의 물질적 세계를 초월한 빛의 발광과 그 색채와 더불어 상징적 언어의 역할을 한다. 예컨대 화판 속의 황금빛 선율은 이와 같은 천상의 빛을 체현시키고 그 배경은 이 세상이 아닌 다른 세계의 공간을 상징한다. 그래서 이콘에는 그림자가 없다. Райгородский, указ. соч., с. 5.

그림 9 블라디미르 성모이콘 비잔틴 12세기

그림 10 손으로 그리지 않은 그리스도 성상(만딜리온)

성서 이야기에 따르면 최초의 이콘화가는 복음성자 누가이다. 의사였던 누가 성도는 어느 날 성모마리아와 아기 예수, 그리고 요셉이 함께 앉아 있던 나무 식탁 위에 아기 예수를 품에 안은 성모의 모습을 그렸다. 식탁 위에 그려진 자신의 모습을 본 성모마리아는 "내게서 태어난 자를 축복하기 위해 나는 이 그림과 함께 할 것이며... 후세의 모든 이들은 나를 축복하리오(누. 1:48)"라고 예언하였다.[9] 수세기가 지난 후 누가가 그린 성모의 형상은 성모 자신의 예언대로 '가장 신성한 성모이콘'으로 후세의 축복을 받게 된다. 5세기에 짜르그라드(콘스탄티노플)를 거쳐 12세기에 키예프 루시의 블라지미르로 옮겨진 성모이콘은 '가장 신성한 블라지미르 성모이콘(Пресвятая Богродица Володимирской Иконы)'으로 명명되면서 오늘날까지도 수많은 성령의 계시와 기적을 낳는 러시아정교회 성모이콘의 원상(그림 9)이 되었다.

전설적인 이콘화가로서의 누가 사도처럼, 초기 기독교 성상예술가들은 성서나 교회에 충실한 신심 깊은 교부 또는 화가의 자질을 갖춘 수도사, 특히 사후 시성된 고행수도사들이었다. 그들이 신의 종복으로서 천상의 계시와 교감할 수 있는 그 순간, 이콘의 화판에는 그들이 간절히 바라는 형상들이 스스로 그려진다. 이로써 하느님의 은총이 유입된 이콘 화판은 뒤에서 언급될 비잔틴 정교회가 규정한 이콘 원

9 Leonid Ouspensky, *The meaning of Icons*, 1983, p. 96 참조.

본 도상규범의 기본개념이자 이콘신학의 본질이 된다. 화가의 솜씨가 아니라 스스로 그려진다는 이콘화의 개념은 최초의 그리스도 이콘이 된 '우브루스(Убрус, 지금은 폐어가 되어 러시아의 지방 방언으로 남아 있음)'에 새겨진 그리스도의 얼굴에서 비롯된다. 비잔틴 정교의 전승에 따르면, 시리아 아뎃사의 공후 아브가르는 예수 그리스도의 얼굴을 보면 앓고 있던 나병이 치유될 것이라는 꿈의 현시를 받는다. 공후는 화가에게 그리스도의 초상을 그려 오도록 명했지만 그리스도를 만나지 못한 화가는 초상화를 그릴 수 없었다. 아브가르 공후의 이야기를 전해들은 예수는 몸소 그를 도우러 왔다. "예수 그리스도가 작은 수건으로 자신의 얼굴의 땀을 닦자 구세주의 형상을 닮은 성스러운 얼굴이 수건에 묻어났다. 그것을 보여주니 병은 씻은 듯이 나았다."[10] '손으로 그리지 않은 그리스도의 성상(нерукотворный спас)'이라는 의미에서 비잔틴 정교회는 이 이콘을 그리스어의 '아케이로포이에토스' 또는 작은 손수건이라는 의미에서 '만딜리온' 이콘〈그림 10〉이라 칭한다.

이콘의 신학적 의미와 가치

기독교의 초기 정착과정에서 이콘의 의미와 가치는 이콘신학의 본질 규명을 위해 수차례에 걸쳐 개최된 세계기독교공의회의 노력으로 공식 표명된다. 3세기 카파도키아 군주 시대의 주교 에우제비우스는 팔레스티인의 파네아에서 자신이 목격한 그리스도의 소상은 예수에게 혈우병 치료를 받던 한 여인(마가. 5:25,34)이 피를 토하여 빚어진 찰흙 초상이었고, 이와 유사한 그리스도, 베드로와 바울의 소상을 많

10 Райгородский, указ. соч., с. 7.

이 보아왔다고 증언했다. 이러한 주교의 주장은 구약의 우상금지를 추종한 당시의 유대교 사상에 대한 반박논리의 하나로서, 결국 이것은 인간의 모습을 띤 소상이나 형상제작은 곧 우상숭배 행위라는 초기 이콘타파주의와 이콘숭배사상 간에 벌어진 격렬한 논쟁의 시발점이 되었다.

4세기부터 8세기까지 7차에 걸쳐 열린 세계기독교공의회는 이콘을 우상숭배로 규정한 이단 '아리안이즘'과 네스토리우스파에 대한 반박과 경고를 비롯하여, 성모수태고지의 역사적 진실을 선언하고, 신의 아들인 임마누엘 예수와 함께 그려진 '가장 신성한 성모상(Икона пресвятая богородица)'을 성모이콘의 원상(подлинник)으로 공인한다. 이러한 과정에서 비잔틴의 레프 Ⅲ세가 730년 이콘숭배금지령을 공표하면서 이콘숭배주의자들은 한때 심한 박해와 탄압을 받기도 한다. 수많은 이콘과 프레스코 등의 값진 정교회의 성물들이 파괴 또는 유실된 것도 이때였다. 그러나 제7차 공의회(제2차 니케아공의회(787))에서 결국 이콘숭배의 부활과 이콘숭배주의의 승리가 선포되면서 성서와 이콘은 필연적인 상호동반 관계의 성물[11]이라는 이콘신학의 근본사상이 정의된다. 이때 '그리스도 현성용 이콘,' '성삼위일체 이콘'은 이콘신학의 본질을 표상하는 대표적인 성물로 공인되었다. 특히, 타보르 산에서 하늘의 빛에 의해 메시아로 체현된 그리스도의 형상 '그리스도 현성용' 이콘은 더럽혀진 신의 원상 재현을 우상숭배라고 주장한 이콘타파주의자들을 물리친 가장 유용한 증

그림 11 요한 다마스킨

11 Ouspensky, op. cit., pp. 26~27 내용 참조.

빙자료의 하나였다.

기독교공의회에서 거둔 이콘숭배주의의 승리는 닐 시나이스키, 그리고리 벨리키, 그리고 요한 다마스킨 성자로 이어지는 열성적인 이콘숭배주의 신학자들의 확고한 신념과 희생의 산물이었다. 특히 니케아공의회에서 제시된『세 개의 변론』에서 요한 다마스킨 성자는 야곱의 꿈에서처럼 천사의 모습으로 현시된 하느님의 성령을 받았다고 간증하면서 이콘에 대한 자신의 확고한 믿음을 시사하고 있다.

> 태초의 신은 그 형체가 없어 결코 그릴 수가 없었다. ... 그러나 이제 신은 체현되었고 인간의 마음속에 살아 있다. 그러하니 이제 우리는 신의 모습을 그려보자. ... 나는 신의 육신을 그리자는 것이다. ... 나는 인간적인 형상을 띤 신의 모습을 보았고, 그리하여 내 영혼은 구원을 받게 되었으니. ..."[12]

이는 '더럽혀진 신의 원상,' '왜곡된 형상의 재현'은 우상숭배라는 구약의 금지를 해명한 한 신학자의 강변임과 동시에 메시아로 체현된 그리스도의 형상 ('손으로 그려지지 않은 그리스도 이콘')이나 타보르산에서의 '그리스도의 변용'처럼 신의 원상 또한 가시화할 수 있음을 주장하고 있는 것이다. 이들 신학자들의 공통된 주장은 구약을 통하여 신의 음성을 들었다면 신약을 통해서는 신의 형상을 느끼고 볼 수 있는데, 이는 구약 속의 언약이 신약에서 실현되었기 때문이라는 것이다. 따라서 이콘의 주제는 상호 동반관계인 성서, 특히 신약 속에 제시된 언약의 실현을 소재로 하는 것이며, 이를 통한 다양한 기독교 문학과 회화예술은 이콘의 실재를 입증하고 있는 것이다. 실제로 공의회가 규정한 정교회이콘신학의 근본은 적어도 성상화라면 비기독교인이나 문맹자들도 신의 계시를 눈으로 보고 느끼고 또 이야

12 Иоан Дамаскин, *Три слова в защиту иконопочитания*(СПб., 2001), c. 48.

그림 12 성 소피아 사원

그림 13 십일조 교회

그림 14 블라지미르 우스펜스키 사원

기 할 수 있도록 그려져야 한다는데 있다. 특히 복음서, 사도행전, 요한계시록은 물론 성모수태고지, 예수의 탄생과 부활 등의 내용과 기독교 축일, 나아가서 위경(апокрифы) 속 『야곱의 원초복음서』의 내용(성모의 사원입성이나 성모승천)까지도 시각적, 담화적 이콘예술의 주제가 되어야 한다는 것이었다. 이와 같은 신의 형상묘사에 관한 문제는 17세기 말 모스크바 대공의회에서 제기된 바 있는데, 당시에는 노인의 모습으로 그려진 신의 형상과 신약의 성삼위일체 이콘이 합성된 이콘이 유행하고 있었다. 뿐만 아니라 현현(Знамение)의 본질과 성모성(Divine

Motherhood)을 강조하기 위해 다양한 주제로 변형된 성모이콘들이 제작되었다. 러시아정교회의 세속화와 더불어 이콘 또한 데카당 시대를 맞으면서 보다 현실적이고 시각적인 구체성을 띠게 된 것이다.

사원의 이콘과 이콘화벽

『원초연대기』에 의하면 블라지미르 대공은 정교 수용 직후 아내인 비잔틴제국의 황녀 안나의 권유로 우스펜스키 석조사원을 세운다(989). '십일조 교회(Десятиная церковь)'라는 이름으로 '성모승천이콘(Икона Успения богоматери)'을 봉헌한 이 사원은 십자가를 상징하는 비잔틴 전통의 정방형 교회건축물로 대공이 초청한 비잔

그림 15 구세주 사원의 석조 쿠폴(크레믈린)

그림 16 그리스도 현성용 교회의 목조쿠폴(키지섬)

그림 17 쿠폴의 판토크라토르

그림 18 자비의 성모 사원의 쿠폴과 압시다

틴 건축 장인들에 의해 축조되었다. 내부의 중앙 돔형 천정(купол)에는 '만유의 왕 그리스도(пантократор),' 제단 우측 반원형 천정(апсида)에는 오란타(оранта)형의 '기도하는 성모(Молящаяся богородица)'가 모자이크로 장식되었고, 벽면은 화려한 프레스코 성화들로 치장되었다. 이 사원은 13세기에 몽골-타타르의 침공으로 파괴되었지만, 농경시대의 숲과 나무문화를 생활화했던 키예프 루시에서는 웅장하고 화려한 최초의 대리석 석조건축물 '성소피아 사원'을 모방한 석조사원이 노브고로드, 폴로츠크 등지에 차례로 건립되었다. 사원의 명칭 또한 성소피아였다. 가장 번창했던 비잔틴제국과의 교류와 동방정교문화를 수용한 키예프 루시공국의 자긍심을 상징적으로 과시한 것이다.

정교회가 정의한 사원(храм)[13]의 의미는 신도들이 성례에 참석하여 신의 은총을 받는

13 오늘날 '교회(церковь)'와 동의어로 호칭되는 흐람(храм:신전, 사원, 성당, 교회당)은 독립 건물로 세워지는 흐람과 사보르(собор), 모나스트리(монастырь), 그리고 라브라(лавра) 내에 속한 흐람으로 구분할 수 있다. 한 도시나 수도원의 중심 교회당으로서의 '사보르'는 고위성직자교단이 이끄는 성직자 대표회의기구를 두고 모든 교회의 운영을 총괄하는 통칭 '사원'이다. '모나스트리(그리스어의 고립된 곳)'는 남녀수도원장, 남녀수도사 등의 공동체로서 그 건축규모나 구성원 수에 의해 '라브라(대수도원, 대사원)'과 구별된다. '라브라'는 보다 큰 규모의 수도원을 일컫는데, 현재 러시아연방에는 세 개의 라브라 '트로이차-세르기예프'(14세기부터 수도원이었고 18세기 중반부터는 라브라로 승격됨), '알렉산드로-네프스카야'(18세기 말부터 라브라로 승격), 그리고 '포차옙스코-우스펜스카야'(1833년부터 라브라로 승격)가 'РПЦ(모스크바 총대주교 하의 자치독립교회 본산인 러시아정교회)'에 소속되어 현재 운영 중에 있다. 또한 러시아정교회 최초의 수도원인 '키예보-페체르스카야 모나스트리(16세기말 라브라로 승격)'는 역사적으로 두 차례씩 폐쇄되었다가 1988년에 다시 개원하여 현재는 '우크라이나 정교회' 소속(РПЦ의 지휘를 받고 있음) 라브라로 운영되고 있다.

그림 19 이삭성당의 쿠폴

'신의 집,' '지상의 천당'이다. 종교철학적 해석으로서의 사원은 그리스어의 '교회(церковь)'를 뜻하는 '회합(собрание)' 또는 '대사원(лавра)'으로서 신이 창조한 생명체, 인간 그리고 천사 등의 합일체인 전세계 기독교의 본당을 의미한다. 교회 외부건축의 평면도는 십자가 또는 배(노아의 방주)의 형태를 띤다. 입면도 상으로 보면 교회는 상층부의 둥근 지붕(쿠폴)과 쿠폴 위에 세워진 십자가와 원추형 또는 8각의 별모양 몸체를 골격으로 한다. 배는 신도들이 피난처이자 그들을 천상의 왕국으로 인도해주는 노아의 방주이며, 십자가는 그리스도의 고난과 희생을 상징한다. 쿠폴은 천당으로 향하고자 하는 신도들의 염원과 기도의 상징이며 쿠폴 위의 십자가는 그리스도의 부활과 재림의 영원한 찬양을 뜻한다. 달리 말하면 축조된 교회자체는 지상의 본당을, 둥근 지붕은 천상을, 십자가는 하늘로 향한 길을 상징하는 것이다. 따라서 이러한 교회는 하늘 아래 놓여있는 십자가, 즉 우주이며 하늘을 향한 쿠폴과 가늘고 약한 십자가는 곧 속세를 의미하게 된다.

그림 20 블라지미르 사원의 템플론

교회의 외벽은 흰색 또는 갈색을 띈다. 흰색 벽의 의미는 그리스도의 현성용(顯聖容)과 부활을 통한 또 다른 삶의 가능성을 열어줌을 의미하며, 갈색 벽은 속세를 구원한 그리스도의 피를 상징한다. 정교회 교회에 따르면 교회의 지붕(쿠폴)은 다양하게 축조된다. 두 개의 지붕은 그리스도의 두 가지 본성, 즉 인성과 신성을 나타내고, 세 개의 지붕은 성삼위일체의 3위(位), 다섯은 그리스도와 세 사람의 복음성자, 일곱은 7가지 성례와 일곱 개의 세계기독교 대사원, 아홉은 9등급의 천사들, 13은 예수와 십이사도, 그리고 필요에 따라 이보다 더 많은 숫자의 쿠폴을 축조할 수 있다. 교회입구 상단의 벽이나 교회와 나란히 종과 종탑이 세워지며, 타종의 횟수는 교회의 축일에 따라 또는 교회의 필요에 따라 각각 다르다.

그림 21 템플론 모형

교회의 내부공간은 크게 세 부분으로 나뉜다. 동쪽의 제단(지성소),

중앙부의 회중석(신심깊은 신자와 천사들의 영역), 서쪽의 현관부분(나르텍스)이다. 이것은 교회를 구성하는 세 부류, 성직자, 세례받은 신도, 그리고 세례를 받고자 하는 참회자를 구분하는 의미도 있다. 이러한 교회 내부의 구조와 장식은 그리스도의 육신을 형상화하기 위한 심오한 상징성을 바탕으로 한다. 하늘을 찌를 듯한 돔형 천정(купол)과 원추형 벽체(барабан)가 중앙집중식 공간구조를 형성하면서 전체적인 교회의 내부를 수평적으로 부유시키는 느낌을 준다. 동시에 이러한 천정과 벽제가 만드는 반달형 〈그림 15〉 쿠폴의 판토크라토르 아치공간은 교회의 내부를 하늘을 향해 수직상승시키는 느낌을 준다.

돔형 천정을 장식한 그리스도 판토크라토르(우주의 지배자, 만유의 왕)는 전지전능한 시선으로 교회 안의 세계를 내려다보고 있다. 천정을 받치는 원추형 벽체에는 판토크라토르를 포고한 선지자(구약의 예언자)들이 있으며, 돔 하부의 4개의 격면이 만드는 기둥과 아치(팬던티브, парус)형 공간에는 그리스도 판토크라토르를 설파한 복음성자들, 그리고 구원자에 관한 성서적 주제가 그려진다. 기둥의 장식은 순교자들과 성사들의 피로 세워진 주님의 교회임을 암시한다. 빛이

그림 22 프리트보르(나르텍스)

그림 23 황제의 문

시작되는 사원의 동쪽 공간, 즉 천상의 왕국과 교통하는 특별한 공간에 제단(지성소, алтарь)이 위치한다. 제단의 배경이 되는 아치형 오목공간(압시다, апсида)에는 '임마누엘 그리스도,' '오란타 성모(기도하는 성모),' 그리고 '최후의 만찬'이 이콘 또는 벽화로 장식된다. 회중석 벽면과 기둥에는 교회가 정한 선택된 이콘과 벽화들이 현수등에 의해 빛을 발하고 있으며, 교회의 서쪽 현관부분(нартекс)이자 회중석 입구(притвор) 공간에는 교회를 찾는 참회자(귀의자)나 죄인들의 심판을 상징하는 '재림의 심판자'에 관한 주제의 벽화와 이콘이 위치한다.

그림 24 제단과 천개

비밀리에 성찬식을 치루는 제단입구는 기독교 초기부터 회중석과 분리를 위해 템플론(아키트레이브: 격벽)으로 차단되었다. 높고 튼튼한 원주기둥과 대들보(брус)로 구성된 차단벽(преграда)의 공간을 메우기 위하여 템플론에는 이콘들이 수평적으로 배치되었다.

(이콘타파주의 시대가 끝난 이후부터) 템플론의 중심이콘은 주로 반신상의 삼체성상(그리스도, 성모, 세례요한 이콘)이 위치하는데, 세례요한의 이콘은 사도, 순교성자, 기타 성자의 이콘으로 대치될 수 있다. 삼체성상 좌우로 성모수태고지, 그리스도 탄생, 세례, 현성용, 십자가 봉헌, 라자리의 부활, 예수의 예루살렘 입성, 십자가 책형, 부활, 성령강림제(오순절), 예수승천, 그리고 성모승천 이콘 등의 정교회 12축일이콘들이 배열된다.

그림 25 천개

제단 앞 템플론의 중앙에는 '황제의 문(царские ворота)'이 개폐식으로 위치한다. 황제의 문 안쪽 제단벽 좌우에는 구세주와 성모의 모자이크 또는 프레스코가 키오트(유리장 성상갑, киот) 속에 으뜸성상(местный образ)으로 장식된다. 후기 비잔틴 시대의 모스크바루시 정교회를 시작으로 이러한 고대 교회건축들의 하나인 템플론은 목재 세공기술로 제작된 이콘화벽(иконостас)과 자리바꿈을 하게 된다. 이로써 제단은 회중석과 완전히 차단되고 이콘화벽의 높이도 점차 높아졌다.[14]

모형도에서 보는 5단 이콘화벽의 하단 제5열인 메스트늬 랴드(으뜸이콘이 위치하는 고정열) 중앙에는 템플론의 그것처럼 '황제의 문'이 위치한다. 이 개폐식 문을 통하여 성례를 위한 성찬식용 빵과 포도주 등의 제기가 운반된다. 두 문짝은 최후의 만찬과 성모수태고지 이콘, 복음성자 또는 전례서를 만든 성자인 요한즐라토우스트와 바실리 벨리키 이콘으로 각각 장식된다. 황제의 문 위에는 최후의 만찬이 그려진 제단의 천개(天蓋, сень)가 위치한다. 황제의 문을 중심으로 오른편에는 구세주이콘, 왼편에는 성모이콘이 장식되고 구세주이콘 오른편으로는 통상 교회가 지정한 이콘들이 배열되고 성모이콘의 왼편에는 축일이콘이나 사원의 헌당기념이콘이 배열된다. 중앙의 황제의 문 외에도 이 열에는 2개의 '보제의 문'이 남 · 북으로 위치해있다. 보제들의 출입문으로서 이 문은 제단으로 직접 통하는 문(남문)과 성물이나 제기보관소로 통하는 문(북문)으로 구분된다. 두 문짝에는 잃어버린 낙원에 관한 주제의 〈그림 27 : 성모수태고지 사원의 이콘화벽〉

14 지중해 키프로스 지역의 이콘화벽은 으뜸이콘, 축일이콘, 삼체성상이콘의 열로 배열된 3단의 이콘화벽이 주종을 이루었고, 루마니아의 발라시아 지역에는 5단의 이콘화벽도 등장했다. 15세기 초 모스크바 루시의 이콘화벽은 으뜸이콘, 삼체성상, 축일이콘, 예언자이콘열 등 4단 이콘화벽으로 제작되었으며 16세기 중반의 러시아 이콘화벽은 구약의 조상성자열이 추가되면서 정교회의 이콘화벽 중에서도 가장 높은 5단의 형태로 제작되었다. Н. Булур, *Русские иконы*(М., 2002), с. 9~11 참조.

1. 황제의 문
   -(1):성모수태고지 이콘,
   (2),(3),(4),(5) 복음성자 이콘
2. 최후의 만찬
3. 구세주 이콘
4. 성모 이콘
5. 북문(부사제 출입구:제기보관소) : 천사 이콘
6. 남문(제단 출입구) : 성 사제 이콘
7. 으뜸 이콘(사원 지정)
8. 사원 이콘(사원 헌납)

Ⅰ. 조상성자 열
Ⅱ. 선지자 열
Ⅲ. 축일 이콘 열
Ⅳ. 기도(제이수스니) 이콘 열
Ⅴ. 으뜸(어스트니) 이콘 열

그림 26 5단 이콘화벽(표준)

그림 27 성모수태고지 사원의 이콘화벽

이콘들 – 천국에서 쫓겨난 아담, 우주의 창조, 아브라암과 성모의 낙원(수도원), 신심 깊은 강도, 수도사의 죽음 – 이 장식된다. 17세기부터 이 보제의 문은 장보제 스테판과 라브렌티이, 그리고 천사들로 장식되었다. 제4단의 기도열 '제이수스(деисус)'는 이콘화벽의 가장 중요한 부분이 된다. 기도열 중앙에는 '권위의 구세주(спас в силах)' 이콘이 위치하고 좌우로 성모, 세례요한, 미하일과 가브리엘 대천사, 베드로와 바울사도, 그리고 순교성자들이 배열된다. 여기에는 권위와 영광의 구세주 현현이콘, 최후의 심판, 천국의 교회와 지상의 교회, 그리고 순례에 관한 주제이콘들도 포함된다. 제3단인 축일이콘열은 복음서 내용의 이콘들로 구성되는데, 템플론의 그것처럼 정교회의 12 축일을 비롯하여 성모마리아 탄생, 성모사원입성, 성십자가제, 부활절, 그리고 삼위일체축일이콘 등으로 보완된다. 제2단의 예언자열은 성처녀 마리아와 그리스도의 출현을 예언한 구약의 예언자들이 배치되고, 중앙에는 두루마기 기도서를 통하여 예언의 실현을 예시한 아기예수를 안은 성모출현이콘이 위치한다. 최상단 제1열은 아담과 모세와 같은 구약의 조상들이 배열되는데, 그 중앙에는 통상 아버지 하나님의 '부성이콘(отечество)' (신약의 성삼위일체 이콘계열의 이콘)이 자리한다. 신학이론의 관점에서 이 열은 형상화할 수 없는 하나님의 모습을 부성으로 표현한 '부성이콘' 때문에 논란의 쟁점이 되었다. 따라서 이 열의 성 야곱과 같은 조상이콘은 바로 아랫단의 예언자 열에 위치시키기도 한다.

이콘들이 앙상블 또는 이콘의 병풍으로서 교회안 이콘화벽은 십사가를 짊어진 예수가 골고다 언덕을 오르는 모습을 표상하고 있다. 또한 이코노스타스의 성상학적 구성과 배치는 쿠폴, 입시다, 벽과 기둥을 장식한 모자이크, 벽화, 이콘, 그리고 촛불과 현수등, 창문을 통한 빛의 굴절과 더불어, 시간을 뛰어넘는 초월적 성스러움으로 교회 안

그림 28 키예보-페체르스키 수도원

을 가득 채워주고 있다.

『원초연대기』는 또한 1054년에 건립된 최초의 키예프 동굴수도원(Киево-Печерский Монастрь)과 수도승 안토니 페체르스키(983?~1090)에 관한 이야기를 상세하게 기록하고 있다. 고행수도사 안토니와 그의 동료 수도사 니콘 벨리키, 페오도시 페체르스키, 모이세이 우그린, 그리고 초빙된 비잔틴 건축 장인들에 의해 드네프르 강 기슭에 세워진 수도원은 동굴교회, 지하통로 및 수도원 식당 그리고 그 위로 목조건물의 우스펜스키 교회와 지성소들로 구성되었다. 처음에는 남자수도원으로 건립된 이 수도원은 大사원(лавра)의 규모를 갖추면서 비

그림 29 키예보-페체르스카야(동굴) 사원 지형도

잔틴 정교의 교리 연구, 복음서의 번역 및 필사, 성승전 집필 그리고 이콘 제작 등의 산실 역할을 한다.

그리고 이 수도원은 1598년부터 오늘날까지 키예보 페체르스카야 라브라(Киево-Печерская лавра)로 존속되고 있다. 특히 13세기에 들어서 이 수도원의 고행수도사들에 의해 필사된『키예프 동굴수도원 성승전』은 수도원의 역사를 고증하는『페오도시 페체르스키의 생애전』,『안토니 페체르스키 생애전』등이 주된 내용인데, 전체적인 텍스트 구성은 시몬 주교(1226)와 당시의 수도원장 폴리카르프 사이에 교환된 왕복서한의 틀을 바탕으로 한다. 그 후 성승전은 키예프의 공후로서 사후에 성자로 추존된『보리스와 글렙의 생애전』과 같은 독립된 내용의 성자전들을 포함하면서 17세기 말까지 계속 증보되었다. 이와 같은 키예프 동굴수도원의 성승전은 중세 러시아문학 속의 성자전 장르를 구축하면서 금세기 러시아문학·예술의 귀중한 유산이 된다.

이콘화가 알림피

전집을 구성하는 폴리카르프 수도원장의 한 편지 속에서 '이콘화가 알림피'에 관한 이야기가 특히 주목을 끈다. 동굴수도원 건립을 위해 초청된 비잔틴 장인들 중에는 짜르그라드에서 온 그리스 이콘화가들도 있었다. 이들과 함께 모자이크, 프레스코, 그리고 이콘으로 내부장식을 하면서 수도승 알림피(Алимпий 또는 알림피)는 비잔틴 정교의 이콘화법을 전수받게 된다. 알림피는 어려서부터 부모에게 성상화 그리는 법을 배웠고, 특히 정진 기도로서 심신을 단련해야 하는 이콘화가로서의 마음가짐을 몸에 익혀왔다. 키예프 동굴수도원의 수도사로서 봉지하면서, 그가 그린 7개의 성상화는 그의 후계자 성 그레고리를 비롯한 많은 수도사 이콘화가들에 의해 독창적인 러시아정교회 이콘화술의 전형으로 받들어진다. 그 가운데 하나의 이콘 '기도하는 大성모성상(Богоматерь Оранта Великая Панагия)'[15]은 이콘이 가진 기적창조 능력을 입증하는 대표적인 예가 된다. 블라지미르 모노마흐 대공 치세 기간이던 1124년 키예프에서 대규모 화재가 발생했을 때, 알림피의 7개 성상화가 봉정된 모든 교회들은 화재로 인해 완전히 소실되었지만 그의 이콘은 건재했다. 알림피의 이콘만 불타지 않았다는 소문을 전해들은 블라지미르 모노마흐 대공은 그중에서 '기도하는 성모성상'을 로스토프 지역에 자신이 직접 세운 교회에 봉정한다. 그러나 얼마 후 교회는 파괴되었고, 이콘은 허물어진 잔재 속에서 원래의

그림 30 이콘화가들의 작업(1648)

그림 31 이콘화가 알림피(1661)

15 7개의 성상화는 그리스도의 만딜리온 이콘을 포함한 5개의 기도이콘(дейсусные иконы)과 2개의 으뜸이콘(наместные иконы)인데, 그 가운데 이 '기도하는 성모성상'은 성모가 두 손을 치켜 올리고 서서 하느님께 숭배하는 자세의 전신 입상형태의 이콘이다. 오란타(оранта)는 그리스어로 '기도하는 자세'라는 뜻으로 로마법왕의 즉위 배하식 제스츄어와 같다. 성모의 가슴에 소년 예수가 그려져 있는 독특한 화법이라는 점에서 이콘화 분석가들은 이 이콘을 12세기 초 키예프의 미하일로프스키 사원을 장식한 알림피와 그리스 이콘화가들의 합작품으로 추정했다. Л. А. Ольшевская, *Древнерусские патерики*(М., 1999), с. 161, 422.

그림 32 알림피의 『기도하는 성모이콘』

모습 그대로 발견된다. 이콘은 다시 새로 축조된 목조교회에 봉정되었지만, 그 교회 역시 불타고 말았다. 그러나 이콘은 불에 그을린 흔적도 없이 건재했다. 결국 이 성모성상의 안전한 봉헌을 위해 1161년 로스토프 지역에 새로운 석조사원이 건립되었다. 훗날 이콘은 로스토프 주교관구가 없어지면서 야로슬라블 대주교관구가 위치했던 야로슬라블 구세주사원에서 발견된다.

사후 성자로 추존된 성 알림피에 관한 이야기는 노브고로드, 프스코프, 그리고 블라지미르 지역의 수도원을 중심으로 활동하던 수도사 이콘화가들의 정신적 귀감이 된다. 나아가서 러시아 최초의 이콘화가로서 알림피 성자가 만든 러시아적 성상예술의 기틀은 키예프는 물론 루시의 각 지역별 이콘화술의 독자적인 발전을 촉진했다.

2 지역별 특성이 뚜렷한 러시아 이콘

노브고로드 이콘

프스코프 이콘

블라지미르-수즈달 이콘

모스크바 이콘

루블료프가 그린 '구약의 성삼위일체 이콘'

'신약의 삼위일체 이콘'

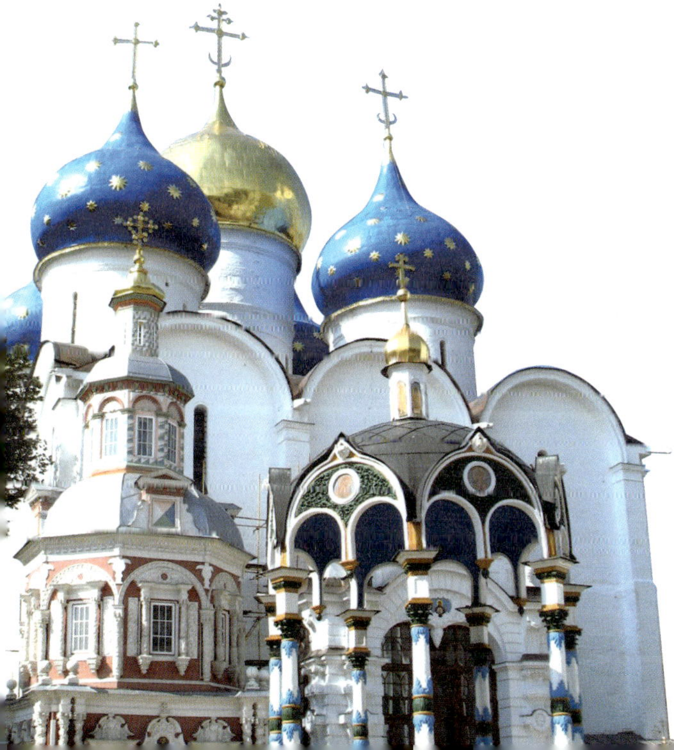

2 지역별 특성이 뚜렷한 러시아 이콘

그림 33 이콘 도상규범집

니케아공의회가 이콘신학의 본질을 규정하면서 만든 비잔틴의 이콘원본도상규범(иконописный подлинник)은 콘스탄티노플, 테살로니키, 그리고 아토스 산의 수도원을 비롯하여 키예프 루시 이콘의 정통화법이 되었다. 실제로 루시의 원본도상규범의 전수와 비잔틴 이콘화법의 모방은 이콘화가 알림피를 시작으로 13세기 초반 몽골 타타르의 루시 침공 때까지 계속되었다. 그러나 12세기 말부터 시작된 키예프 루시공국의 분열과 쇠퇴로 이미 분권화되기 시작한 시망공국들은 그 세력을 강화하면서 나름대로의 토착문화와 각자가 정착시킨 비잔틴 정교문화를 고수하고 있었다. 시망공국이나 각각의 도시에는 높은 성벽과 교회가 축조되고, 그것들은 스스로 제작한 이콘과 성물로 장식되었다. 키예프를 기순으로, 북서시역의 프스코프를 포함하는 방대한 노브고로드

권역과 북동지역의 모스크바, 로스토프, 야로슬라블을 포함한 블라지미르-수즈달 공국은, 특히 타타르의 침공 여파와 키예프 루시의 영향을 완충할 수 있는 지정학적, 상업적 우세를 지키고 있었다.

그림 34 성 게오르기 이콘

그림 35 보리스와 글렙

그림 36 말을 탄 보리스와 글렙

노브고로드 이콘

방대한 영토를 지닌 대공국으로서의 **노브고로드(Новгород)**는 비잔틴과 키예프의 전통을 잇는 정교의 건축예술과 이콘의 예술적 가치를 나름대로의 훌륭한 문화예술적 유산으로 인식하고 있었다. 러시아의 숲과 삼림이 제공하는 풍부한 자연의 혜택으로 노브고로드 역시 목조건축물과 목판 이콘예술이 특히 번성하였다. 타타르의 침공으로 성소피아사원을 비롯한 비잔틴 전통의 모든 이콘과 성물을 잃어버린 키예프와는 달리, 노브고로드는 '성 게오르기 이콘,' '성모마리아 수태고지 이콘,' 그리고 '손으로 그리지 않은 그리스도 이콘'과 같은 당대의 진본

이콘을 유산으로 남겼다. 현재 이 이콘들은 노브고로드 박물관, 모스크바 우스펜스키 사원, 모스크바 트레치야코프스키 미술관 등에 소장되어 있다. 초기 노브고로드 이콘은 정통 비잔틴 화법에 나타나는 금욕주의적 형상, 엄숙한 표정과 큰 눈에 준엄한 시선, 그리고 탁하고 어두운 채색의 이콘이 일반적이었다. 그러나 키예프 루시가 함락되고 노브고로드와 콘스탄티노플과의 교류가 두절되는 13세기 후반에서 14세기 초까지 노브고로드의 이콘 예술은 침체기를 맞으면서 초기의 노브고로드 이콘화풍은 변형되기 시작한다. 이와 때를 같이 하여 십자군 원정으로 라틴제국이 건설되고, 비잔틴제국이 로마 가톨릭 교회문화의 영향을 받으면서 13세기 이후의 비잔틴 정교회이콘 또한 화풍의 변화를 맞는다. 인간적인 감정 표현이 짙은 장식적인 면이 부각되면서 간결하고 명확한 화선의 사실적 표현에 밝고 원색적인 색채의 화풍으로 바뀌었다. 노브고로드의 이콘 또한 이때부터 금욕주의적이고 침잠된 관조적인 분위기를 탈피하여 검은 적자색 톤을 밝은 황색 톤으로 처리하는 등 교회 안의 장식을 위해, 또는 대중을 의식한 보다 세속적이고도 사실적인 표현이 강조되었다. 그 후 노브고로드의 이콘은 '보리스와 글렙 이콘'과 같은 세속의 인물인 공후의 형상

그림 37 성모수태고지 이콘

그림 38 크레타 섬 화풍의 삼위일체

을 이콘화함으로써 당대의 민족적 정서를 현실적으로 반영하는 이른바 러시아적 이콘화의 특성을 띠게 된다.

프스코프 이콘

프스코프(Псков)는 노브고로드와 키예프의 정교문화를 동시에 수용했던 도시이다. '그리스도 현성용 수도원'과 '프스코프 동굴수도원'을 중심으로 비잔틴 정교의 전례서와 교부문학을 번역하고 독자적인 연대기와 성자전을 편찬해온 프스코프는 삼위일체 교리에 입각한 정교의 정통신앙을 지키고 있었다. 그러나 당시 프스코프 지역에는 '스트리골니키(стригольники, 삭발수도승)' 이단이 확산되고 있었는데, 이들은 수도원의 계급제도를 부정하고 정교의 삼위일체 교리나 이콘의 이미지를 부정하였다. 이들의 경향을 타파하고자 프스코프 정교회는 삼위일체 교리를 보다 충실히 지켰고, 정교의 전통 이콘화법을 고수하였다. 노브고로드 이콘이 밝고 사실주의적인 톤으로 바뀌었다면, 프스코프 이콘은 무겁고 어두운 톤의 침잠되고 엄숙한 분위기를 그대

그림 39 성삼위일체 교회

그림 40 민회의 종

로 유지하고 있었다. 노브고로드가 웅장하고 화려한 콘스탄티노플의 성소피아 사원을 닮은 '노브고로드의 성 소피아 사원'을 자신들의 숭고한 성물로 찬양했다면, 프스코프인들은 구약의 성삼위일체 이콘으로 봉정된 '성삼위일체 교회'를 자신들의 성소로 숭배하고 도시의 민회소집을 알리는 종(Вечевой колокол)을 이곳에 걸어 두었다. 14세기 말까지 프스코프의 이콘은 신의 종복인 수호성자와 신학성자, 그리고 구약의 삼위일체 교리에 관한 주제를 특징으로 하였다. 세례 요한 이콘과 니콜라이 기적성자이콘을 비롯하여 성 그레고리와 같은 신학성자이콘과 세속인의 신분으로 오로지 기독교 신앙을 지키면서 선행과 고행의 삶을 산 파라스케바 피야트니차, 바르바라, 그리고 율리아나 성녀 이콘 등이 그 예이다.

그림 41 세 성녀 성상

정교신앙의 숭배정신이 특히 강했던 프스코프인들은 16세기 초 모스크바 통일공국의 바실리 이바노비치 대공에 의해 프스코프가 점령되었을 때, 많은 사람들이 수도승과 수도녀의 길을 갔고, 프스코프 수도사들은 다른 지역으로 강제 이주를 거부하면서 스스로 고행자의 은둔생활을 택하였다.

블라지미르-수즈달 이콘

그림 42 블라지미르 성삼위일체 교회

블라지미르-수즈달(Владимир-Суздаль) 공국의 이콘문화는 그 무엇보다도 '가장 신성한 블라지미르 성모이콘'에서 비롯된다. 복음성자 누가에 의해 그려진 아기 예수를 안고 있는 성모의 원상(первообраз)이 성모의 예언대로 후세의 블라지미르라는 루시 땅의 한 공국과 민족을 수호했다는 의미에서, 블라지미르-수즈달인들은 이 성상을 통하여 실현된 성모의 계시를 높이 찬양하고 있었다.

『원초연대기』에 의하면 이 성모상은 5세기에 콘스탄티노플로 옮겨져 '가장 신성한 성모이콘'이라는 제명[16]으로 기독교공의회의 공인을 받는다. 그 후 12세기에 이 이콘은 짜르그라드의 총대주교 루카 흐리조베르그에 의해 키예프 루시의 유리 돌고루키(Ю. В. Долгорукий, 1096~1157) 공후에게 보내져, 키예프의 근교 브이쉬고로드

그림 43 수즈달 수호성모 수녀원

16 12세기부터 콘스탄티노플에서 모사되기 시작한 '가장 신성한 성모이콘'은 '엘레우사(그리스어로 자비의 뜻) 성모이콘'이라는 제명을 갖게 되면서 '오지기트리아(길 안내) 성모이콘,' '오란스(오란타: 기도하는 자세) 성모이콘'과 함께 비잔틴 정교회가 규정한 성모이콘의 세 가지 기본 유형 중 하나가 된다. 이 '자비의 성모이콘'(그림 45)에서 보듯이 근심어린 표정으로 아들 임마누엘 그리스도를 품에 안고 있는 자애로운 어머니 성모의 형상은 그리스도의 성육신과 지상에서 겪게 될 예수의 수난을 걱정하는 성모의 자비로움을 상징한다.

의 동정녀수녀원에 봉헌된다. 그 후 로스토프, 블라지미르, 수즈달 등의 북동지역을 장악하고자 했던 돌고루끼의 아들 안드레이 보골류프스키(А. Ю. Боголювский, 1111~1174) 공후는 이 성모상을 수즈달 근교의 보골류보보(자신의 관저가 있던 지방)로 옮기고자 했다. 그는 동정녀수도원 제단에 놓여있던 이콘이 어디론가 떠나가려는 듯이 한 순간 허공에 매달려있는 광경을 목격하고, 성모의 자비가 자신의 야망을 이루어주리라 믿었던 것이다. 이콘을 운반하던 일행은 선왕인 블라지미르 모노마흐가 세운 도시 블라지미르를 끼고 흐르는 클랴즈마 강을 건너던 중 물에 빠지고 말았다. 이때 성모이콘이 물에 빠진 말들을 구해 주었지만, 말들은 더 이상 그 자리에서 꼼짝하지 않았다. 일행의 발길을 멈추게 한 그곳은 보골류보보가 아닌 블라지미르였다. 그때 공후의 꿈에 현시된 성모는 블라지미르에 사원을 세우고, 비로 그곳에 자비로운 성모이콘을 봉정토록 계시한다. 결국 1157년부터 안드레이 보골류프스키 공후는 블라지미르-수

그림 44 보골류프스키 '성모이콘(수호의 성모)'

그림 45 자비의 성모

그림 46 수호의 성모

즈달 공국을 통치하였고, 1169년에는 분열된 키예프 루시를 점령함으로써 키예프 루시공국은 사실상 패망한다.

블라지미르-수즈달 공국에서는 이 이콘을 '가장 신성한 블라지미르의 성모이콘' 또는 '자비의 성모'라는 제명으로 찬양하는 한편, 블라지미르 공국을 위해 이콘이 현시한 기적능력의 주제를 바탕으로 '수호의 성모(Покров Богоматери),' '보골류프스키 성모(Боголювская богоматерь)' 등의 이콘을 제작하여 사원과 교회의 으뜸이콘[17]으로 봉헌하고 있었다. '블라지미르의 성모이콘'을 바탕으로 하는 이들 성모이콘은 영웅적인 공후의 성상인 '보리스 · 글렙 이콘'과 함께 블라지미르 공국의 이콘화풍을 대표한다. 이것은 분열된 지방공국의 통일을 바라는 공후들의 야망과 외세로부터 자유와 독립이라는 민족의 염원을 비호하고 축복하는 그들만의 성물이기 때문이다. 따라서 블라지미르-수즈달 공국의 이콘화는 비잔틴 전통의 그것에 비하여 보다 세속적인 인성이 부각되면서 이콘 속 형상의 표정과 윤곽은 슬라브 민족의 사실적인 인상에 가깝게 묘사된다.

17 일반적으로 정교회에서 지칭하는 '으뜸이콘(наместные)'은 교회의 제단(алтарь)입구 황제의 문(царская ворота) 오른쪽 이콘화벽(иконостас)의 제일 밑단 '메스트니랴드'에 고정 배치된다. 주로 기적능력을 현시하는 특정 이콘으로 봉헌된 교회나 사원을 상징하기 때문에 교회마다 이 이콘은 다양하다. 현재 모스크바 크렘린의 우스펜스키 사원의 으뜸이콘은 '성모승천(Успение божей Матери)이콘'이다.

그림 47 세르기예프 트로이차 사원의 이콘화벽

모스크바 이콘

모스크바 공국(Московское Княжество)의 이콘은 모스크바가 13세기 전반까지 수즈달 지역에 속한 작은 도시에 불과했기 때문에, 블라지미르-수즈달의 그것과 다를 바 없었다. 또한 모스크바 이콘은 모스크바의 서쪽으로 인접해 있던 노브고로드 대공국과 프스코프의 이콘화풍을 어우르고 있었다. 몽골 타타르의 침입 후 킵차크 한국의 지배를 받던 모스크바는 이반 칼리타(Иван I, ?~1340) 공후의 정치 · 경제적 수완으로 킵차크 한국의 한(汗)이 인정하는 공국으로서의 국력을 갖추었고, 한에게 대공의 칭호를 얻은 이반은 '돈 주머니(калита)'라는 별명에 걸맞게 모스크바 공국의 경제적인 부와 세력을 확장시켰다. 이때 블라지미르 공국에 있던 러시아정교회의 수좌대주교 표트르의 관저가 모스크바로 옮겨졌고, 그가 죽은 후 페오그노스트 대주교가 그곳에서 수좌대주교직을 계승하면서, 모스크바는 키예프 루시를 잇는 러시아정교회의 중심이 된다. 그 후 모스크바 러시아정교회는 알렉세이 수좌대주교에 의해 계승되면서 모스크바인들의 종교적, 정신적 삶에 깊숙

그림 48 삼위일제 수도원의 이콘화벽

그림 49 페오판 그렉의 『돈의 성모』

그림 50 페오판 그렉의 삼위일체 교회벽화

히 자리하게 되었고, 나아가서 알렉세이는 모스크바 대공에게 슬기로운 정신적 지도자로서의 역할을 하게 된다. 1380년 모스크바는 내부의 분열로 갈등을 겪던 킵차크 한국에 대항하여 적장 마마이 한과 벌인 돈강 상류의 쿨리코보 전투에서 승리를 거둔다. 대공 드미트리 돈스코이(1350~1389)가 거둔 이 승리는 모스크바로 하여금 킵차크 한국과 같은 몽골 타타르의 압제에 맞서 대항할 수 있는 강력한 공국으로서의 위상을 갖추게 하였다. 신심이 깊었던 돈스코이 대공은 최후의 결전에 임하면서 성전의 상징으로 이콘 '돈의 성모'(Донская богоматерь, '자비로운 성모'를 원상으로 함)를 군기로 앞세웠고 당시의 '삼위일체 수도원(Троиц Сергива Монастырь)'의 창립자 성 세르게이 라도네주스키(1321?~1391)는 대공의 승전을 기원하는 예배의식을 치루었다. '돈의 성모이콘'의 자비와 세르게이 라도네주스키 성자의 영성이 대공의 군사들로 하여금 단결된 러시아 민족의 신심과 용기를 불러 일으켜 준 것이다.

성 세르게이의 삼위일체 수도원에는 노브고로드에서 모스크바로 온 그리스 혈통의 이콘화가 페오판 그렉(1340?~1405?) 수도사가 수도원장 세르게이 라도네주스키의 숭고한 정교회 신앙정신을 본받으면서 고행수도의 길을 걷고 있었다. 그의 대담하고 자유로운 화필은 이미 노브고로드의 그리스도 현성용 교회의 이콘을 제작하면서부터 독창적 모습을 띠었다. 비잔틴 전통화법과는 달리 그는 자신의 이콘

그림 51 페오판 그렉의 현성용 이콘

에서 타보르 산의 신성한 빛을 은빛 흰색으로 채색하고, 러시아 대지의 원색인 황갈색 톤의 소박하고 현세적인 감각을 살리고 있다. 그가 자신의 제자 안드레이 루블료프 수도사, 프로호르 스 고롯차 수도사와 함께 제작한 모스크바 크레믈린에 있는 블라고베쉔스키 교회의 이콘화벽과 프레스코는 모스크바 공국의 러시아정교 이콘화풍으로 남겨진 소중한 유산 중 하나가 되고 있다. 특히 안드레이 루블료프는 스승과 함께 한 이 작업을 통하여 동료화가 다니일 쵸르느이와 더불어 자신들만의 독자적인 화풍을 개척할 수 있었다. 그들의 공동작업은 블라지미르의 우스펜스키 사원(1408)과 세르게예보 트로이차 사원, 삼위일체 교회(1420)의 이콘화벽이었다. 화벽을 장식하고 있는 각각의 이콘 속 형상의 부드러운 인상과 간결한 선의 윤곽, 그리고 전체적으로 밝은 톤의 채색은 이미 비잔틴 전통화법을 탈피한 루블료프적인 화필의 특징을 나타내고 있었다. 특히 모스크바 서쪽 근교 즈베니

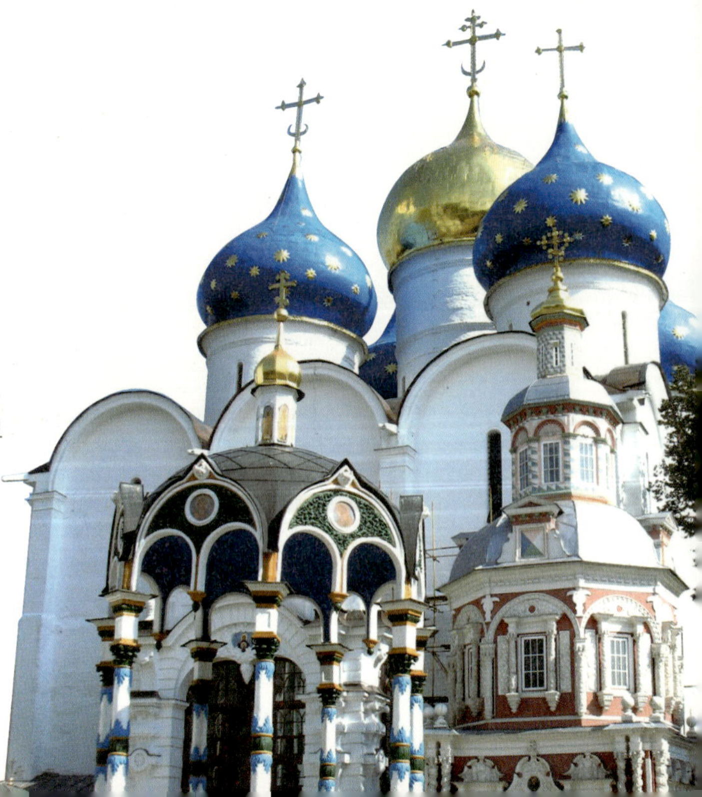

그림 52 세르게예보 트로이차 사원

그림 53 성 세르게이 라도네주스키

고로드의 우스펜스키 사원을 장식한 그의 이콘-구세주 이콘, 대천사 미카엘 이콘, 사도 바울 이콘-에서는 담청색과 연갈색과 같은 자연의 색과 빛의 조화를 통하여 보다 심오한 휴머니즘과 정교신앙의 이시하즘(исихазм)적 기운[18]을 풍기고 있다.

루블료프가 그린 구약의 '성삼위일체 이콘 (Ветхозаветная троица)'

그림 54 아브라암의 환대

기독교 교리의 근본인 성삼위일체에 대한 최초의 묘사는 로마 카타콤 속의 부조형상인 하느님의 손, 비둘기, 어린양을 비롯하여, 그 후 6세기 중반 이탈리아 라벤나의 성 비탈리 교회에서 발견된 '아브라암의 환대'와 같은 모자이크로 이미지화되었다. 그러나 이것은 성삼위일체 교리를 구체화한 상징이라기보다 성서의

18 이시하즘의 사전적 의미는 그리스어 헤시키아(h ë sychia)의 '고요,' '침묵,' '자기비움'의 뜻으로 4세기부터 7세기까지 이어온 비잔티움의 신비주의 경향의 하나였다. 그 후 14세기에 비잔틴 신학자 그리고리 시나이트(1260~1340)와 그리고리 팔라마(1296~1395)에 의해 부활된 이 사상은 넓은 의미에서는 자기 집중과 눈물로서 마음의 정화를 찾아 신과 인간이 하나가 되도록 한다는 금욕주의적 교훈이다. 좁은 의미로는 그리고리 팔라마에 의해 1351년 비잔틴 정교회의 교리로 공식 인정된 그리스도 현성용이 증거하는 신의 본질과 능력에 대한 종교철학적 개념이다. 사전적 의미에서 볼 때는 요가의 심리적 통제의 이론과 유사한 개념이다.
러시아정교회 이콘에서 나타난 이시하즘은 앞에서 언급된 성 세르게이 라도네주스키가 자신의 삼위일체 수도원에서 제도화시킨 러시아 수도원의 '공동체 제도(общежительная устава)'의 근본이 된다. 이는 수도사 개인의 자기비움적 고행단계를 넘어서 인간과 자연 그리고 신과의 합일을 추구하는 러시아 민족의 공동체 의식(соборность)을 고취시켰고, 페오판 그렉과 안드레이 루블료프가 주도한 모스크바-러시아의 이콘화풍에 유입된 것이다. СЭС. М., 1983; 이덕형, 『이콘과 아방가르드』, 2008, pp, 401-414 참조.

텍스트, 즉 아브라암 앞에 나타난 하느님의 계시(창세기 18:1~19)를 표상하는데 지나지 않는 것이었다. 성삼위일체의 교리는 절대적인 유일신 하느님의 계시이다. 따라서 반드시 믿음이 바탕이 되어야 한다. 이와 같은 삼위 각각의 본질(ипостась)을 수 세기에 걸쳐 합리적으로 설명하고자 했던 기독교공의회의 시도는 교리상의 왜곡을 불러왔고, 아리안이즘, 유대교주의 등의 이단을 낳게 했다. 성부, 성자, 성령의 세 위격은 곧 하느님의 본체이며, 각각은 동일한 본질을 지니면서 하나의 일체가 된다는 삼위일체의 개념은 사실 성경에도 언급된 바 없는 추상적인 교리였으나, 결국 4세기와 5세기에 걸쳐 열린 기독교공의회의 공인을 받게 된다. 그럼에도 불구하고 이러한 추상적인 개념을 이콘과 같은 시각적 조형예술로 이미지화하기는 결코 쉬운 일이 아니었다. 그러나 주제의 기본은 '아브라암의 환대' 모자이크와 같은 구약의 성서적 사건에서 비롯된다. 아브라암은 맘브리 나무곁에 서있는 세 사람의 낯선 손님을 환대하여 그들을 식탁에 앉혔는데, 그들의 얼굴에는 각각 하느님의 삼위가 그림에서 보듯이 광륜으로 나타나고 있다. 그 후(11세기경으로 추정) 젊은이의 모습으로 그려진 낯선 세 손님과 얼굴 뒤의 광륜은 날개 달린 세 천사의 모습과 후광으로 묘사되기 시작한다. 추상적인 교리의 개념을 구체화된 형식으로 묘사하는 과정에서

그림 55 루블료프의『구약의 성삼위일체 이콘』

구약의 성삼위일체 성상화는 다양한 변이형을 낳게 된다.

그중에서도 러시아정교회가 주장하는 가장 완벽한 예술적 표현방법은 15세기에 루블료프가 창작한 구약의 '성삼위일체 이콘'이다.[19] 이 작품 속에 나타나 있는 이콘화가의 사상은 '삼위'의 '일체'–셋은 곧 하나요, 하나는 곧 셋–는 서로 분리할 수도 서로 합할 수도 없는 개념으로서, 14세기 비잔틴 신학자 그리고리 팔라마가 말한 "유일한 신은 세 개의 삼위이며, 세 개의 삼위는 곧 유일한 신이다"의 사상과 다름 아니다. 루블료프의 이콘에는 아브라암도 그의 아내 사라도 없다. 구약의 텍스트가 말하는 구체적인 묘사나 상징도 마치 처음부터 없었던 것처럼 생략되어 있다. 삼위일체 교리 그 자체만이 세 천사의 똑같은 형상을 통하여 절대적이고도 단호하게 묘사되어 있다. 라자레프(В. Н. Лазарев)는 "오래도록 관조할 수 있게 그려진 루블료프의 이콘에는 어떠한 움직임도 작용도 없다"[20]고 말한다. 그러나 라이고로드스키는 이콘화가로서 루블료프의 천재성을 강조하는 뜻에서 다음과 같이 라자레프의 말을 반박한다: "아니다! 움직임도 있고 극적인 작용도 있다. 다만 우리들 인간의 세속적인 시선이나 감각으로는 감지할 수 없을 뿐이다. 이와 같은 내밀한 작용과 감지할 수 없는 움직임은 현실의 찰나적인 시간과 공간속에서의 흐름이 아니라, 지상의 모든 것을 포괄하는 무한의 공간과 영원한 시간 속에서의 흐름이다. 데보라(Девора, 성서속의 예언자)의 예언을 떠올리자." "주의 얼굴에 슬픔이 흐르나니." "생각해 보자. 슬픔(이시하즘의 본질인 눈물로서 마음을 정화함과 같은 의미)이 흐른다는 것은 죽을 운명을 타고난 인간에 대한 속죄의 눈물로서 고요와 침잠 그리고 무한함이 흐르고 있다는 것이다. 그러니 우리들 인간이 신의 삼위가 말하고 있는 초월적인 시

19 Мовлева, указ. соч., с. 481–482 참조.
20 В. Н. Лазарев, *Андрей Рублёв и его школа*(М., 1966), с. 36.

공의 역학을 감히 포착하고 인지할 수 있겠는가? 때문에 안드레이 루블료프의 성삼위일체 성상은 이처럼 불가능한 것을 포착하는데 성공한 그만의 천재적인 창조물인 것이다."[21]

이콘의 의미와 구성상의 중심은 식탁에 놓여있는 송아지 머리가 새겨진 성배이다. 성배는 인간의 죄를 사해준 신의 희생, 즉 성육신된 독생자 그리스도를 십자가에 매달려 죽게 함으로써 세상의 구원을 약속한 속죄의 제물을 상징한다. 이 성배는 고요와 침잠 속에 무언의 담화를 하고 있는 세 천사의 손과 손가락을 끌어당기는 듯 묘사되어 있다. 천사들의 모습은 앉은 자세와 옷의 색깔로만 구분할 수 있을 뿐 특별한 차이가 없다. 그렇다고 서로 일치되는 점도 없다. 삼위의 일체가 지닌 분리될 수도 합해질수도 없는 개념과 일치하는 것이다. 천사들의 황금빛 날개는 서로가 붙어 있다. 그리하여 뒷 그림과 앞 그림의 공간을 분리시켜 놓고 있다. 모든 것을 포괄하는 신비한 신의 공간이 세속의 공간과 분리됨으로써 신의 섭리는 이 천사들이 가진 스스로 펴고 접을 수 있는 날개벽을 넘나들면서 작용하고 있다. 화판의 형상들은 반원형의 구도로 그려져 있다. 둥근 것은 이상적인 평등과 냉정 그리고 객관성을 부각시킴과 동시에 그것은 시작도 끝도 찾을 수 없는 신의 무한성을 상징하면서 신 앞에서는 모두가 죄인임을 말하고 있다. 반원의 구도와 조화를 이루는 이콘의 역원근법적 화법은 이콘 속 세 천사들이 조정하는 렌즈의 초점위에 우리들 외부관찰자를 피사체로 올려놓고 있다.

그런데, 루블료프의 삼위일체 이콘의 관찰자들에게는 이미 오래전부터 풀리지 않는 궁금증이 있다. 누가 성부고 누가 성자이며 성령은 또 누구인가? 삼위의 일체는 분리할 수 없다는 위대한 비밀을 푸는데는 인간의 통찰력의 한계가 있겠지만, 그 또한 루블료프에 의해서

21 Райгородский, указ. соч., с. 115 참조.

그림 56 이콘화벽 속의 오테체스트보

극복될 수 있다. 세 천사가 입은 옷의 색깔과 그들의 자세로 식별할 수 있겠다. 가운데 천사는 성자인 듯하다. 그는 '구세주 이콘'에서와 같은 세속의 옷을 입고 있다. 암적색의 긴팔 겉옷에 수직으로 부쳐 내린 금색 단, 그리고 푸른 색 숄을 걸치고 있다. 신약에서 속죄의 제물인 성자는 식탁 중앙의 희생의 성배위로 허리를 구부리고 있는데, 잔의 크기는 좌 · 우에 있는 천사들의 발 크기와 비교하면 짐작할 수 있다. 역시 푸른색 옷에 연두색 숄을 두르고 있는 오른쪽(외부관찰자의 시선에서) 천사는 성령이다. 정교회의 푸른색은 영원한 갱생과 부활을 상징하며 성령을 축원하는 교회 축일의 예복으로 사용된다. 밝은 연보라색에 흰 빛이 감도는 겉옷에 연한 하늘색 옷을 받쳐 입은 왼쪽의 천사는 성부를 나타내고 있다. 겉옷의 연보라 색은 왕의 권위를 표상하는 붉은 빛깔의 변색이며, 흰빛이 감도는 연푸른색은 신성을 나타내면서 권위의 상징인 연보라색 겉옷을 투과하는 신성의 색임을 은은하게 강조하고 있다. 또한 왼쪽의 천사는 성부의 위엄을 보이며 자신의 옥좌에 앉아 있고, 중앙의 천사와 오른편 천사는 존경의 표시로 머리를 조아리고 있다. 성자 천사의 무릎과 두 손은 성령의 천사를 향하면서 기쁨과 구원을 주는 그를 가리키고 있다.

이콘의 후경 또한 선명한 톤은 아니지만 중요한 역할을 하고 있다. 성자 천사의 등 뒤에 있는 나무는 맘브리 나무의 형상으로 아브라암의 손님접대 현장을 암시하는데, 나무의 형상은 아담의 원죄를 초래한 선악의 나무를 상징한다. 또한 나무의 의미는 그리스도가 인간의 속죄를 대신한 골고다 언덕의 십자가 책형을 암시한다고 볼 수 있다.

오른쪽 천사의 머리 위로 보이는 산꼭대기는 신이 계시는 저 높은 곳을 의미하며, 그곳에서 일할 위대한 일꾼들이 향할 곳임을 뜻한다. 왼편 천사의 뒤쪽 건물은 아브라암의 집이자 지상의 교회건물이며 동시에 전상에 건축될 미래의 집을 상징한다.

세 명의 천사로 삼위를 표상한 구약의 성삼위일체 이콘은 루블료프 이후 러시아는 물론 동유럽이나 지중해의 크레타 섬 화풍에서도 새롭고 다양한 형태로 그려진다. 〈그림 38〉에서 보듯이, 이 삼위일체 이콘은 세 천사를 앞 그림으로 단순화시킨 루블료프의 그것과 달리, 아브라암과 사라의 형상, 식탁의 차림새 그리고 후경의 선명한 윤곽 등을 구체적으로 묘사하고 있다. 이러한 화풍은 15세기 말에서 16세기 초에 그려진 노브고로드 화파의 삼위일체 이콘과 아주 흡사한데 루블료프 화풍과는 달리, 서로 떨어져 있는 천사들의 날개는 특별한 신의 섭리의 공간을 만들지 않고 있다. 세 천사의 시선 또한 우리의 시선과는 맞추어지지 않은 채 환대를 위한 식탁의 차림새를 향하고 있다. 가운데 천사의 후광 속에는 십자가 무늬가 그려져 있고, 그 위로 예수 그리스도(Иисус Христос)의 약호가 새겨져 있으며, 화판 상단에는 성삼위일체(Святая Троица) 이콘이라는 표서를 달고 있다. 이와 같은 삼위일체 이콘의 다양한 변형들은 추상적인 교리를 보다 사실적으로 구체화시키려는 이콘화가들의 자의적인 시도에서 비롯된 것이다. 교회의 육중한 문이 세속을 향해 열려야 했듯이, 또 하나의 성서로서의 이콘예술 또한 시대의 흐름과 요구에 맞는 새로운 화법과 구성상의 변화를 필요로 했던 것이다.

신약의 삼위일체 이콘(Новозаветная Троица)

대공국으로서의 모스크바가 전 러시아를 통합하는 중앙집권국가의 체제를 갖추기 시작했던 1551년, 당시의 모스크바 대주교 마카리는 '백개조항 회의(стоглавой собор: 100개 항목을 규정한 정교회의)'를 열었다. 짜르 이반 4세도 참석한 이 회의는 교권의 확립에 따른 정교의 교회규정이라는 명분하에 짜르와 교회가 결속된 중앙집권체제의 강화를 목표로 하고 있었다. 당시 분권화되어 있던 지방공국들의 합병을 통하여 이른바 모스크바 통일국가는 그들의 고유한 민속문화와 토착화된 정교신앙의 관습은 물론 창작문학이나 문헌들도 정치 · 문화적 통일이라는 명분에서 획일화 또는 조탁하였다. 예컨대 『모스크바 연대기』 편찬은 곧 전 러시아의 연대기를 포괄하는 것이었다.[22] 이콘화법에 대해 이 회의가 규정한 사항은, 이반 4세의 제의에 따라, 변형된 성삼위일체 이콘에 쓰여진 각종 표서는 그대로 인정한 반면, 향후 이콘화가들은 그리스 이콘화가나 루블료프가 그려온 삼위일체 이콘의 화법을 전형으로 삼도록 했다. 삼위일체 사상에 대한 이콘화가들의 자의적인 해석을 금하면서 사실상 그 어떤 변형된 삼위일체 이콘의 제작을 불허한다는 결정이었다. 이것은 곧 비잔틴 이콘의 전통을 탈피한 루블료프 화풍의 러시아적 특징을 계승해 나가면서, 통일국가체제가 확립된 이 시대의 새로운 주제와 형상을 반영하는 러시아 이콘의 전형을 만들자는 결의이자 제안이었다. 그러나 그 후 백개조항 회의가 결의한 내용 중에서 삼위일체 이콘의 루블료프적 전형화와 이 전형을 무시한 변형된 이콘의 제작을 금지한다는 조항은 결국 효

22 모스크바 지방공국에 대한 문화적, 정치적 합병은 Н. К. Гудзий, *История древней русской литературы*(М., 1956), с. 218, с. 309-326 부분을 참고할 것.

그림 57 신약의 삼위일체 『오테체스트보』

그림 58 선지자 일리랴

력을 잃게 되었다. 교회도 이콘화가들도 이러한 결의를 지킬 수 없었기 때문이다. 당시 모스크바 정교회는 삼위일체 교리를 왜곡되게 부정하는 유대주의 종파(жидовствующие)와 격렬한 논쟁을 벌이고 있었다. 정교회의 입장에서 이와 같은 이단의 왜곡을 타파할 수 있는 가장 효과적인 무기는 추상적인 개념의 '구약의 삼위일체' 이콘을 대신할 '신약의 삼위일체(Новозаветная Троица)'와 같은 변형 이콘들이라고 생각했다. 이 계열의 원상이콘은 '오테체스트보(Отечество: 부성)'[23]라는 제명의 독립된 성상화의 한 유형으로 11세기 비잔틴 조형

---

23 'отечество'는 라틴어 'Paternitas'의 부성(父性)으로 번역된다. 신약의 삼위일체 개념을 대표하는 이콘으로서, 삼위의 세 가지 인성을 다 포용할 수 있을 만큼 등받이가 커다란 옥좌는 성부, 성부의 무릎에 앉아 있는 성자 그리고 성자의 가슴에서 날아 나오는 비둘기 성령을 다 함께 안고 있다. 이와 같은 이콘의 중심형상 구도는 세 가지 인성의 동질성을 표상함이다. 나아가서 결코 묘사할 수 없는 성부의 형상을 마치 선지자 일리야(〈그림 58〉 참조)의 모습과 똑같이 묘사함으로써 신약의 삼위일체 이콘은 다니엘 선지자의 꿈 속에 현시된 '태초부터 계신 그분'(각주 24 참조)으로서의 인성을 강조하고 있다. 추상적인 교리를 반영한 구약의 삼위일체와 차별되는 개념의 이 같은 성부의 형상은 14세기 노브고로드 화풍이 'отечество' 이콘에서 최초로 그려졌다. Konrad Onasch, *Icons*(NY., 1963), p. 355 참조.

그림 59 구세주 엠마누엘

예술을 통해 알려지기 시작했다. 그 후 이 이콘은 12세기와 14세기에 걸쳐 키예프 루시와 노브고로드 등지로 전파되었고, 16세기에 와서는 지중해의 크레타 섬을 비롯한 정교회 권역의 모든 지역으로 확산 · 유행하였다. 이콘은 러시아로 유입될 때부터 독립된 하나의 성상화로서가 아닌 교회장식용 이콘화벽의 최상단, 즉 조상 아담과 모세와 같은 구약의 조상이콘이 배열되는 제5열 중앙에 배치되어 있었다.

세 천사의 형상으로 상징된 구약의 성삼위일체와는 달리 '오테체스트보 이콘'에는 백발의 노인이 흰옷을 입고 근엄한 자세로 옥좌에 앉아있고 하느님이 계시한 메시아를 표상하는 임마누엘 소년 예수가 그의 무릎에 앉아 있다. 임마누엘의 손에는 푸른색의 원판이 들려있고, 그 속에는 성령을 상징하는 비둘기가 그려져 있다. 간결하면서도 일목요연하게 앞 그림을 통하여 강조된 세 형상의 특징을 보면, 소년 예수는 권위를 상징하는 붉은색 옷과 성령을 상징하는 비둘기를 손에 들고 있다. 다시 말해 소년은 구세주 임마누엘로 표상되어 있고, 성령 또한 그리스도 세례식에서부터 이미 사람들 앞에 비둘기의 모습으로 표상되어졌다. 그러나 흰색의 히톤과 기마티(Хитон и Гиматий: 그리스인들의 긴 속옷과 겉옷)을 입은 백발의 노인은 성부로 보여질 뿐 구체적인 성부로서의 상징성도 없다. 다시 말해 노인의 형상은 5세기에 비잔틴에서 그려진 그리스도 이콘 계열의 '태고적부터 계신 분[24](Ветхий Деньми)' 이콘 속 세속인의 옷을 입고 있는 구세주의 모습

24 슬라브어의 'Древний днями(the Ancient of Days)'는 구약의 선지자 다니엘의 꿈에 현시된 '옛적부터 늘 계신 그분'(깨끗하고 흰 양털 같은 머릿결에 눈처럼 하얀 옷을 입고 왕좌에 앉아 있는)

그대로이다. 반면 소년 예수의 형상은 '권좌의 구세주,' '구세주 엠마누엘,' '옥좌의 구세주'와 같은 구세주 이콘(Икон Спасители) 속 중심형상의 축소판이다. 누구도 본적이 없는, 결코 볼 수도 없는 아버지 신(Бог-Отец)의 모습으로 묘사되었고 그가 무릎에 안은 아들 신(Бог-сын)은 12살 소년 임마누엘로 그려져 있다. 이와 같이 성부와 성자를 시간을 초월한 동일 본질의 육화된 인성의 개념으로 강조한 '오테체스트보' 이콘은 단순히 구약의 삼위일체의 변이형으로 간주될 수는 없다고 하겠다.

그림 60 성모수태고지 이콘

그림 61 태초의 그분(성부)

구약의 삼위일체 이콘이 하느님의 언약을 신비롭고 추상적으로 상징했다면 신약의 삼위일체 이콘은 성육신된 그리스도의 실현을 합리적으로 일목요연하게 표현했다. 이와 같은 의미에서 교회 자체도, 이콘화가도 전통 이콘예술의 미학적 가치를 떠나서 이단 종파들의 교리 왜곡을 방어하는 수

과 인자(그리스도)의 만남(다니엘 7:9,10)에 대한 이야기에서 다니엘이 지칭한 '그분'의 이름을 이콘의 제명으로 한 것이다. 이콘 '권좌의 구세주'와 닮은 구세주 이콘의 한 유형으로서 이것의 변형들은 이미 5세기부터 그려져 왔다. 그것의 변이형은 '오테체스트보'와 같은 신약의 삼위일체 이콘 속 중심 형상으로 포함되거나, 특히 '성모수태고지' 이콘 속에서는 대천사 미하일과 성모의 머리 위에서 그리스도의 잉태를 축복하고 있는 이콘 속 이콘으로 묘사되고 있다. Мовлева, указ. соч., с. 93–94; Onasch, op. cit., p. 356 참고.

단으로 '오테체스트보 이콘'과 같은 신약의 삼위일체 이콘을 계속 변형 제작하게 된 것이다. 그리하여 보다 간결하고 구체적인 구도와 형상, 그리고 선명한 색상으로 그려진 변형들은 교회의 이콘화벽 최상단 중앙에 변함없이 배열되었다. 그 후 이단과의 논쟁을 끝낸 교회는 계속 변종되고 복제되는 이콘에 제재를 가하게 되었고, 그중 몇 가지 이콘에 대해서는 제작 또는 복제 금지령을 내리기도 했다. 그럼에도 불구하고 17세기 이후부터 '신약의 삼위일체 이콘'은 더욱 빈번하게 출현하기 시작한다. 이콘화벽에 고정 배치되어온 최상단 중앙을 구약의 삼위일체가 대신하기 시작한 것도 20세기부터이다.

3 스트로가노프 화파와 이콘의 세속화

파르수나와 루복의 등장

집안의 이콘과 성소

그림 62 성 게오르기

3 스트로가노프 화파와 이콘의 세속화

그림 63 모스크바 루시의 국장

비잔틴제국의 멸망(1453)과 함께 비잔틴 정교를 유일하게 계승한 모스크바 대공국은 이반 III세(1462~1505)에 의해 통일 러시아 국가로서의 중앙집권체제를 확립하게 된다. 이반 3세는 자신을 통일된 러시아국가의 군주이자 짜르라고 선언하면서 러시아 왕실의 권위와 러시아 정교회의 교권을 상징하는 문장을 만든다. 키예프루시 시대 선조 대공들의 수호신이자 야로슬라프 현공의 세례명이기도 한 '성 게오르기(Георгий св. великомученик) 이콘'의 형상과 비잔틴제국의 쌍두독수리 문양을 합하여 만든 국장이었다. 짜르는 베니스로부터 이탈리아의 건축공학 기술사들, 블라지미르, 노브고로드, 프스코프 등으로부터 목조건축 장인들을 모스크바로 초빙하여 크렘린 궁내의 본관 석조건물과 우스펜스키, 성모수태고지, 대천사 미하일 사원들을 차례로 축조한다. 교회 내부는 이탈리아 르네상스 화풍의 모자이크와 프레스코 그리고 모스

그림 64 디오니시의 「십자가 책형 이콘」

그림 65 디오니시의 『성모승천 이콘』

크바 화풍의 이콘으로 웅장하고 화려하게 장식되었다. 이때의 모스크바 이콘은 이른바 후기 모스크바 화풍의 이콘으로서 페오판 그렉과 루블료프를 계승한 디오니시(1440? ~ 1503?)의 화풍이 주류를 이루었다.

디오니시는 '권좌의 구세주(Спас в Силах)'[25] 이콘을 비롯하여 페라폰토프 수도원 성모탄생 사원의 프레스코와 오지기트리야 성모이콘을 포함한 성모승천 이콘, 십자가 책형 이콘, 기도이콘(деисус: 그리스도, 성모, 세례요한의 삼체성상), 성자들의 축일이콘 등을 통하여 자신의 독특한 화필을 구축하였다. 루블료프의 작품과 비교하여 그의 화필은 관찰자의 시선을 보다 멀고 높은 이상적인 세계로 이끌고 있다. 선명하고 절제된 형상의 스케치는 마치 빛의 흐름 속을 유영하듯 자유롭게 솟아오르는 가벼운 동선을 이루면서 보다 섬세하고도 부드러운 선의 윤곽

25 '권좌의 구세주' 이콘은 성육신한 그리스도를 우주의 지배자로 이미지화한 비잔틴의 '판토크라토르의 구세주' 이콘을 원상으로 하여 그려진 구세주 이콘 계열의 하나이다. 모든 가시적인 세계와 불가시적인 세계의 지배자로서의 이콘 속 주 예수 그리스도는 화판 전체를 통하여 자신의 힘과 영광을 나타냄으로써 '최후의 심판'(요한복음 12:47~48)을 위해 재림한 구세주의 형상이다. 〈그림 66〉에서 보면 이콘 속 내부 관찰자의 시선에서 구세주의 오른손은 두 손가락 성호(двоеперстие)를 긋고 있고 왼손에는 구약의 창세기, 아담의 족보, 언약과 율법을 상징하는 성서가 펼쳐진 채로 들려 있다. 판토크라토르 원상 이콘이나 다른 변이형 이콘에는 닫혀진 성서로 묘사되기도 한다. 구세주의 후광에 새겨진 십자가 무늬와 의상 또한 다른 구세주 이콘에서와 같은 전통적인 화법에 따른 것이다. Алексеев, указ. соч., с. 123-127 참조.

을 만든다. 이것은 페오판 그렉에 이어 루블료프의 화풍에 남아있는 둔중하면서도 신비로운 형상의 미망성을 최소화시킨다. 여기에 연한 하늘색과 황토색 바탕위로 선명한 초록색과 흰색 그리고 붉은 색의 조화는 넓고 굴곡없는 평면의 화판을 전체적으로 밝게 해준다. 엥겔리나 스미르노바는 디오니시의 예술성을 '포스트 비잔틴 예술'이라 정의하면서, 특히 그가 새롭게 시도한 부드럽고도 작은 이콘 속 성상의 얼굴묘사는 15세기 비잔틴 회화예술이 지향한 형상의 우아한 조화, 즉 화판속 형상의 인체구조적 비율을 추구한 조형예술적 기법의 정점이라고 말한다.[26]

그림 66 권좌의 구세주

그림 67 디오니시의 『키릴 벨로오제르스키 사도 이콘』

비잔틴 예술과 모스크바-러시아의 회화예술이 동일하게 이탈리아 르네상스 회화의 영향을 받게 된 이 시점에서, 모스크바의 교회건축이나 이콘예술 속에는 디오니시적 화풍에서 보는 바와 같이 세속적인 회화예술의 기운이 사언스럽게 유입되고 있었다. 이러한 시대적 기운을 디오니시는 과감하게 전통적인 이콘신학의 틀

26 Э. С. Смирнова, *Московская икона веков*(Ленинград, 1988), с. 32–35 참조.

속으로 끌어들인 것이다. 이러한 기운은 통일 국가로서의 군주와 정교회가 추구하는 정치적 이상과 부합되면서 이콘은 물론 교회예술과 문학의 세속화를 가속시킨다. 호화롭게 장식된 모스크바 크렘린의 사원들은 교회의 전례의식과 함께 외국의 사절단을 초빙한 짜르의 대관식, 왕족의 결혼식 그리고 고관대작들의 장례식장으로 이용되기 시작한다. 그 후 삼위일체 이콘으로 봉헌된 성 바실리 사원이 크렘린 광장에 축조되고 크렘린의 사원들도 재건축되면서, 키예프 루시 정교회의 시조인 성 블라지미르 대공을 비롯한 보리스와 글렙, 드미트리 돈스코이와 같은 역사적인 민족의 영웅들이 사원과 교회의 프레스코나 이콘화로 장식된다. 이러한 추이는 특히 바실리 3세 때 정교회 교리상의 이데올로기로 대두된 '모스크바 제3로마설'[27]과 같은 러시아 통일 국가와 통일 민족적 메시아주의의 한 반향이기도 했다.

15세기 후반에 시작된 러시아정교회의 분열 또한 교회의 세속화를 가속시킨 원인이 된다. 볼로콜람스키 수도원의 요시프 볼로츠키 원장(1439~1575)이 이끄는 '소유파'와 볼가강 너머 원로 수도사를 대표하는 닐 소르스키(1433~1508)의 '비 소유파'의 싸움이 교회의 재산 사유화를 주장한 소유파의 승리로 끝나면서, 교회는 토지와 재산을 키우는 세속적인 특권을 갖게 되고 짜르는 교회의 비호자가 된다. 국가교회로서의 교권 강화를 위하여 정교회는 성스럽고 신비로운, 신과 인간이 교감하는 '지상의 하늘'의 문을 활짝 열기 시작한 것이다.

그러나 이러한 시대적 변화가 정교회 교리로 규정된 이콘도상규범을 근본적으로 바꿀 수는 없었다. 백개조항 회의 이후 이콘화법에 대

---

27 프스코프 출신의 수도원장 필로페이가 바실리 3세에게 보낸 편지의 내용으로, 모스크바 정교회는 이교도에 의해 무너진 로마교회와 비잔틴교회를 계승하는, 지상에서 마지막으로 존재하는, 세 번째 정교국가가 된다는 교의이다. 오늘날까지 이 슬로건은 수도사 필로페이가 피력한 정교 신앙의 수호국가가 되자는 본래의 뜻을 벗어난 채 러시아의 정치사상적 단면 속에 존재하고 있다.

그림 68 모스크바 크렘린 내의 무기고 건물

한 교리상의 논쟁을 초래한 것은 '신약의 삼위일체 이콘'이었다. 당시 모스크바 대공국의 외무성 수장이던 비스코바트이(И. М. Висковаты)는 신약의 삼위일체 이콘이 모스크바 통일국가의 이념에 부합되는 이콘의 구성과 알레고리를 지니고 있다고 옹호한 마카리 수좌대주교를 공개적으로 비난한다. 하느님을 인간의 모습으로 묘사하는 것은 기독교의 정통 신앙정신과 정교회의 교리를 무시한 우상숭배적 발상이라는 것이었다. 결국 이 싸움은 비스코바트이를 단죄한 임시 종교회의에서 국가교회를 대변한 마카리 수좌대주교의 승리로 끝난다. 교회의 정통성을 해치지 않는 범위 안에서 이콘의 변형을 부분적으로 허용한다는 결론이 있다. 비스코바트이는 이반 4세의 오프리츠니나에 의해 비밀리에 처형되었다.

그림 69 무기고 내부

1589년 모스크바 정교회가, 콘

스탄티노플의 총대주교와 동등한, 정교세계에서 최고의 직위인 모스크바 총대주교좌(욥 총대주교)를 부여받게 되면서 러시아정교회는 독자적인 국가교회로서의 대외적인 권위를 갖춘다. 동시에 서구 유럽의 이국적인 문화와 회화예술들의 새로운 사조가 본격적으로 러시아에 유입되면서 러시아의 이콘예술 또한 이러한 새로운 흐름을 빠르게 수용한다. 크렘린 궁내의 왕실 유물 박물관-16세기 전에는 무기고(오루줴이나야 팔라타 оружейная палата)로 사용되었음-에 부설된 이콘제작소와 여기에 소속된 이콘 전문화가들이 그 산실의 역할을 하였다. 왕실의 봉급을 받는 이들은 주로 서구 유럽의 문화와 회화예술에 익숙해진 왕실 가족들의 기호와 주문에 따라 전통적인 이콘화법을 벗어난 새로운 화풍의 이콘을 제작하기 시작한다. 르네상스 성화의 화풍과 세밀한 장식을 강조한 바로크 예술의 분위기를 느끼게 하는 이들의 이콘화판은 원근법에 의한 풍경과 배경도 그려졌다. 이들 왕실 이콘제작소와 이콘화가들은 당시 모스크바 왕실의 재정을 지원하던 모스크바 제일의 자본가 스트로가노프 대귀족가문의 직접적인 후원을 받고 있었기 때문에, 이와 같은 모스크바 이콘화풍의 새로운 변화에는 스트로가노프가의 영향력이 크게 작용하고 있었다.

가문이 소유한 방대한 세습영지, 곡물재배, 소금제조, 모피와 피혁가공, 그리고 선박과 철도 운송사업 등으로 국가의 저명인사가 된 안드레이 세묘노비치 스트로가노프(1581~1649, 세묜 스트로가노프의 장남)의 본산은 모스크바 북부 솔비체고드스키(소금의 땅)와 우스튜그 벨리키 지역이었다. 안드레이 스트로가노프는 17세기부터 솔비체고드스키 지방에 지역주민들을 위하여 이콘화가들의 생활조합을 만들었고, 이 조합의 작업장을 통하여 많은 재능있는 이콘화가들을 배출시켰다. 그는 모스크바 왕실 이콘화가들에게도 이콘의 주문제작을 의뢰하였고, 노브고로드 전통화법을 이어온 노브고로드 출신 이콘화가들도 자신의 이콘화가 조합에 동참시켰다. 이리하여 19세기 러시아 이콘 전문가들의 조사연구 결과로 명명된 이른바 '스트로가노프 화파(Строгановская школа)'가 결성되기 시작하였다. 원래 솔비체고드스키에는 대규모 천일염전과 소금 늪지 위로 축조된 '성모수태고지 사원(1584)'과 같은 당대의 기념비적인 목조교회를 비롯하여 '보리스 · 글렙 수도원'과 그후 스트로가노프가에 의해 건축된 '성모의 성전입성사원'을 중심으로 수공예 판각화, 미니아추어, 휴대용 소형 이콘 등의 수제 세공예술이 발달해 있었다. 남서쪽으로 인접한 우스튜그 벨리키 또한 지정학적으로 강과 육로의 분기점이 되면서 모스크바로 집중되는 북부러시아 무역통로의 가장 중요한 관문이었다. 주된 상거래 품목은 이들의 토산품인 철제 세공예품, 서리꽃 당초무늬의 금속판화, 은 세공품, 칠보, 자작나무 껍질의 판각화 및 소삭품 등이 었다. 안드레이 스트로가노프는 지역 주민들의 이와 같은 세공예술을 적극 권장하고 후원함으로써, 이들

그림 70 블라지미르 성모이콘의 봉헌, 17세기

그림 71. 치린의 「성 니키타 병사」

의 전통공예 기술을 자신이 만든 이콘화가 조합의 이콘 제작기법에 그대로 적용시켰다. 스트로가노프 화파를 이끈 대표적인 이콘화가는 프로코피이 치린(1593~1621)를 비롯하여 스테판 아례피예프, 세묜 보로진, 이스토무 사빈과 그의 두 아들 나자리 사빈, 니키포르 사빈, 그리고 시몬 우샤코프(1606~1686) 등이다. '병사 니키타'와 같은 정교한 미니아추어 기법으로 이름난 프로코피이 치린과, 동판화와 파르수나 화법으로 유명한 시몬 우샤코프의 화풍에서 보여지는 세밀하고 장식적인 새로운 이콘화법은 금새 모든 사람들의 관심을 끌게 되었고, 우스튜그 벨리키의 이콘제작소와 모스크바 왕실이콘제작소는 물론 기타 지역의 이콘화풍에도 영향을 주게 되었다.

스트로가노프 화파 이콘의 특징을 요약하면 성자의 얼굴(лик)을 세속인의 얼굴(лицо)로 대신하고 이콘의 역원근법적 구도는 서양회화의 원근법이 가미되거나 바뀌어졌다. 따라서 이콘의 뒷 그림은 교회, 나무, 산 등의 풍경으로 구체화된다. 이들의 이콘은 문학적 기능을 살리기 위한 클레이모 이콘[28] 화법을 자주 사용하였다. 솔비체고드스키 세공예술을 바탕을 한 오클라드(천개)[29] 장식으로 이콘을 우아하고 화려하게 꾸민 스트로가노프 이콘들은 화

그림 72 우샤코프의 삼위일체 이콘, 17세기

28 클레이모(клеймо) 이콘은 이콘 속 중심형상의 주위로 배치되어 이콘의 주제와 의미 설명에 필요한 중요한 사건을 이콘 속의 작은 이콘으로 묘사한다. 〈약화 15〉에서와 같은 성자의 생애전 이콘이 그 전형이다.

29 오클라드는 주로 성모이콘을 보다 성스럽고 화려하게 보이도록 금, 은, 동 그리고 각종 보석으로 정교하게 세공한 중심형상의 덮개 장식품이다. 성상의 손과 얼굴만 남기고 왕관(венец), 후광(нимб, цата), 액자의 틀(рама), 겉옷의 치장(риза), 그리고 화판의 배경(фон)을 모두 오클라드로 덮을 때, 그 이콘은 보다 값지고 긴 수명을 갖게 된다.

판 뒷면에 이콘제작소와 화가의 서명을 표기하였고, 그 형태는 주로 가문의 집안 성소를 위한 보통 성경책 크기의 이콘과 휴대용 소형 이콘이 많았다. 또한 이들의 이콘화법에는 세공예술의 약속된 기법을 차용한, 형상의 포즈나 제스처 묘사법과 색의 조화를 위한 도색규범을 적용하였다.

'파르수나'와 '루복'의 등장

엄격한 정교회의 이콘도상규범을 깨뜨린 스트로가노프 화파의 이콘은 페오판 그렉, 루블료프 그리고 디오니시로 계승된 모스크바 러시아 전통 이콘화법의 마지막을 장식하면서 20세기 소비에트 러시아 시대까지 나름대로의 전통을 이어간다. 17세기 말까지 스트로가노프 화파를 계승한 우샤코프(С.Ф.Ушаков: 1626-86)는 왕실 이콘화가의 신분으로 서구풍의 알레고리적 표현과 장식적인 화풍의 이콘을 그렸다. 그의 대표작 '구약의 삼위일체(1671)'는 삼위이 세 천사를 앞 그림 중앙에 부각시키고 명암의 내비와 섬세한 옷의 주름을 세밀하게 나타내면서, 뒷 그림의 나무와 교회건물 등은 원근법으로 처리하고 있다.

그림 73 모스크바 국가의 나무
– 블라지미르 성모이콘

그림 74 표도르 3세 초상

짙은 갈색과 올리브색을 대비 · 조화시킴으로써 보다 현실적인 세속회화의 분위기를 풍긴다. '모스크바 국가의 나무-블라지미르 성모이콘(1668)'은 성모의 기적창조 이콘계열의 하나인 쿠르스키 지방의 '나무뿌리-성모의 출현 이콘(13세기)'의 구도와 흡사하다. 왕실의 주문으로 제작된 이 이콘은 하나의 나무뿌리에서 자라난 나무가지와 꽃, 그리고 열매로 표상된 교부와 성자들의 형상을 작은 이콘으로 배열하고, 중앙에는 블라지미르 성모이콘, 상단 중앙에는 '태고적부터 계신 그분'과 천사의 형상을 묘사하고 있다. 블라지미르 성모이콘의 현시를 통하여 키예프 루시공국과 그 전통을 계승한 성스러운 모스크바 러시아에 신의 영광과 축복이 내려졌음을 상징하는 이콘이다.

그림 75 스코핀 슈이스키 공작

우샤코프는 또한 백러시아와 우크라이나 사이에서 당시에 교류되던 초상화 기법의 하나인 파르수나(인물, 얼굴의 뜻) 화법의 이콘을 발전시켰다. 전통 이콘의 화판 위에 그려지는 성자의 형상을 세속인의 인물화로 대신한 파르수나는 이콘신학의 본질인 내부 관찰자의 영적인 세계와 그 시선은 무시되고, 외부 관찰자의 시선만을 의식하는 초상화의 개념이 짙다. 따라서 권위와 역사성을 상징하는 과거속의 인물이나 실존하는 인물의 反이콘적 초상으로서의 파르수나는 정교의 구교신봉자나 이콘숭배자들에게는 격렬한 비판의 대상이 되기도 하였다. 그러나 왕실이콘제작소인 '오루제이나야 팔라타'의 거장으로서의 우샤코프와 동료 이콘화가들은 〈그림 74〉에서와 같이 서구의 바로크풍이나 사실적인 형상의 묘사만을 그들의 새로운 화법에 적용하고자 했던 것은 아니다. 그들의 파르수나 이콘에는 구성상의 원칙이 있었다. 전통 이콘의 구도를 바탕으로 중심형상의 얼굴은 그들 중 리츠니크(личник)[30] 전담화가들에 의해 이콘 속 성자의 얼굴처럼 둥글고 부드러운 윤곽으로 그려졌고, 색의 조화나 명암의 처리 또한 비사실적이며 의상과 포즈 역시 이콘적인 특성을 그대로 살렸다.

그림 76 루복, 기적성자 니콜라이

이와 같은 파르수나 화법은 표트르 대제의 개혁이 본격화된 18세기 초까지 러시아 이콘화가들에 의해 계속 발전되면서 러시아 초상회 장르의 골격이 되었다. 이때까지 한 세기가 넘도록 러시아 이콘예술의 새로운 흐름을 주도해 왔던 '오루제이나야 팔라타' 화파는 1711년 러시아 제국의 수도가 될 페테르부르크로 그 본산을 옮긴다. 우샤코프에 이어 티모페이 키릴로프, 키릴 울라노프(세례명: 코르닐리이), 우스튜즈나 지방 출신의 세공예 및 판화 전문가인 세묜 이바노프 등이 모스크바 왕실의 이콘화풍을 그대로 유지하고 있었지만, 그들의 작품은 이미 페테르부르크화된 새로운 서구풍의 회화예술 개념과 어울릴 수 없었다 새로운 수도에 대한 표트르 1세의 서구화 정책이 교회의 전통적인 분위기 또한 바꾸어 놓고 있었던 것이다. 이 후 18세기 후반에는 정교회가

그림 77 루복, 대천사 미하일

30 전통적으로 이콘이나 이콘화벽은 이콘화가들의 공동작업으로 완성된다. 화판의 제작과 구도, 인물(중심형상), 배경 등으로 구분 작업할 때 얼굴과 노출된 신체의 일부를 전담하는 이콘화가를 리츠니크(얼굴을 그리는 사람)라고 지칭하였다. Райгородский, указ. соч., с. 8; Алексеев, указ. соч., с. 319 참조.

그림 78 루복, 쿨리코보 전투

원칙적으로 금지했던 이콘화가의 이콘 속 형상에 대한 자의적인 묘사가 자연스럽게 새로운 유형의 이콘 속에 등장한다. 스코핀 슈이스키 공작(그림 75) 얼굴은 초상화의 세속인 얼굴 표정으로 외부 관찰자의 시선을 응시하고 있다. 같은 화필의 '성 드미트리 ·로스토프의 초상'에서는 로스토프의 왕관과 옷은 성자의 차림이라기보다는 대주교의 대관식 복장이며 '권좌의 구세주' 이콘 속의 얼굴과 자세를 연상시킨다. 그의 방안 인테리어인 탁자와 펼쳐진 책, 그들의 색감, 그리고 벽에 걸린 성모이콘 또한 성자 이콘으로서의 주제를 벗어나면서 관찰자의 판단을 모호하게 한다.

그림 79 루복, 복음성자

이처럼 러시아 국민의 삶속에 뿌리 내린 이콘문화 속에는 루복(лубок)과 같은 판화예술이 비교적 큰 비중을 차지하게 된다. 루복화는 목판이나 동판 또는 석판에 판각된 선화(線畫)를 물감으로 채색하여 직물 포나 종이로 찍어내는 날염(프린트) 인쇄술의 하나로 이콘과 같은 성서문학의 회화적 표현도구로 사용되기 시작했다.

모스크바에서도 누가 복음과 같은 성서의 삽화가 목판화로 소개되고 있었다. 당시 모스크바 조형예술의 화풍을 이끈 스트로가노프 가문의 본거지 솔비체고드스키, 우스튜그 벨리키 지방은 판각화나 세밀화 같은 토속적인 공예품의 원산지였으며, 스트로가노프 화풍을 주도한 치린이나 우샤코프와 같은 이콘화가들도 전통적인 판각화나 세밀화 그리고 세공예술의 달인이었다. 이러한 토속 예술적 토양위에서 확산된 러시아의 루복화는 러시아 민족의 민속화로서, 대중들이 쉽게 이해할 수 있는 종교화로서, 그리고 당대의 시대상을 반영하는 풍자화와 같은 민중예술로 발전하였다. 성삼위일체, 니콜라이 기적성자, 대천사 미하일 등의 루복을 비롯한 다양한 복음서 루복들은 값싸게 대량 복제되면서 특히 서민들의 집안이콘이나 휴대용 이콘의 자리를 대신하였다. 더구나 교회가 선술집으로, 성배가 술잔으로, 사제가 술주정뱅이로 패러디된 종이 루복화들이 유통되면서, 루복이콘은 정교회 당국의 강한 제지를 받기도 하였다. 그러나 루복예술은 교회문화적 예술의 틀을 벗어난 러시아 대중문학의 값진 토양이 된다. 슬라브 러시아의 신화를 비롯하여 민담과 고대러시아의 영웅서사시 그리고 성자들의 생애전을 짧은 표서와 함께 알기 쉽게 이야기해주는 루복화는 러시아적인 우화소설 그

그림 80 루복, 삼위일체

그림 81 뜻밖의 귀가(레핀) 그림 82 나무꾼(말레비치) 그림 83 십자가 책형 (나탈리아 곤차로바)

자체였다. 특히 19세기 러시아문학의 황금기를 주도한 당대의 공식적인 잡지 문학계로부터 이른바 루복문학(лубочная литература)은 철저히 외면당하고 있었다. 그럼에도 불구하고 루복화는 서민대중을 위한 통속소설 작품을 담은 이른바 '보따리 문학'[31] 속에서 싸구려 복제 이콘 또는 복제 서양화들과 함께 대중의 사랑을 받아왔다.

러시아인의 삶과 영혼의 일부가 된 정교회이콘은 중세러시아 교회문학의 성자전 장르에서부터 중세 러시아문학의 시대가 끝나는 17세기 말[32] 이후의 러시아 세속문학과 오늘날 현대 러시아문학의 예술적 혼이 되고 있다. 나아가서 조형예술의 미학적 표본이자 현실세계와 영혼의 세계를 교감하게 하는 그림의 신학으로서 이콘예술은 전통 러시아 회화의 근간이자 미래적 러시아 회화예술 발전의 진취적 동력이 되었다. 고전주의 화풍에서 19세기 러시아 사실주의 회화 예술을 탄생시킨 이바노프(1806~1858, 대표작: 대중들 앞에선 그리스도)와 러시아 사실주의 회화를 완성한 일리야 레핀(1844~1930, 대표작: '볼가강의 뱃사공들,' '뜻밖의 귀가')을 비롯하여, 이콘신학의 본질과 이콘화의 구성원리를 아방가르드적 20세기 러시아 현대회화에 접목시킨 바

31 광주리(кошель)에 담아서 싼 값에 파는 길거리 서적상을 비유한 말임. 러시아 잡지문학과 통속소설에 관한 내용은 장실, "러시아 잡지문학의 역사,"『외대논집』, 제27권, 1994, pp. 265-266 참조.

32 Гудзий, указ. соч., с. 8.

그림 84 군중앞의 그리스도(이바노프)

실리 칸딘스키(1866~1944), 카지미르 말레비치(1878~1935), 그리고 나탈리아 곤차로바(1881~1962)와 같이 러시아를 대표하는 세계적인 화가들의 작품이 그 실례이다.

집안의 이콘(икона в доме)과 성소(красный угол)

교회와 이콘의 세속화 과정에서 정교회 평신도들은 집안의 성소에 가족이나 개인을 위한 이콘을 모셨고, 여행이나 집을 나설 때는 작은 이콘을 몸속에 지니고 다녔다. 그들이 찾는 사원의 교회나 마을의 작은 지성소(часовня)에도 개인적으로 숭배하고 기도하는 이콘이 지정되어 있었다. 일정기간 교회와의 약정과 기부를 통하여 개인이 모시는 교회 안의 자신만의 이콘이다.

성스러운 이콘을 모시는 정교회 신자들의 집은 하나의 '가정교회(домовые церкви)'가 된다. 크렘린의 왕실도 귀족의 저택도 농민들의 농가도 그러하다. 교회의 지성소(제단)와 이콘처럼 모든 기독교 신자들의 집안에는 이콘과 성물을 모시는 크고 작은 성소가 있으며, 교회를 헌당하고 상징하는 '교회이콘(икона в храме)'과 같이 왕실의 전통을 계승하는, 귀족가문의 계보를 잇는, 그리고 한 가정의 세대를 잇는 '집안이콘(икона в доме, семейная икона)'이 있다. 초기 로마노프 왕조의 왕실기록에 의하면 알렉세이 미하일로비치 짜르의 '기도실(관저교회 крестовая)'은 크렘린의 베르호스파스키(구세주사원) 사원 북쪽에 위치한 '그리스도 책형 교회(1681)'였다.[33] 규모가 작은 이 교회의 내부는 수 많은 이콘과 금, 은, 진주 등의 보석으로 화려하게 장식된 높은 이콘화벽(4내지 5단)을 비롯하여 모든 이콘에는 양초나 현수등이 켜져 있고, 성모마리아의 성령이 담긴 성병(просфора)도 놓여 있었다. 황제는 아침기도를 위하여 참회승(духовник)이 기다리고 있는 크레스토바야로 들어간다. 황제가 그날의 성자축일이콘에 기도하면 참회승은 지역 수도원에서 받아온 성수를 그에게 뿌리고 약 15분간의 성례를 마친다. 귀족이나 부자들도 '성상의 집(образницы),' '작은 예배당(божницы, часовня),' '관저교회'라고 불리는 가정교회를 갖추고 있

그림 85 차소브냐

33 이 교회는 16세기에 11개의 쿠폴로 화려하게 축조된 '테렘노이 궁전(Теремной дворец, 주거용 관저)'의 중심부에 위치한다. 황제나 귀족 그리고 그 가족들의 관저교회(крестовая)중의 하나였던 이 건물은 현재는 크렘린궁의 본관 행정부와 연결된 복합건물이 되었다. 귀족들의 대저택(хоромы)으로서의 테렘노이 궁은 17세기 후반에 유행하기 시작한 러시아 황실극장의 요람이기도 하였다. 15세기 초 안드레이 루블료프에 의해 장식된 크렘린의 블라고베셴스키(성모수태고지) 사원 또한 이반 Ⅳ세를 포함한 모스크바 대공들의 기도실이었다. 당시 이 사원은 '위대한 군주의 보호를 받는 교회'로 명명되면서 황실의 궁전과 하나의 통로로 연결되었고, 후에는 9개의 쿠폴을 지닌 석조교회로 개축되었음.

었다. 그들은 사제, 참회승, 하급 성직자들을 고용하여 성례 및 교회의 집사일을 맡겼다.

그림 86 세 개의 손 성모이콘

일반적으로 정교회 신자들의 집은 지붕이나 처마 밑의 이콘으로 비기독교인과 세례를 받지 못한 이웃들과 구별된다. 이콘은 주로 구세주 이콘이거나 아니면 집안에서 특별히 숭배해온 성자들의 이콘이나 성모이콘이었다. 지역별로 다르지만, 농가를 비롯한 일반인들의 가정은 집안의 안녕과 부를 지켜주는 '니콜라이 기적 성자이콘'이나 낙뇌와 화재를 예방해주는 '성모의 불타지 않은 떨기나무 이콘,' 불구사나 환자들의 정신적 불안을 치유할 '세 개의 손 성모이콘' (그림 86) 등을 선호하였다. 예컨대 카잔의 제지코프 마을은 집집마다 '카잔의 성모이콘' 과 '니콜라이 기적성자이콘'을 대들보나 현관에 붙박이 목판 이콘으로 모셔두고 있었다. 카잔의 성모이콘으로 봉헌

그림 87 차소브냐의 내부

그림 88 구세주 사원

그림 89 귀족의 저택교회,
『테렘노이 궁전』

그림 90 차소브냐의 이콘화벽

된 '카잔의 성모교회'가 이 마을을 지켜주고 있었기 때문이다. "말을 살 때는 굴레요 집을 살 때는 이콘이다"는 러시아인들의 옛 속담은 새 집을 사거나 지을 때, 러시아인들은 상량식에서부터 집들이까지 이콘과 같은 성물에 대한 숭배의식을 생활화하고 있음을 시사한다. 이러한 러시아인들의 성물 숭배의식은 집안의 길흉을 다스리는 토속신앙적인 오랜 관습과 자연스러운 조화를 이루고 있다. 노브고로드 지방의 한 부락주민들은 이콘과 함께 집들이 음식인 '빵과 소금(хлеб-соль : 환대와 향응의 상징)'을 집안으로 들고 들어와 촛불이 켜져있는 성소 위에 올려놓고 새 집을 위한 축도를 올린다.

집안의 성소(красный угол)는 교회의 제단이 동쪽에 위치하는 것과 같이 빛이 시작되는 동쪽의 상석(передный угол)에 위치한다. 농가의 구조로 보면 현관입구 반대편 오른쪽 구석, 벽난로로부터 대각선상의 동쪽이나 남동쪽이다. 기도를 할 때 사람들은 머리를 태양이 뜨는 동쪽으로 향한다. 기독교에서 동쪽의 의미는 그리스도는 '동쪽의 높은 곳,' '신이 계신 그곳'에 임할 것이며, 그곳이 곧 동편의 에덴동산이 되리라 기도하고 찬양하는 시편이나 복음서 또는 성가(топарь)의 내용을 근거로 한다. 성소의 호칭과 장식은 지역별 관습에 따라 다양하다. 일반 농가의 성소는 특별히 만든 선반 위에 이콘을 올려놓고 성서적 의미를 지닌 각종 성물들 – 흰 수건, 레이스, 나뭇가지, 밀랍초[34] – 로 장식한다. 보다 형식을 갖춘 성소의 형태는 이콘이 놓인 선반 밑에 성상갑(киот)이나 궤를 짜서 그 속에 클레이모(생애전 이콘에 그려지는 작은 성상화) 형태의 작은 이콘이나, 성서, 밀랍초, 향로, 버드나무 또는 떨기나무 가지 등의 성물을 보관한다. 키오트는 교회 지성소 내벽의 그것처럼 유리장으로 만들어지는데, 그것은 성물을 청결하고 소중하게 모신다는 의미도 있지만, 그보다는 성상 앞에서의 기도가 더 가깝고 더 빠르게 이루어질 수 있도록 하기 위함이다. 성소의 호칭은 상석 또는 성소를 뜻하는 '쿠트,' '자블로,' '차소브냐,' '보주니짜,' '키오트,' '포치바,' 그리고 '수트키' 등으로 지방에 따라 다른 별칭으로 불리워진다. 이와 같은 집안의 성소를 지키는 이콘과 성물들은 같은 유형의 것이라도 주문자의 요청 또는 집안의 생활정도에 따라 달리 제작된다. 지역적 특성과 전통에 따른 다양한 이콘화법으로 제작되는 이콘들은 작고 값싼 목판 위에 그려진 검소한 성상화에서부터 〈그림 96: 성모이콘의 리자(Риза)와 오클라드(Оклад)〉같이

그림 91 집안의 성소

34 흰 수건의 장식은 예수와 신심 깊은 아브가리 황제에 관한 종교적 전설속의 '수건(убрус)에 그려진 그리스도 성상' 이콘의 수건을 상징한다. 현실적으로는 중앙러시아변방에서 아마포나 포목의 생산과 상거래를 생계수단으로 하는 주민들의 전통관습의 징표이기도 한 이 흰 수건은 '아마의 날', '포목의 날'이라는 자연신앙적 축일을 흰 수건을 통해 종교식으로 상징화한 것이다. 레이스와 같은 수공예품을 이콘에 장식하는 관습도 이와 같은 맥락에서이다. 나뭇가지 장식 또한 종교적 의미에서는 삼위일체 이콘의 원상인 '아브라함의 환대' 속에 묘사된 맘브리 나무, 예수의 예루살렘입성을 상징하는 종려나무 등을 상징한다. 자연신앙적 관습의 의미에서 나뭇가지, 꽃, 그리고 풀들의 장식은 자연의 순환과 풍작을 기원한다. 특히 갓 뽑은 풀(쐐기풀과 같은 약초)을 성소에 장식하는 것은 가족들의 건강과 환자의 치유를 위한 것이다. 밀랍초 또한 양봉을 하는 주민들의 주된 성물이다. 이와 같은 농가의 성소는 정교를 믿는 러시아 민족정신에 깃든 자연과 종교의 필연적인 조화의 표상이 된다.

그림 92 성소의 이콘들

성상의 덮개 장식을 금, 은, 진주와 같은 보석으로 치장한 값 비싼 이콘에 이르기까지 다양하다. 이렇게 제작된 집안 성물로서의 이콘은 한 집안의 고유한 가문의 전통과 종교적 역사 또는 신심의 깊이를 가늠케하는 '가족이콘(Семейная икона)'이 되는 것이다. 러시아정교회가 공인한 기적창조 이콘계열의 '가장 신성한 블라지미르 성모이콘,' '보골류프스키 성모이콘,' '니콜라이 기적성자이콘' 등등이 수많은 교회와 수도원을 헌당했듯이, 가보로서의 이러한 성물들은 자체가 지닌 성스러운 기적의 역사를 영원히 숭상받고 있는 것이다. 앞 장에서 부분적으로 소개했던 기적창조에 관한 이콘의 역사와 종교적 전설을 통한 기적의 실례는 교회이든 왕실이든 일반가정에서든 시간을 초월하여 현실화되어 왔다. 따라서 러시아뿐만 아니라, 세계 곳곳에서 현시된 이와 같은 기적이콘의 사례는 정교회 관구를 통하여 매년 또는 수시로 그 통계가 집계되고 있다. 신심 깊은 신자들은 집안의 이콘 이외에도 자신이 소속된 사원이나 교회 안의 이콘 또는 성물을 특별 헌금을 내고 임대하기도

그림 93 성소의 키오트

그림 94 성모상 오클라드

그림 95 성서 오클라드

한다. 반대로 신자들은 소중하게 모시던 자신의 개인소장 골동품 이콘을 교회를 위해 기증하기도 한다. 또한 이들은 성지순례 길에 수집한 클레이모와 같은 작은 이콘들 – 프레오브라젠스키 사원의 '그리스도 현성용 이콘,' 세르기예보–삼위일체 사원의 '구약의 삼위일체 이콘' 등을 집안 성소의 이콘화벽으로 장식하기도 한다.

전통적인 러시아정교회 신자들의 가정은 이콘과 성소에 대한 특별히 엄격한 예의를 관습화했다. 이러한 관습은 곧 후손을 위한 가정교육의 하나가 되었다. 실제로 17세기 중반 러시아 총대주교는 이교도들이나 외국인들이 러시아 정교신자의 집에 세를 들어 살 경우, 그들의 방에는 이콘을 두지 못하도록 규정하였다. 16세기 바실리 Ⅲ세 시대에 모스크바 루시를 방문했던 독일의 여행자 게르베르 슈타인은 이렇게 회고한다 : "손님으로 오는 루시인들은 문에 들어서면서 보사를 벗고 십수인이 아니라 이콘부터 찾았다. 방안으로 들어선 손님은 성호를 세 번 긋고 이콘을 향하여 '신이시여, 사비를…' 라고 큰 소리로 경의를 표한 다음 주인을 향하여 '신께서 당신과 당신의 가족에게 건강을 주시기를…'라고 인사한다. 만일 실수로 모자를 벗지않은 손님

그림 96 성모이콘의 리자와 오클라드

에게 주인은 '술집이 아닌데요, 모자가 술통인가요, 여기는 이콘이 있는 곳입니다'라고 지적했다…"[35] 성소가 있는 방에서는 금연이다. 담배를 피우더라도 상석을 향해 연기를 뿜어서는 안 된다. 욕설이나 큰 소리는 물론 어린아이들의 장난도 금지된다. 누울 때도 두 발은 이콘을 향할 수가 없다. 모세가 출애굽기에서 불붙은 가시덤불을 향해 걸어갈 때 신발을 벗었듯이 그들은 성소를 가까이 할 때는 신발을 벗고 있었다. 집안의 성소에서 이콘을 이탈시켰을 때는 반드시 그 이유가 있다. 죽은 가족과의 이별, 아들딸의 결혼식, 아들의 전쟁터로의 출정이나 징집, 아니면 가정의 불화에 대한 가족의 서약을 필요로 할 때, 이콘은 집안 어른에 의해 옮겨진다. 이 순간 이콘은 준엄한 심판자요 목격자가 된다. 『미성년』에서 화자 아르카지는 제자리를 벗어나 있는 탁자위의 이콘을 보면서 집인의 불길한 징조를 예감한다. 그것은 의부인 베르실로프의 이콘파괴행위에 대한 자신의 최후 결심과 맹세로 가시화되었다.

러시아 혁명은 조상대대로 축복해온 신자들의 가정 이콘들을 집안의 성소로부터 몰아내고자 하였다. 그러나 10년 넘게 지속된 소비에트 러시아의 무신론 시대는 성상 앞에서 타고 있는 촛불을 결국 끄지 못하였다. 뒤에서 소개될 19세기 러시아 작가 멜니코프가 그러했듯이, 오늘날 러시아 전역의 벽촌을 답사하는 통신원 또는 금세기 러시아 이콘 연구가들은 이러한 러시아정교회이콘의 전통과 정신적 유산을 지키는 믿음직한 수호자의 역할을 게을리 하지 않고 있다.

35 К. В. Цеханская, *Иконопочитание в русской традиционной культуре*(М., 2004), с. 144.

4

러시아정교회문화(개요)와 성자전 문학

'혼란의 시대'를 극복한 정교회, 그리고 분열

교회의 세속화와 러시아 '프리메이슨'

정교회와 대중문학

통속소설과 목판 문학

성자전-정교의 거울

4 러시아 정교회문화(개요)와 성자전 문학

블라지미르 대공은 비잔틴 정교를 받아들이면서 콘스탄티노플의 교회와 독립된, 동방교회와 서방교회의 특성을 조화시킨 독자적인 교회를 세우고자 하였다. 그러나 그의 아들 야로슬라프 대공(1019~1054)은 콘스탄티노플의 성소피아 성당과 똑같은 성소피아 성당을 키예프에 건립(1039)함으로써 루시의 정교회가 콘스탄티노플에 종속됨을 시사했다. 키예프의 교구는 콘스탄티노플 총대주교(патриарх)에 의해 부주교(府主敎, митрополит)의 지위를 받게 되지만 그들도 그리스인들이 임명되었다. 이에 키예프 루시외의 지방공국 주교들은 키예프 부주교의 간섭을 거부하면서 독립적인 교구의 자치권을 지향하였다. 특히 노브고로드와 프스코프의 도시민들은 공후들의 불안한 통치권보다는 주교의 교권을 따르고 신뢰하였다. 결국 13세기부터 시작된 타타르의 침공과 그들의 압제하에 놓인 러시아 루시공국들이 가졌던 사회문화적 정서는 기독교 신앙에 대한 루시인들의 관심과 종교적 체험과정에서 비롯된다. 키예프공국이 망하면서, 수즈달공국의 작은 도시에 불과했던 모스크바는 유리 돌고루키가 자체의 도시방벽을 쌓으면서 키예프루시를 대신할만한 부강한 도시공국의 면모를 갖추어 나갔다. 알렉산드르 네프스키, 다니일, 그리고 이반 칼리타에 이어 전 루시의 군주로 자칭한 시메온 대공에 이르기까지, 작은 도시 모스크바는 꾸준한 영토확장과 더불어 권위있는 군주체제를 갖춘 신흥 모스크바 공국으로 재등장한다. 이 과정에서 모스크바는 15세기 중반까지 부주교 표트르와 테오그노스트 부주교, 그리고 알렉세이 부주교를 통해 키예프를 위시한 전 루시를 대표하는 정교회 관구의 지위와 그 권위를 과시하게 된다. 루시의 종교적 수도가 된 모스크바는 당시 알렉세이 모스크바 부주교의 탁월한 정치적 능력 또한 필요로 하였다. 그는 이반 공후의 섭정을 통한 공국의 통치권과 정교회의 교권을 동시에 행사한 러시아 최초의 부주교였던 것이다. 모스크바 정교회 교구의 지도자들은 종교적 수도로서의 모스크바의 대내외적인 권위 상승과 민족의 자긍심 그리고 정신적 계몽을 위해 헌신하였는데, 보다 중요한 것은 민중과 함께 하면서 민중의 정교신앙 정신과 삶을 고무시킨 일선의 교회, 교회의 성직자들, 그리고 고행수도사들이 행한 기독교적 사랑과 희생이었다.

알렉세이 부주교의 정신적 친구였던 성 세르기이 라도네주스키(✝1392, 아명: 바톨로뮤)는 어려서부터 히브리어 성경과 비잔틴 정교의 예배의식에 심취해 있었다. 수도사의 길을 결심한 그는 라도네즈의 산간 벽촌에서 은둔생활을 하던 중, 그의 행적을 추종하는 농민들과 함께 공동체를 이루고 고행수도사의 길을 걷는다. 공동체의 추천으로 라도네즈의 '성삼위일체 수도원' 원장이 된 그는 부주교 알렉세이로부터 차기 부주교의 지위를 제안받지만 단호히 거절한다. 그리스인이 아닌 루시인의 수도사로서 성 세르게이는 당시 공후들의 부도덕성을 면전에서 훈계하는 등 정교정신에 충실한 충고와 자문을 아끼지 않았다. 그의 종교적 영성은 결국 타타르 한의 압제로부터 모스크바 루시를 구원하는데, 이는 드미트리 돈스코이 대공으로 하여금 쿨리코보 전투(1380)를 승리로 이끌게 한 성 세르게이의 신심의 힘이었다. 드미트리 대공이 이끄는 루시 군의 출정에 앞서, 세르기이 라도네주스키 수도원장은 십자가와 성모이콘으로 축도의식을 행함으로써 병사들의 사기를 북돋았고, 뿐만 아니라 정교신앙에 충실했던 대공에게 자신의 영성을 불어넣으면서 적시적소의 예언적인 전략으로 대공의 군대를 승전으로 이끌었다. 쿨리코보 전투의 승리는 모스크바 루시로 하여금 타타르 마마이 한의 오랜 굴레를 벗게 하는 신의 전쟁이었으며, 나아가서 세르기이 성자의 영성은 훗날 모스크바를 북동지역 루시의 통일국가로 만든 러시아정교회 정신의 실체이자 러시아 민족 정신의 표상이 된다.

세르기이 라도네주스키가 세운 '성삼위일체 수도원'은 그의 행적과 영성을 표현하는 수많은 벽화와 이콘으로 장식되면서 신성한 정교국가로서의 모스크바를 상징하는 성물 그 자체가 된다. 키예프 동굴수도원과 함께 러시아 수도원문화를 대표하는 이 수도원은 수도사 안드레이 루블료프를 중심으로 하는 15세기 모스크바 이콘화파의 산실이기도 하다. 그리스 출신 이콘화가 페오판 그렉(1378, 노브고르드의 '그리스도 현성용' 교회를 이콘과 벽화로 장식함)의 후계자인 성 안드레이 루블료프는 자신이 만든 이콘화법의 스승인 페오판 그렉과 동료 프로호르 스 고롯차와 함께 모스크바 크렘린안의 성모수태고지 왕실교회를 장식하였고, 세르기이 수도원장의 성삼위일체 교회를 위한 자신의 대표작 '성삼위일체 이콘'과 이콘화벽, 벽화 및 모자이크를 동료 수도사 다닐 초르느이와 함께 제작한다. 루블료프는 비잔틴의 그것과 구별되는 독창적인 모스크바 이콘예술의 전통화법을 창조했으며, 그의 화법은 16, 17세기의 대표적인 이콘화가 디오니시 그리고 우샤코프에 의해 계승 발전되었다.

세르기이 라도네주스키 성사의 종교적 위업을 계승한 모스크바 루시의 아파나시, 사바, 키릴 등과 같은 정교회 고행수도사들은 고대 비잔틴 정교의 산물이자 세르기이 성자가 몸소 실천해 온 '공동체의 삶'을 계속 이어나갔다. 이시하즘, 즉 침묵과 고독, 명상과 기도를 통한 금욕주의적 삶, 그리고 현성용 이콘에 계시된 하나님의 빛의 세계를 지향하는 그의 공동체 삶은 루시인들로 하여금 기도와 정진의 삶을 지속케 하였다.

비잔틴 동방교회의 수도 콘스탄티노플이 오스만투르크인들에 의해 함락(1453)되고, 그 이후 모스크바 통일국가 체제를 구축하게 된 이반 III세는 1480년에 이르러 타타르의 압제를 종식시킨다. 교회는 이미 1448년 최초로 개최된 모스크바 루시 주교회의에서 콘스탄티노플 총대주교관구의 간섭을 받지 않고 독자적으로 부주교를 임명하였다. 랴잔의 주교 성 요나가 부주교에 임명되면서 루시 교회는 콘스탄티노플 교구로부터 독립한 모스크바 공국의 부국정책을 완결시키고자 노력하였는데, 합병된 프스코프, 랴잔의 나머지 지역을 포함하여 리투아니아에 속해있던 스몰렌스크 지역까지 모스크바 루시의 국경을 넓혔으며, 카잔 한국까지 압력을 가하면서 모스크바 루시의 위상을 과시하였다. 이러한 루시의 권위를 보장받고자 바실리 III세는 신성로마제국과 로마교황, 오스만 제국의 술레이만 I세, 그리고 인도제국과 외교활동도 펼쳤다.

한마디로 반세기가 넘는 이반 III세와 바실리III세의 치세동안 전 루시의 통합을 통해 중앙집권화된 새로운 모스크바 루시는 역동적인 성장의 발판을 만들었다. 교회 또한 이러한 루시의 통합을 위하여 적극 협력한다. 교회는 이반 III세와 비잔틴 공주 소피아의 결혼식과 자신을 절대군주화한 이반 III세의 대관식 등 일련의 궁중예식을 엄숙하고도 화려한 전통 정교회 의식으로 치룬다. 교회는 이러한 루시의 통치자가 비잔틴 황제가문과 동등한 권위를 취하고 동시에 짜르(로마, 비잔틴의 케사르의 의미)라는 독자적인 군주가 됨을 신의 선택으로 간주했던 것이다. 이러한 교회의 입장은 바실리 III세 때에 수도원장 필로페이의 발의로 표면화된 모스크바 루시의 제3로마 설을 통하여 표명되기도 하였다. 교회도 짜르도 모두 하나님의 뜻으로 만들어진 것이며, 참된 기독교신앙의 유지를 위해 반드시 필요한 통일공국으로서의 제도라고 믿고 있는 루시인들과 성직자들은 모스크바-제3로마 이론에 고무되었지만, 통치권 지도층은 모스크바가 세 번째 로마라는 견해를 지지할 수 없었다. 그들은 로마와 비잔틴의 계승이라는 막연한 기대보다는 자신들의 선조인 키예프 루시 공후들의 정통성을 회복하는 것이 급선무였던 것이다. 이 시점에서 모스크바 루시의 정교회는 짜르의 권력을 비호하고 교회체제의 견고한 구축을 위하여 교회자제의 사유재산 확보와 법직보장을 주장하게 된다. 이러한 주장은 볼로콜람스키의 수도원장 요시프가 이끄는 이른바 소유파가 주도하였고, 이에 반하여 원로 고행수도사 닐 소르스키를 비롯한 비소유파들은 속세의 관습을 초월한 전통적인 교회의 율법과 성서의 교시만을 교회의 의무라고 고집하였다. 비소유파의 성직자들은 아토스 산의 신비로운 정교회 수도원의 수도사들처럼 오직 교회에 충실하고 기도와 정진을 통한 수도사로서의 도덕적 완성을 중시했던 것이다. 이와 같은 교회의 내적 논쟁은 모스크바 공의회가 소유파의 입장을 공식적으로 지지함으로써 일단락되고, 교권과 왕권의 밀착과 함께 교회의 사유재산유지는 더욱 확장된다. 그러나 논쟁에 패한 비소유파의 정신과 정교신앙적 전통은 그대로 고수되었고, 이들의 정신은 17세기 교회의 분열로 야기된 구교신봉자 또는 분리파교도들의 종교적 신념과 그 맥을 같이하게 된다.

모스크바 통일국가체제가 확립된 이반4세 치세기간 중에 '백개조항회의(1551)'라는 이름의 모스크바 공의회가 열린다. 회의에서는 교회와 법규의 규제 및 통과를 비롯하여 통일국가 체제 속의 교회조직 강화방안이 논의되었고, 지방통치체제를 위한 새 법전 『수제브니크』를 승인하였다. 또한 통합된 지방공국들의 시성성자를 포함한 단일체계의 성자명명일 지정이 새로운 많은 성자시성과 함께 대폭 확대된다. 백개조항회의가 있기 전 이반4세와 실베스트르 사제, 마카리 부주교가 주도한 '특선회의(Избранная Рада)'가 소규모 대표자회의로 열렸고, 제1차 젬스키 사보르(1549), 일명 '전국회의'라 불리는 성직자, 귀족, 평민 등 다양한 계급의 대표자로 구성된 신분제회의가 시작되었다. 특선회의에 참석한 실베스트르 사제는 『도모스트로이』와 같은 자신의 생활철학 입문서를 통하여 루시인들에게 가정, 도덕, 그리고 종교적 삶의 교훈적 지침을 사제의 입장에서 제시해 주었다.

그림 97 유로지브이(바실리)

17세기 초 당시 무롬 지방의 한 신심 깊은 과부의 삶을 성자전화 한『율리아니아 라자렙스카야 생애전』은 반드시 수도원 생활이 아니더라도 가정을 지키면서 기도와 수양을 생활화하면 진정한 하나님의 종복이 될 수 있음을 주제로 하고 있다.『도모스트로이』의 내용이 현실화된 이 작품은『공후 표트르와 페브로니아』와 같은 키예프 루시 시대의 성자전과 함께, 성직자가 아닌 속세의 인물을 주인공으로 하는, 러시아정교회 성사전의 발전된 유형의 하나이다.

그림 98 유로지브이(안드레이)

보리스 고두노프의 섭정을 받은 표도르[36]의 치세 중에 마침내 모스크바 루시의 총대주교 관구가 설립(콘스탄티노플 총대주교 예레미야의 공인)되고 당시 부주교였던 욥이 초대 모스크바 총대주교로 임명된다. 러시아정교회의 총대주교관구는 이를 계기로 조직의 확대와 성직자 계급의 승격으로 교권의 강화를 기하게 된다. 여기에 키예프의 부주교 관구와 몇 개의 주교관구들을 운영하고있던 우크라이나가 모스크바 총대주교관구에 병합되었다.

36 표도르 이바노비치(1584–98)는 이반 뇌제의 장남으로 류릭왕조의 마지막 짜르가 된다. 아버지와 달리 연약하고 작은 체구의 표도르는 짜르로서의 성품도 위엄도 갖추지 못한 채, 이반4세나 그의 대신들에게 천덕꾸러기로 성장했다. 바보처럼 나약하고 순수한 그의 정신은 세속을 기피하는 독실한 신자의 길을 걷게 했다. 이러한 짜르 표도르의 모습은 당시 루시인들에게 널리 알려져 있던 바보행자의 행동을 하는 성자 '유로지브이(그림 97, 98 참조)'와 다를 바 없었다. 유로지브이는 4세기 비잔틴의 여자 수도사 이시도르의 고행수도행적에서 유래된 것으로, 비잔틴 정교회는 10세기에 시메온 스투지트 사제를 유로지브이 성자로 추존하였고, 러시아정교회는 프로코피 우스튜스키(†1303), 모스코프스키 형제 성자(†1434, †1552)를 비롯한 많은 고행수도사들을 유로지브이 성자로 추존해왔다. 장실, "고대 루시의 의식극 연구,"『슬라브연구』, 제26권, 제1호 (2010.6), p. 136 참조.

'혼란의 시대'를 극복한 정교회 그리고 분열

그림 99 총대주교 니콘과 짜르 알렉세이 미하일로비치

보리스 고두노프가 왕좌에 오른 때(1598)로부터 미하일 로마노프가 젬스키 사보르에 의해 짜르로 선출(1613: 로마노프 왕조의 시작)된 시점까지를 모스크바 통일공국의 '혼란의 시대'라고 말한다. 비극적인 왕위찬탈, 가렴주구와 기근, 카자크인들의 호전적인 적대행위, 그리고 폴란드와 스웨덴의 외침과 내정간섭 등 모스크바 루시인들 모두가 겪어야 했던 고난과 위기의 시대였다. 위기로부터 모스크바를 구한 것은 교회와 신심깊은 루시의 성도들이었다. 모스크바의 총대주교 게르모겐, 세르기이 라도네즈의 성삼위일체 수도원을 중심으로 하는 성 디오니시, 아브라미 수도사, 쿠즈마 미닌 성자, 그리고 성 율리아니아 라자렙스카야(오소르스키나) 등 당시 정교회의 정신적 지도자들이 이와 같은 혼란을 극복한 민족의 구원자였다.

미하일 짜르의 아버지 필라레트 로마노프는 공석이던 모스크바 총대주교에 선출된다. 친구였던 보리스 고두노프가 표도르 짜르를 섭정했던 것처럼, 그는 아들 짜르의 그늘이 되면서 교회의 일보다는 오히려 실질적인 국가의 통치자로 행세하였다. 총대주교의 권한과 위상도 자연히 높아지고 교회의 영향력 또한 막강해졌으나, 결국 이때의 정교회는 급속히 세속화되면서 그 정체성을 잃게 된다. 그 후 16세의 나이로 제위를 계승한 알렉세이 미하일로비치 짜르의 주위에는 죽은 필라레트 총대주교의 후광을 이어온 교회나 국가통치기구의 보수적인 지도자들이 포진하고 있었고, 특히 국사에 관여치 못했던 지방교구 성직자들이 여기에 가세하였다. 이들은, 모스크바 정교회의 사명은 세계를 구원하는 것이라는 신념하에, 당시의 만연된 사회악을 뿌리 뽑고자 강자와 부자의 탐욕과 부정부패, 무식자와 빈자들의 비기독교적인 미신과 나태함을 강압적으로 정화시킨다. 그들의 행동은 당연히 기득권층의 심한 반발을 야기하였고, 결국 이들은 누군가에 의해 린치, 강금, 또는 추방을 당하게 된다. 그러나 대다수 루시인들은 민족의 신앙심과 도덕성 회복이라는 이들의 주장에 호응하였고, 대주교 스테판 보니파티예프와 같은 덕망높은 성직자들도 이에 공감을 표하였다. 알렉세이 짜르 역시 스테판 대주교의 영향으로 여기에 적극 동의하는 한편, 아바쿰과 같은 교구성직자들로 하여금 모스크바의 교회들을 책임지도록 하였다. 모스크바 전역은 고무되고 민족의 정신적 부흥의 징후들이 가시화되면서 정교회가 주도하는 개혁을 위한 구체적인 논의가 시작된다. 그러나 개혁의 논의는 시작부터 어긋났다. 임박한 총대주교의 선출문제를 두고 개혁의 편에서는 스테판 보니파티예프 대주교를 총대주교로 옹립하고자 했으나, 짜르는 당시 노브고로드 부주교인 니콘을 의중에 두고 있었다. 결국 개인적인 수완과 짜르의 총애를 업고 니콘이 새로운 총대주교가 되어 개혁을 주도한다. 그는 성호를 긋는 방식을 비롯한 정교의 예배의식을 비잔틴 정교의 전통에 따른 그리스교회 의식으로 바꾸고자 하였다. 이에 개혁을 주도해온 교구성직자들은 크게 반발한다. 니콘이 따르고자 했던 비잔틴 예배의식은 루시가 타타르의 침공과 압제를 받던 시기에 이미 비잔틴 정교 본래의 교리를 새롭게 변형시킨 뒤의 것이었다. 다시 말해, 성호의 파지 문제에 있어서, 그리스인들은 원래 두 손가락으로 긋던 성호를 세 손가락의 성호로 그 교리를 바꾼지 오래였고, 반면에 루시의 정교회 신도들은 키예프 루시가 정교를 접하면서부터 전수받은 전통 예배의식을 그대로 유지해 왔던 것이다. 그러나 니콘의 개혁목표는 다른데 있었다. 짜르 측근의 총대주교로서 니콘은 동방정교의 전통을 유일하게 계승할 모스크바 정교회가 동방 기독교인들의 부흥과 해방을 위한 지도자로 부상하였고, 이러한 모스크바의 국가적 사명의식에 대한 짜르의 의지에 부응하고자 함이었다.

실제로 모스크바가 과연 유일한 동방기독교인의 지도자가 될 권리가 있는지, 아니면 그들의 해방을 위한 동반자 역할만을 해야 할 것인가 하는 명제는 니콘식 개혁의 찬성진영과 반대진영 모두가 함께 지닌 사상적 갈등 그 자체였다. 당시 모스크바 밖의 동방기독교인들은 모스크바 루시에 물질적인 도움을 의지하고 있었기 때문에, 이 같은 모스크바 교회의 내적 갈등에 관하여 공개적인 의견개진을 꺼려하고 있었다. 이 시점에서 모스크바 총대주교가 교회지도자들과 사전 협의도 없이, 그리스의 것이 옳고 루시가 그르다고 선언한 것은 독실한 기독교 루시인을 향한 도전이자 루시 정교회에 대한 총대주교의 배신으로 간주되었다. 구교회를 신봉하는 열성적인 성직자와 평신도들은 자국의 정교적 전통은 다른 동방교회의 분파들보다 우월하다는 신념을 버릴 수 없음을 공개적으로 천명했다. 이러한 집단적인 선언이 급속히 확산되자, 총대주교 니콘은 이들의 직위를 박탈하고 체포, 구금, 또는 유형에 처하면서 상황은 걷잡을 수 없는 혼란에 빠진다. 급기야 알렉세이 짜르는 니콘에게 등을 돌렸고, 니콘은 이러한 짜르의 태도에 불만을 토로하면서 총대주교직의 사의를 표명하고 수도원으로 몸을 숨긴다. 총대주교가 자리를 비운 상황에서 모스크바 교회나 짜르도 그 어떤 결정을 내리지 못한 채 8년의 시간이 흐른다. 결국 1666년 모스크바에서 세계기독교공의회가 개최되었고, 알렉산드리아 총대주교 파이시와 안티오키아의 마카리 총대주교가 회의를 주재하였다. 2

년간에 걸쳐 계속된 이 모스크바대공의회는 먼저 루시의 전통적인 옛 교리를 고집하는 구교신봉자들의 사상을 비난하면서, 사제장 아바쿰 페트로프와 그 추종자들을 파문하고 니콘의 총대주교직도 박탈하였다. 결국 모스크바 정교회는 니콘의 개혁내용을 공식적으로 교리화하였고, 모스크바 국가를 대표하는 총대주교관구로부터 구교회 신봉자들, 이른바 구교도(스타로오브랴드쯔이) 집단을 분리시켜 놓게 되었다. 공식적인 국가 정교회로부터 분리된 종파라는 뜻에서 분리파교도(라스콜리니키)[37]로 통칭되는 구교신봉자들은 그 후 '승려파,' '무승파'

---

37 오늘날 러시아의 라스콜리니키는 17세기 이후 국가교회로부터 분리된 구교도들과 그들의 분파인 승려파와 무승파, 여기서 다시 분파를 만든 흘리스토프(채찍교도), 베글로 포폽츠이(도주승려파)와 베구니(무승종도파), 두호보로이(성령부정파)와 몰로칸(육식거부종파) 등등의 지역별로 다양하게 분포된 종파를 포괄하는 의미이다. 러시아정교회 입장에서는 넓은 의미에서 이들을 이단(Ереси в россии)종파로 통칭할 수 있다. 그러나 이른바 러시아이딘의 발생시점은 정교회 분열 6세기 전으로 거슬러 올라간다. 키예프 루시의 정교세례와 동시에 발생한 루시의 이단은 반봉건영주제도, 반그리스도교 그리고 반교회적인 성향이 강한 농민사회 또는 하급승려계급들의 민족적이고도 대중적인 항거에서 비롯되었다. 특히 수즈달 지역의 농노와 다름없는 가난한 농민들의 토속신앙적이고 보고밀(10세기 불가리아에서 일어난 농노중심의 이단신도운동)적인 성향이 그 바탕이 되었다. 그후 14, 15세기에 와서 이러한 이단의 기운은 노브고로드, 프스코프 등지에서 하나의 특별한 의식을 행하는 종파운동으로 나타난다. '스트리골니키'라는 이름의 이 운동은 재단사, 이발사 등의 상인계급이 중심이 되고 하급성직자들도 여기에 가담하여 정교회의 사제와 수도사의 계급제도, 수당지급, 또는 뇌물증여 등의 관례를 부정하였다. 정교회역사는 이것을 러시아 최초의 정교분파로 간주하는데, 라스콜 이전까지 이단의 흐름은 리투아니아에서 비롯되어 15세기말 노브고로드와 16세기초 모스크바 루시에까지 유입된 "쥐돕스트부유쉬"(유대주의분파)로 대표된다. 이들은 특히 비잔틴 정교사상과 이콘숭배주의를 배척함으로써 정교회의 이단이 되었다. 정교회가 규정한 이단운동의 정점은 페오도시코소이의 '신교회'라는 급진적이고 민주적인 종교사상의 파급이었다. 그것은 도시시민계층과 하층농민 그리고 하급성직자들의 평등사상 고취와 인간의 구원은 인간의 손이 하는 일이지 구세주의 희생이 아니라는 논리, 즉 '이성적인 종교성'을 강조하면서 정교의 맹신성을 거부한 것이다. 공권력은 이러한 코소이를 무력으로 제압하고자 했지만, 솔로베츠키와 요시프 볼로코람스키 등의 수도원으로 분산 유폐되거나 이반 뇌제의 오프리치나에 의해 처형되었다. 솔레베츠키 수도원은 그로부터 1세기 후에 벌어진 러시아정교회 분열역사의 생생한 현상(솔레베스키 수도원의 수도승과 농민들이 합세하여 짜르와 총대주교의 개혁에 항거한 솔로베츠키 폭동(соловецкий бунт)이자 구교도들의 정신적인 본산이 되다. 정리하면, 정교회역사가 말하는 이단의 의미는 모스크바 총대주교관구가 독자적인 동방교회의 하나로 확립된 시점에서 국가교회를 이탈한 다양한 교회신봉자들을 일컫는 함의적인 용어이다. 17세기 분리파 교도가 된 구교신봉자들과 그 분파들은 이단(ересь)이 아닌 구교도(старообрядцы) 그리고 구교도의 종파(толки, сокласие, сект)로 지칭되고 있다. 구교도들의 정통정교회 정신은 오늘날 러시아 민족혼 속에 그만큼 깊히 자리하고 있기 때문이다. 장식, "안드레이 페체르스키의 문학과 이콘", 『슬라브연구』, 24-2호, 2008. pp.123-145 참고.

와 같은 종파를 만들면서 종교분열의 역사와 함께 나름대로의 러시아 정교회 전통을 잇고 있다.

모스크바 루시의 정교회 분열은 당대의 지배세력이 경주했던 그들만의 특별한 사명감과 정교회 왕국을 꿈꾼 지나친 자신감이 자초한 것이다. 로마노프 왕조의 출범을 이끈 필라레트 총대주교와 그의 수하들, 그리고 왕실은 끝까지 정교를 수호한 독립된 기독교 국가로서 모스크바 루시의 운명을 특히 염려했다면, 어렵게 선출된 총대주교 니콘과 그 지지세력들은 그렇지 않았다. 그들은 모스크바가 당시 폴란드, 터키, 스웨덴의 억압하에 있던 동방정교회 민족의 유일한 수호자임을 과시하면서 정교의 방어를 위한 외교정책에 특별한 노력을 쏟았다. 이것은, 표도르 짜르의 섭정시 보리스 고두노프가 동방제국의 총대주교단을 적극 지원하였고, 회교도의 압제로부터 그루지아 정교회를 구하고자 군대를 출동(1590)시켰던, 반세기전 지배세력의 욕망과 다름 아닌 것이다.[38] 왕실과 교회의 지배층들은 타협을 몰랐고, 국가체제의 점진적 발전의 개념을 무시한 채, 비잔틴 정교를 하나의 뿌리로 하는 기독교 제민족을 오히려 멸시하거나 그 위에 군림하려는 태도를 취했다. 그 결과는 자체의 교회분열은 물론, 스스로 동방정교회의 주도적 위치를 잃게 되었고, 오랫동안 서구문화와 유리된 문화적 퇴보를 겪어야 했던 것이다.

그럼에도 불구하고 모스크바 루시의 정교회문화와 정신은 키예프 루시로부터 이어온 고유의 전통을 굳게 지켜왔다. 특히 예술적 소양이 풍부했던 루시인들은 교회의 건축, 성상화와 같은 조형예술, 정교의 전통 예배의식과 교회, 그리고 성자전과 같은 교회문학의 유산을 보존하고 또 발전시켰다. 그리스도 성육신에 대한 믿음은 신심깊은 그들로 하여금 최후의 만찬(성찬식)과 성삼위일체 교리를 바탕으

38 Сергей А. Зеньковский, *Русское старообрядчество*(М., 1995). стр. 197–206 참조.

그림 100 세례요한 교회의 내부벽화

로 하는 교회의식과 의식에 필요한 성물제작과 교회헌당에 심혈을 기울이게 하였다. 16세기 크렘린 광장에 축조된 성 바실리교회를 비롯하여 17세기에는 성벽내부에 교회와 궁전들이 바로크풍의 양식으로 연이어 건축되고, 동시에 전통 이콘을 비롯한 서구풍의 성화, 초상화, 세밀화, 그리고 금은 세공품들이 유행처럼 제작 유통되기 시작한다. 루블료프와 디오니시의 전통을 잇는 왕실소속 이콘화가(오루줴이나야 팔라타)들과 스트로가노프 가문의 이콘화가 조합이 주도한 모스크바 이콘화파들이 그 주역들이다. 특히 치린과 우샤코프에 의한 새로운 이콘화법이 전성기를 맞는데, 보다 세밀하고 사실적인 장식용 성상화와 프레스코, 교회와 세속이 접목된 회화적 기풍의 성화, 파르수나 화법의 초상화들이 유행하였다. 또한 선지자 일리야 교회의 벽화를 비롯하여 15명의 성상화가가 합작한 '세례요한 교회의 벽화'는 오늘날까지 가장 큰 규모의 여자으로 알려져 있다.

우크라이나가 모스크바로 흡수되면서 정교회 교육기관 또한 단계적인 발전을 기한다. 키예프의 부주교 표트르 모길라와 수도사 시메온 폴로츠키는 라틴어, 연극, 문학을 수학하는 학교를 세웠고, 대귀족 표도로 라지쉐프가 세운 수도원은 키예프 수도사들을 초빙하여 교회슬라브어, 라틴어, 그리스어를 비롯해 수사학, 철학, 그리고 연기수업 등을 수업하기 시작하였다. 소규모이지만 세르기이 라도네주스키 성삼위일체 수도원을 비롯해 노브고로드, 하리코프 등의 교회와 수도원은 이미 학교 교육기관을 운영하고 있었다. 고대 비잔틴 정교문학에 대한 번역상의 오류수정과 재해석 및 파급을 위하여도 이러한 정교회의 교육활동은 차세대 러시아문학예술 발전에 값진 초석이 되었다. 성서와 복음서, 그리고 예배서와 성자전 등의 비잔틴 교회문학의 원전 번역으로 시작된 키예프 루시문학은 북동러시아 통일을 이룩한 모스크바 루시문학의 튼튼한 기초가 된 것이다. 물론 그것은 분할공국시대의 지역별 특성이 강했던 지방공국들의 문화적 유산을 모스크바 루시가 조화롭게 취합 발전시켰기 때문이다. 키예프 루시 문학의 보고 『이고리공의 원정담』의 테마를 마마이 한에 대한 루시의 승리로 재구성한 『자돈쉬나』와 같은 군담을 비롯하여, 연대기 및 성승전이 전집으로 집대성되었으며, 『보리스와 글렙 생애전』, 『알렉산드르 네프스키 생애전』과 같은 영웅적인 공후의 전기를 성자전화하였다. 또한 실베스트로와 필로페이가 등장하는 노브고로드의 종교적 전설, 『흰 두건 이야기』, 『프스코프의 비극적 패망 이야기』 등의 지방색이 강한 작품들이 통일 모스크바공국의 정교회 문학발전을 위한 토양이 되었다. 17세기 중반에 접어들면서 이러한 교회문학의 틀은 빠르게 세속문학화되는데, 연대기적 역사문학 장르의 『혼란의 시대에 관한 이야기』, 『사제장 아바쿰의 생애전』을 통한 정교분열과 구교도에 관한 이야기, 또는 사제, 지주, 재판관, 그리고 강자와 약자에 관한 우화적인 세태풍자문학이 그 주된 장르를 이룬다.

교회의 세속화와 러시아 프리메이슨

그림 101 마손스트보의 상징

신성종무원의 창설(1721)로 상징되는 러시아정교회의 세속화, 즉 교권에 대한 속권의 승리는 19세기까지 계속된 러시아정교회의 현실이었다. 이 시기 러시아 사회에서 발생했던 프리메이슨(마손스트보, Масонство) 운동은 종교신앙의 근대화 형태로서 세속적인 종교적 삶을 주창하면서 반교회적인 활동을 펴 나갔다.[39] 대학의 신설같은 공식적인 국민교육이 실시되기 전까지 표트르 대제의 치세 하에서 이루어진 다양한 교회교육기관 역시 정교회의 세속화 과정을 뒷받침하는 중요한 부분이 된다. 이미 러시아정교회는 니콘의 종교개혁과 교회의 대분열로 그 위상이 크게 약화되었고, 오히려 국가의 공식교회를 부정하고 비판하는 구의례주의자들(the Old Believers) 혹은 분리파교도들(the Sects)의 분화를 낳았다.[40] 결과적으로 교회는 모스크바 루시가 누렸던 성스러운 종

39 18-19세기 러시아 프리메이슨 운동에 대해서는 안드레이 왈리츠키, 『계몽사조에서 마르크스주의까지의 러시아 철학과 사회사상』, 김일 역(서울: 슬라브연구사, 1988), pp 28-51, 한국철학사상연구회 편, 『철학대사전』(서울:동녘, 1989), pp. 1373-1375를 참고할 것

40 랴자노프스키에 의하면 고대의식의 교회를 찬성하면서 당대의 현대적인 교회를 부정했던 구교도들은 다시 사제들을 가진 파(Поповицы)와 사제를 전혀 갖지 않은 파(Безпоповицы)로 나뉘었는데, 이 사제를 갖지 않은 구교도들로부터 러시아 대부분의 분파들이 기원한다. 종교의례와 형식적인 측면에서 구신도들은 성호방식과 예수이름이 정정된 철자법, 할렐루야를 두 번이 아닌 세 번으로 하는 것, 그리고 기타 니콘의 개혁을 거부함으로써 공식교회에 등을 돌렸다. "구교도들은 4명의 러시아정교회 사제들, 이른바 아바쿰, 표도르, 라자르, 에피파니의 추종자들이었고,

교문화를 잃기 시작했으며, 18세기의 제정 러시아 시대에 와서는 교회 본래의 성스러운 기능을 수행할 수도 없었다.

새 시대의 과도기 속에서 교회가 겪어야 했던 변화의 조짐은 표트르 대제(1682-1725)의 등극과 더불어 시작된 서구모델의 근대화 정책에서 비롯되었다. 당대의 정치적 메타포로 볼 때, 근대화는 곧 서구화에 다름 아니었고, 계속되는 계몽주의의 유입과 정교문화의 세속화를 앞당기는 것이었다. 사회의 모든 분야에 걸친 대대적인 변화는 정교회에까지 파급되면서 표트르 치세기의 교회개혁은 보다 넓은 의미에서의 정치적인 의도를 담고 있었다.

교회개혁의 근본은 러시아 정교의 최고 권위자인 총대주교의 권한을 신성종무원이라는 기구에 위임하는 것이었다. 이것은 정교회의 상징인 총대주교제가 폐지되고, 군주인 표트르 자신이 임명한 세속인 종무원장이 교회 행정을 총괄하게 됨으로써 교회에 대한 짜리의 지배를 의미하는 것이다. 교권에 대한 속권의 승리로 규정되는 신성종무원 설립(1721)의 핵심 취지는 같은 해 1월 25일에 공표된 『교회법령 Духовный Регламент』에 잘 나타나 있다.

> "교회에는 평상시 군주가 상의해야 할 측근과 협의회가 있어야 한다... 유일한 통치자인 군주가 힘있는 자들의 분노에 찬 목소리를 두려워하지 않듯이, 협의회도 그들을 심판할 수 있는 가장 자유로운 영혼을 지니고 있다."

이후 니콘 총대주교의 종교개혁에 10여년 이상을 넘도록 반대해 온 자들로서 1666-67년의 평의회에서 화형을 선고받았다. 무지하고 완고한 비개화주의자였던 이들은 서구화와 농노제를 경멸하였다." N.V. Riasanovsky, *A history of Russia*(Oxford Univ. Press, 1984), pp. 199-200; Donald W. Treadgold, "The Peasant and Religion," in *The Peasant in Nineteenth-Century Russia*, edited by Wayne S. Vucinich(California: Stanford Univ. Press, 1968, pp. 81-82 참고.

심지어 짜르의 『교회법령』은 무지한 평민이 총대주교의 명예와 은혜에 감사할 수도 있다는 위험성을 노골적으로 지적[41]하면서 정교회 성직자들을 날카롭게 공격하였으며, 결국엔 총대주교의 직책을 폐지시켜야 한다고 선언하였다. 그리하여 표트르와 페오판 프로코포비치(Феофан Прокопович)가 공동으로 작성한 이 문서의 핵심은 전제군주의 절대 우위의 권력과 교회의 복종을 명시해 놓음으로써 교회의 권위를 부정한 것으로 요약된다.[42] 12명의 성직자들로 구성된 신성종무원은 총대주교의 직위를 대신하게 되었고, 황제는 종무원의 행정관리와 감독을 위해 비성직자 신분의 관료를 사무국장에 임명하였다. 이 새로운 편제는 모든 정교회를 관장하는 기독교공의회의 규정에 합당한 것이었고, 나아가서 동방교회의 총대주교들로부터 동의를 얻은 것이었으나, 모스크바 혹은 비잔틴의 전통이 아니라 서유럽적인 전통에 준한 개편이었다. 특히 이것은 북유럽 국가간의 관계를 모색하고자 노력한 결과물이었는데, 러시아를 비잔틴화하였거나 군주교회수장주의[43]화 하지도 않으면서, 정부가 교회의 조직, 재산, 그리고 교회정책에 대해 효과적인 통제력을 행사할 수 있게 해 주었다. 이 결과 페테르부르크 시대에는, 짜르와 총대주교라는 두 명의 지도자를 갖고 있었던 모스크바 러시아와 달리, 짜르만 유일하게 남게 되었던 것이다.[44]

이처럼 교회조직에 관련된 표트르 대제의 모든 정책은 첫째, 제2의

41 А. И. Клибанова, *Русское православие: вехи истории*(М. <<Политиздат>>,1989), с. 215.

42 Nicolas Zernov, *The Russians and Their Church*(New York: St. Vladimir's Seminary Press, 1978), p.121 참고.

43 군주가 국가의 우두머리이면서 동시에 교회의 수장임을 인정하는 원칙이다. 이 용어의 보다 정확한 뜻은 "절대군주가 자신의 영토내 교회에 대한 완전한 통제력을 가지며 통상적인 경우 교회의 권한에 속했던 제반문제까지 그 지배권을 행사하는 체제"이며, "일반적으로 비잔틴 황제늘, 특히 1054년 교회의 대분열 이전의 동방제국의 총대주교들에게 행사한 권한을 의미한다." F. L. Cross, *The Oxford Dictionary of the Christian Church*(London: Oxford Univ Press, 1958), p. 215.

44 Riasanovsky, op. cit., pp. 232-233.

군주인 러시아의 교황-군주와 동등하거나 실제로는 보다 위대했던 러시아 총대주교-을 처단하는 것이었고, 둘째로 강력한 군주의 손아귀에 교회를 귀속시키는 것으로 귀결되었다.

정교의 권위와 교회의 위상은 이처럼 급격히 하락한다. 이와 더불어 서구문화의 유입으로 인한 근대화의 조짐과 함께 싹튼 합리주의적 인식, 이른바 공리주의적 원칙과 계몽주의 사상은 18세기 러시아의 종교문화에 커다란 변화를 주었다. 이 같은 변화의 중심에는 바로 개인주의적인 자기완성과 영혼의 내적 생활을 강조하면서 개인의 '완전한 인식능력'을 목표로 했던 프리메이슨 운동이 자리하고 있었다. 프리메이슨 조합은 1717년 런던에서 최초로 조직되었다. 부르주아 사회가 형성되던 시기에 유럽 계몽주의 운동과 더불어 시작된 프리메이슨단[45]은 신앙에 대한 전통적인 믿음이 완전히, 또는 부분적으로 붕괴되고 봉건사회제도와 교회의 권위가 와해되면서 발생하였다.[46] 그렇기 때문에 프리메이슨 운동이 당대의 사회적 분위기 속에서 추락한 교회의 유일한 대용물일 수 있었던 것이다. 전통적인 종교와 관련하여 서구의 프리메이슨 운동은 이중적인 역할을 한다. 한편으로는 공식교회로부터 사람들을 끌어내어 종교적 체험을 합리화시킴으로써 그들의 세계관을 점진적으로 세속화시킬 수 있었고, 다른 한편으로는 그들로 하여금 종교에 대한 관심을 갖게 함으로써 세속적이고 합리적인 계몽철학으로부터 관심을 돌리게 하였다. 전자의 기능은 교회의 권위에 대항하여 이성의 우위와 관용 그리고 개인의 자유를 지향했던 합리주

---

45 본래 프리메이슨 단은 '중세의 대성당 건축 벽돌공들의 유니온이었던 자유석공조합'의 후신이다. "중세 때의 자유석공조합은 동업자들의 기술과 생각을 비밀로 간직했으며 특수한 의식을 치렀고 그 외에도 조합고유의 법률로써 조합원을 다스릴 수 있었기 때문에 '자유석공조합'(freemasonary)이라 지칭했다." 그러던 것이 이후 "독일에서 들어온 장미십자회(Rosenkreuzertum)의 영향을 받아 기존의 의식과 비밀을 강화했으며, 이러한 기초하에서 1717년 런던에서 최초의 프리메이슨 이념조직인 '잉글랜드 대롯지' (Grand Lodge of England)가 생겨난 것이다." 한국철학사상연구회 편, 『철학대사전』, op. cit., p.1373.

46 안드레이 왈리츠키, op. cit., p. 34.

의적, 이신론적 운동 분파에 의해 효과적으로 수행되었다. 후자의 기능은 대체로 신비주의적인 경향에 의해 비롯되었는데, 이 운동이 제시하는 믿음의 유형이란 비록 종교신앙의 근대화라고 말할 수 있지만, 근본적으로는 반교회적임과 동시에 영혼과 신과의 직접 접촉을 통한 신비로운 신앙의 내밀화를 의미하였다.

서구적인 토양에서 나타났던 프리메이슨의 기본 이념과 활동은 18세기 러시아의 상황에 부합되는 것이었다. 엘리자베타 여제의 통치시기에 처음 등장한 러시아의 프리메이슨은 푸가초프의 반란(1773-75) 이후부터 급속한 활동 양상을 보였다. 당시 프리메이슨 운동의 주요 활동가들은 상층 귀족계급의 지식인이었다. 이들에게 푸가초프 반란과 같은 농민폭동은 자신들의 정신적인 버팀목이었던 계몽주의 사상에 대한 위협이자, 이미 지지기반을 상실한 러시아 정교의 불신을 가중시키는 결과를 낳았다. 때문에 프리메이슨주의자들은 국교로서의 러시아 정교를 부정하면서 일개인의 이성적 능력과 신앙의 내면화에 몰입하기 시작하였다.

성직자의 중재 없이도 구원에 이를 수 있다는 믿음, 그리고 영혼과 신과의 직접 접촉을 통한 영혼의 내적인 생활이야말로 러시아 프리메이슨의 강령을 이루는 두 축이었다. 프리메이슨의 중요한 철학적 덕목은 바로 '인간의 완전성'이며, 이것은 '완벽한 지식' 혹은 '지고의 지혜'(프레무드로스트; the knowledge of all things)에 의해서 도달될 수 있다. 그리하여 인간이 저지른 모든 과오의 원인은 무지함에서 기인하는 것이고, 모든 죄와 실수는 자기 자신과 자연, 그리고 신에 대한 이해가 충분치 못한 것에 있다[47]는 것이다. 그리고 지고의 지혜는

47 Stephen Lessing Baehr, "The Masonic Component in Eighteenth-Century Russian Literature," in *Russian Literature in the Age of Catherine The Great*, edited by A. G. Cross(Oxford 1976), p. 121.

낙원에서 인간이 소유했었던 것으로, 아담에 의해 상실된 지식을 되찾는 것이야말로 인간이 이루어야 할 신 앞에서의 덕목이었다.[48]

그러나 러시아 프리메이슨 운동은 계몽주의 사상가로서 이 운동의 지도자인 노비코프의 평론활동이 예카테리나 여제의 탄압으로 저지되면서 힘을 잃는다. 그리고 뒤이어 프리메이슨의 철학적인 기본강령에 부합했던 신비주의적인 경향이 나타나게 되었다. 신비주의의 추종자들은 18세기 합리주의뿐만 아니라 국가 주도의 정교회에 대해서도 신랄한 비판을 가하였으며, 프리메이슨과 마찬가지로 감정과 직관에 호소하는 깊은 내적 신앙을 강조하였다. 이때 신비주의적인 경향을 직접적으로 자극시킨 중대한 사건이 발생하는데, 그것은 나폴레옹의 모스크바 침공(1812)이었다. 나폴레옹과의 전쟁에서 러시아가 승리한 것은 러시아야말로 기독교 부활을 위해 하나님이 선택한 나라임을 증명한 대사건으로 해석되었다. 프랑스 황제의 폐위는 요한계시록에 나오는 백마를 탄 기사의 패배에 비유되었고, 세속적 부귀영화의 덧없음과 신 앞에서의 무기력한 인간의 자의지를 입증하는 것이었다. 또한 이것은 인간이성의 자만을 지탄하는 하나의 논리가 되었으며, 천상의 왕국은 신의 계시가 없어도 지구상에 건설될 수 있다는 계몽철학가들의 사상을 반박하는 논리가 되기도 하였다.[49]

조국전쟁의 결과로 야기된 새로운 신앙심의 부활은 같은 해 페테르부르크의 성서협회(библейское общество)를 창립케 하였고, 2년후에는 러시아 성서 협회(Российское библейское общество)[50]가 결

48 Stephen Lessing Baehr, *The Paradise Myth in Eighteenth-Century Russia: Utopian Patterns in Early Secular Russian Literature and Culture*(California: Stanford Univ. Press, 1991), p.91.

49 안드레이 왈리츠키, op. cit., p.94.

50 Клибанова, указ. соч., с. 321. 성서협회의 목표는 성서를 각국의 언어로 출판하여 러시아와 외국에 보급시키는 것이었다. 영어권의 나라들로부터 후원을 받기는 하였지만, 성서협회는 지원의 대부분을 알렉산드르 I 세로부터 받고 있었다. 협회의 초대 회장은 신성종무원의 대리인이었던 알렉산드르 골리친(Александр Голицын)이었다. 회장이 되자 그는 정교회를 수용할

성되었다. 그러나 니콜라이 I세가 즉위하면서 신비주의적 경향은 붕괴되었고, 성서협회 또한 해산되었다. 러시아 프리메이슨 조합 역시 황제의 탄압에 굴복하면서 폐쇄되었다. 1760년대 이후 효율적인 통치력을 경험한 황제의 전제정권은 교회교육 조직을 이용하여 비국가교회 신자들과 민중에 대한 감시와 탄압을 꾀하였다. 전제정치와 정교회의 사상적 공생관계[51]가 만들어 낸 국가주도의 교회교육 정책은 세속적인 교육기관으로서의 신성종무원이 주관하였다. 종무원의 임무는 정치적 용도의 사제를 육성하는 것과 교육 및 출판활동의 지원을 통하여 비국가교회 신도들에 대한 역선전의 박해를 가하는 것이었다. 푸가초프 반란 이후, 농민을 위한 사제들의 정치적 역할이 중요하게 대두되었다. 반란이 진압된 직후 예카테리나 II세는 모든 사제들에게 자신의 칙령을 하달하면서, '인간의 죄에 대한 하나님의 징벌'로서 반란에 가담한 자는 저주를 받게 될 것임을 교시하였다. 대부분의 사제들은 짜르의 지시를 따랐고, 교구민의 동태와 푸가초프 군대의 이동을 당국에 밀고하기도 하였다. 사제를 교회행정 및 사회통제의 요긴한 대리인으로 이용하면서 보다 일반화되고 광범위한 교회교육은 종교텍스트들의 출판활동을 통하여 실시되었다. 정교회의 후원을 받고 있던 교회학교들은 농노해방 이전부터 존속해 왔으며, 이 학교들은 어린이와 농민들을 주 대상으로 하여 성서와 예배서를 읽고 쓸 수 있도록 가르쳐왔다. 알렉산드르 I세 치세 말기에 러시아 최초의 성서 번역이 완성되었고, 성자전과 시편이 농민과 학생들 사이에 널리 애독되었던 점[52]은 이러한 교회교육의 한 단면을 보여 준다. 농민들에게

수 있는 일단이 그룹과 제휴하였다. 고-하위 성직자, 정교 평신도, 분리파교도, 프리메이슨 수의자, 모든 종류의 신비주의자들이 여기에 참여하였다. Charles A. Ruud, op. cit., p.33.

51 Jeffrey Brooks, *When Russia Learned to Read: Literacy and Popular Literature, 1861-1917*(Princeton Univ. Press, 1985), p.311.

52 농민들은 특히 자신들에게 실질적인 유용성을 가져다주다는 생각에서 성자전과 시편을 애독하였다. 성자전은 성스러움과 순결의 실질적인 이미지를 가지고 있기 때문에 교회교육가들은 성

있어서 종교서적을 읽을 수 있는 능력은 지상에서 자신들의 삶을 개선시킬 뿐만 아니라, 천국의 자리를 확보할 수 있는 효용성을 지니는 것이었다. 때문에 교회가 대중에게 보급한 최초의 출판물은 성서와 예배서였고, 교회의 학교 교육체계를 위한 신성종무원의 출판사업이 시작(1883)되었다. 한편 신성종무원은 교구학교와 러시아의 성서보급 협회 등을 포함한 종교기구 단체들을 위해서도 종교텍스트를 출판하였는데, 아래의 자료는 당시 교회교육의 일부였던 종교서적의 출판상황[53]을 잘 보여준다.

제목	사본(부수)	제목	사본(부수)
페테르부르크 :		러시아어-슬라브어판 복음서	30,000
키릴과 메포지 성자전	371,000	4단 구성의 복음서	25,000
슬라브어판 신약성서	100,000	슬라브어판 시편	40,000
러시아어-슬라브어판 신약성서	100,000	러시아어판 시편	20,000
러시아어판 기도서	115,000	모스크바 :	
슬라브어판 복음서	59,000	슬라브어판 시편	30,000
러시아어판 복음서	50,000	시과경(時課經)	40,000

이와 같이 제정 러시아가 나라의 근대화 정책을 추진하면서 러시아정교의 사회적 기능과 위상은 큰 변화를 보이게 된 것이다. 교회가 정치적으로 이용되면서 러시아정교회의 숭고한 종교적 전통은 세속화와 함께 비종교적인 속성을 띄게 되었고,여기에 프리메이슨 운동의 신비주의적 경향 또한 이러한 변화를 가속화시켰다. 속권의 상징인

자전을 좋아하였다. 한편 시편은 시골 변방에서 널리 유포되었는데, 여기에는 그만한 이유가 있었다. 19세기 말엽 모스크바 지방의 농민들은 시편을 40번 읽은 사람은 자신의 죄과를 용서받을 수 있다고 생각했으며, 어떤 경우에는 도둑을 찾아내는 데에 사용하기도 하였다. Ibid, p. 25.

53 Ibid., p. 306. "1885년 페쩨르부르크와 모스크바 신성종무원의 출판물 현황"

종무원은 전제정권과의 사상적 공생관계를 유지하면서 이러한 황제의 대종교정책에 선봉이 된 것이다. 교회교육이라는 미명하에 실시된 비국가교회 신도들에 대한 교회당국의 은밀한 탄압은 교회출판물의 확대보급을 통해 노골화되었다. 결국 비국가교회 교도들,이른바 대다수 민중 속의 분리파 교도들은 19세기 중반부터 러시아 사회의 표면층으로부터 그 모습을 감추게 되었다.

정교회와 대중문학

세속적인 교회개혁이 진행되는 과정 속에서도 러시아 정교의 정신적 영향력은 문학과 예술, 그리고 사회사상에 깊이 잠재되어 있었다. 특히 문학과 관련하여 정교의 종교적 전통을 지켜온 것은 지상낙원의 신화로서의 프리메이슨 문학과 감상주의 소설이었다. 프리메이슨 문학의 기본적인 주제는 '지상낙원의 건설'이다. 타락한 아담과 이브의 잃어버린 우주에 대한 완벽한 지식을 되찾고, 인간이 보다 지혜로워지면 지상과제인 낙원이 완성될 것이며, 그때 인간은 우주의 비밀을 깨닫게 된다는 것이다. 프리메이슨 문학의 이 같은 유토피아적 세계관은 정교회의 메타포로서 지상낙원의 이미지를 대체시킨다. 즉, 교회는 지상의 낙원으로서 천상에 있는 신의 왕국의 세속적인 이미지[54]로 등장한다. 그러나 역사적으로 천국추구에 대한 문학적인 반영은 이미 『원초연대기(Повесть временных лет)』 속에 있었다. 루시가 정교세례를 결정하기 전 그리스의 사원 예배의식에 참석한 블라지미르 대공의 사절단들이 느낀 소감은 지상낙원의 신화적 원형으로 간주된다.

54 Stephen Lessing Baehr, op. cit., p. 15.

"6495년(987)... 우리는 우리가 천국에 있는지 지상에 있는지 알 수 없었다. 지상에는 그렇게 장엄하고 아름다운 곳이 없기 때문에 그것을 어떻게 표현해야 할지 모르겠다. 다만 우리는 그곳에서 신은 인간과 함께 살며, 그들의 예배의식은 다른 어떤 민족의 것보다 훌륭하다는 것을 알았을 뿐이다."[55]

러시아가 낙원이 되리라는 가정은 앞에서 언급한 '제국의 전이이론(제3로마설)'에 이미 잘 나타나있다. 아래는 당시 바실리 Ⅲ세에게 보낸 필로페이의 서한 내용의 한 부분이다.

"고대 로마는 교회에 대한 신념의 부족과 아폴론들의 이단으로 붕괴되었습니다. 두 번째의 로마인 콘스탄틴의 도시에서는 이교신들이 교회 문을 도끼로 부수어버렸습니다... 그리고 이제 당신의 제국인 제3의 로마를 통치하는 신성종무원 사제의 교회가 있습니다. 당신의 제국은 전 우주를 통해서 정교의 신념으로 태양과 같이 찬란하게 빛나고 있습니다. 정교신념으로 가득찬 모든 제국들이 당신의 유일한 제국에 모여들었듯이 신성한 짜르여, 그 우주야말로 당신의 영역입니다... 당신이야말로 이 세상에서 유일한 기독교도의 짜르입니다... 귀담아 들어보십시오, 신성한 짜리시여. 모든 기독교의 제국들이 당신의 제국으로 모여들고 있나이다. 앞의 두 로마는 이미 패망하였고, 마지막 제3의 로마만이 우뚝 서 있습니다. 제4의 로마는 앞으론 없을 것입니다. 위대한 복음전도자에 따르면 당신의 제국은 타 제국에게 멸망하지 않을 것이랍니다."[56]

이 내용은 프리메이슨의 유토피아적 세계관과 매우 닮아 있다. 한

---

55 Д. С. Лихачёв, *Повесть временных лет*(Петрозаводск, << Каралия >>, 1991), c.78의 "블라지미르 대공의 세례"(Крещения Владимира)부분 참고.

56 Stephen Lessing Baehr, op. cit., p. 20.

마디로 짜르가 지배하는 루시 땅은 곧 지상낙원이며 새로운 이스라엘이라는 것이다. 프리메이슨 문학이 보여주는 유토피아 공간은 프리메이슨주의자들이 모여 의식을 치르는 집회장소 롯지(Lodge)로 투사된다. 이들의 롯지는 '되찾은 낙원'으로 지상낙원 신화의 원형과도 같은 것이었다. 또한 롯지는 거시적인 지상낙원의 상징인 루시 땅에 비유되는 미시적인 성소이기도 하였다. 프리메이슨 문학 속에는 건축과 건물에 대한 이미저리가 자주 등장한다. 특히 기하학과 수리학적 체계에서 피라미드의 3각형과 숫자 3은 가장 완벽하고 강력한 의미로 자주 사용되었다. 이에 반해서 6은 적그리스도를 의미하는 숫자로 이용되었다. 두 번째의 이미저리는 공간체계와 관련되는 것으로서, 건축에서 말하는 높이의 개념은 길이의 개념으로 그 초점이 바뀌어졌다. 이같은 이미저리 체계 내에서 프리메이슨의 활동은 '여행'(путешествие)으로, 프리메이슨 사상속의 완벽함을 추구하는 인간은 '여행자' (путешественник)로, 그리고 신은 '길을 안내하는 자'(путеводитель)로 그려진다.

프리메이슨 문학의 여행 모티브는 한편으로 종교적인 의미를 담고 있다. 고대의 구전문학과 종교문학 작품에서 그 원형을 찾을 수 있는 여행 모티브의 상징성은 프리메이슨 문학을 거쳐 감상주의 초기의 소설에서도 발견되는 데, 그 대표적인 예가 카람진의 『러시아 여행자의 편지(Письма русского путешественника, 1791-1801)』와 라지쉐프의 『페테르부르그에서 모스크바로의 여행(Путешествие из Петербурга в Москву, 1790)』이다. 그리고 이 두 작가의 작품이 발표되던 전후의 시기엔 신고전주의와 계몽주의가 사회사상과 문학세에 큰 흐름을 형성하고 있었다. 18세기 문학이 전시대보다 더욱 세속화되었다 하더라도 카람진과 라지쉐프의 두 작품에서처럼 문학 속에는 신시한 종교적 기운이 깃들이 있었다. 여행기 형식으로 구성된 카람진의 『러시아 여행자의 편지』는 천국의 도시로 순례를 떠나는 주인공 기독교도의 형상을 투영시키면서 끝난다... 감상주의적인 이 작품에서 들어난 카람진의 종교관은, 비록 정교도들의 그것과 일치하지 않지만, 결국 유일신주의적인 것이었다. 계몽적 감상주의자이자 사상가인 라지쉐프의 『여행』 역시 여행기 장르의 형식으로 그 내용은 두 도시를 여행하면서 자신이 직접 보고 겪은 사람들과의 체험에 관한 이야기이다. 라지쉐프의 눈에 비친 러시아 농촌의 농노제 현실은 참담하기 이를 데 없었고, 무지하지만 선량한 농민들은 친 혈육과도 같은 형제애로 뭉쳐 있었다. 여행을 통해 작가 자신은 비참한 농촌과 농민을 수호해야 할 대변가로 나서야 했다. 그의 순교자적인 깨달음과 구원의 메시지는 『여행』의 '호틸로프(부제: 미래를 위한 설계, Проект в будущем)'에서 이렇게 표현한다:[57]

> 우리는 무어라 형언할 수 없는 기쁜 마음으로, 우리의 조국이 신의 마음에 드는 땅이라 말할 수 있다. 왜냐하면 우리 조국의 질서는 편견과 미신이 아니라, 우리 모두의 아버지인 신의 자비를 가슴으로 인식하는 데 기초하고 있기 때문이다. 우리는 종교적 믿음 때문에 사람들을 그렇게 자주 갈라놓았던 적대감을 알지 못한다. 우리는 또한 그러한 적대감의 강요에 대해서도 아는 바가 없다. 이러한 자유 속에서 태어난 우리는 진정 서로를 같은 가족으로서 한 사람의 아버지, 하나님을 모시고 있는 형제라고 생각한다.

"유일한 부성이신 하나님의 가족으로서 자유롭게 태어난 우리야말로 진정한 형제"(Мы истинно братьями друг друга)임을 토로하는 라지쉐프의 이 말은 19세기 중반 러시아 지성사의 큰 줄기를 이루었

57 А. Н. Радищев, *Путешествие из Петербурга в Москву*(Л. <<Художественная литература>>, 1974), с. 148-149.

던 슬라브주의 사상의 원형에 다름 아니다. '자유 안에서의 통일'로 규정되는 슬라브주의 사상의 핵심 개념인 소보르노스트(соборность)는 세르기이 라도네주스키의 '스키트'에서 유래된 정교의 신앙생활을 바탕으로 하는 공동체 의식구조를 말한다. 러시아인의 독특한 정신구조를 대변하는 소보르노스트는 본래 슬라브주의 사상 속에서 러시아정교회의 근본 원리를 해석하는 가장 중요한 개념이었다.[58] 라지쉐프의 여행은 이렇듯 프리메이슨 문학에서처럼 종교적인 이면의 상징성을 포함하고 있다. 그리고 그가 보여 준 박애주의적 형제애는 세기를 달리했어도 슬라브주의 사상의 근본 토대와 맥을 같이하고 있다는 점에서 프리메이슨과 슬라브주의 사상과의 관련성을 가늠할 수 있게 한다.

프리메이슨 문학의 또 다른 특징적인 모티브는 '필연적인 죽음'과 '재탄생'의 패턴이다. '죽음은 곧 생명의 시작'이며 '죽음은 부활에 선행하는 것으로 보다 높은 의식의 시작'이라는 뜻이다. 여기에서 인간의 부활에 대한 강조는 러시아 정교의 근본교리와 일치된다. 본래 러시아 정교의 가르침 가운데 가장 중요한 것은 구원과 부활이다. 러시아에서의 구원은 단순히 개인이 지은 죄의 용서로서가 아니라 인간과 동식물, 나아가 우주 전체를 변화시키는 거룩한 과정의 일부로 여겨진다. 그리고 그것은 곧 예수의 부활로 증명되며, 그 속에서 모든 것이 치유되고 성스럽게 된다는 것이다. 그렇기 때문에 러시아 정교의 구원사상은 프리메이슨 문학의 여행 모티브가 함축하는 구도자의 순례여행에 비유될 수 있는 것이고, 부활사상은 프리메이슨의 문학 속에서 죽음에 대한 긍정적인 사고로 생명과 동일시되는 것이다. 한마디로, 그리스도 혹은 신은 당시의 낙원신화와 프리메이슨 문학에서

58 슬라브주의 사상의 대표 이론가인 호먀코프(А. С. Хомяков)는 러시아정교회를 '하나의 살아있는 진리와 사랑의 유기체' 또는 '소보르노스트'의 원리, 즉 자유로운 단결과 화합의 원리에 기초하는 초개인적인 공동체로 정의하였다. 왈리츠키, op. cit., p.121 참고.

사랑으로 충만한 연금술사이자 프리메이슨의 우두머리이며, 동시에 프리메이슨주의자들은 작은 예수요 성체의 진실한 구성원이었다. 이른바 18세기의 낙원신화는 이처럼 프리메이슨 문학과 러시아 정교의 유기적 관계를 통하여 그 윤곽이 드러난다.

문학 이외에 러시아 정교의 종교적 영향을 뚜렷하게 남긴 것은 러시아의 이콘예술이다. 이콘에 묘사된 세계는 일상적이거나 혹은 타락 이후의 세계가 아니라 변형된 세계이다. 이콘 속 낙원세계는, 만물은 에덴의 조화와 아름다운 상태로 되돌려질 수 있다는 정교적 믿음을 반영하고 있다. 동방정교의 전통에 따르면 이콘은 다른 세상으로 통하는 문으로 인식되어졌고 신성한 삶에 참여하는 신앙의 수단이었다. 인간 육체의 신성화는 곧 인간이 살아 있는 하나님의 성상화로 구현되는 것이며, 따라서 이콘은 '형상 속에 표현된 신학'이었고 성자가 자신이 지닌 영적인 힘을 반영하는 인간의 변용된 모습을 표현하는 것이었다.[59]

전통적인 이콘예술이 표현한 세계와 대상은 이제 신의 형상으로 대체된 짜르와 그의 제국으로 둔갑해 버렸다. 이러한 과정의 배경에는 낙원신화의 정치적 선전의도가 깔려 있다.[60] 그리스도의 이름으로 대체된 짜르에게는 '신을 닮은 인간(богоподобный)'이란 수식어구가 따라붙게 되었다. '지상의 신,' '러시아의 신,' '신과 같은' 의미의 호칭은 지상낙원을 창조한 신의 형상으로서의 짜르에게 가장 적합한 기독교적 은유였던 것이다.

---

59 Leonid Ouspensky and Vladimir Lossky, *The Meaning of Icons*(Crestwood, New York: St. Vladimir's Seminary Press, 1972), p. 45.

60 변모된 이콘화법의 상징체계 속에서 이콘의 개념과 의미를 정치적 도구화한 포스트비잔틴식의 실례는 러시아에서도 그대로 나타났다. 러시아의 경우에서 그 같은 실례는 새로운 국가와 짜르의 영향권 하에서 신의 형상과 인간의 초상을 동격화하는 지상낙원의 비전을 제시하였다. 이콘예술의 현대화라는 의미에서 이것은 루복이나 파르수나와 같은 러시아적 이콘화법상의 변형을 낳게 된다.

19세기의 러시아정교회는 모순에 차있었다. 외적으로, 러시아 교회는 기독교인의 사고와 행동을 경직시키는 짜르의 지배하에 있었으므로 결코 반신불수의 상태를 벗어나지 못했다. 그러나 내적으로는 그 어느 때보다도 자유롭게 성령의 재림을 경험할 수 있었다. 아울러 기독교 국가의 사회화 유형으로서, 기독교도들은 자유롭게 결합된 한 가족과 같다는 이상을 19세기의 러시아 교회는 끊임없이 설교하였다.[61] 정교회의 상반된 모순 속에서도 성현(hierophany)[62]의 끊임없는 분출을 목격했던 19세기의 러시아는 근대 러시아정교회가 겪어온 종교의 세속화와는 근본적으로 다른 길을 걸었다. 엄밀한 의미에서 19세기적인 정교회의 실체는 전시대의 타락과 비종교성을 만회하려는 진중한 노력에서 발견된다. 이러한 시대적 각성과 정교 본연의 종교성으로 돌아가려 했던 당시 러시아의 모습은 고골과 도스토옙스키와 같은 두 거장의 창작 속에 잘 투영되고 있었다. 이들은 '러시아적인 종교성'의 본질을 정확하게 인식함으로써 제정 러시아가 안고 있던 정교의 왜곡된 모습을 바로잡아 갔다.

『친구들과의 왕복서한(Выбранные места из переписки с друзьями, 1847)』에서 고골은 러시아인의 종교적 기질을 이렇게 설명한다.

> "종교성의 바탕은 경건함이다. 그러나 러시아인들은 자신을 꾸짖으면서 어떤 자리에서든 주의 이름을 입에 올린다... 좀 더 가까이 다가가 민중들을 본다면 당신은 본능적으로 그들이야 말로 무신론자들임을 알게 될 것이다. 우리들의 종교성은 일반대중과는 상반될 뿐 분리파주의자들

61 Nicolas Zernov, op. cit., p.137.

62 거룩한 것이 드러나는 사건을 가리키는 말로서, 가장 원시적인 것에서부터 가장 고도로 발달된 것에 이르기까지 종교의 역사란 다수의 성현으로, 거룩한 실체의 드러남으로 구성되어 있다는 뜻. Mircea Eliade, *The Sacread and The Profane: The Nature of Religion*(New York: Harcourt Brace Jovanovich, 1959), p.11.

사이에서만 찾아볼 수 있다."[63]

아울러 고골은 교회의 부패성을 노골적으로 비판하면서 종교적 무정부주의 내지는 종교성의 불감증과 같은 사회악을 명료하게 진단하고 있다.

> "현재 신성종무원이나 군주 자신도 사제의 생활에 각별한 관심을 보이고 있다. 이들 모두는 검사 받을 준비가 되어있다. 왜냐하면 상층의 정부뿐만 아니라, 심지어는 이 나라의 모든 민중들은 모든 악의 근원이 사제들에게 있음을 알아차리기 시작했기 때문이다... 모든 악의 근원은 민중에 대한 종교적 영향이 악화일로에 있다는 사실에서 비롯된다."[64]

고골의 지적처럼 '전 세계에서 러시아인이야말로 가장 종교적'일 수 있었던 그 근본은 동방정교의 전통을 유지해 온 러시아의 역사 속에 잘 나타나 있다. 중세 러시아의 교회문학으로부터 뿌리를 찾을 수 있는 러시아인의 종교성[65]은 구체적인 작품 속에서는 물론 러시아 농민을 지칭하는 단어에서도 유추할 수 있다. 거의 6세기 동안이나 러시아 농민에 해당하는 단어로 씌어져 왔던 크레스티야닌(Крестьянин)은 '기독교도'란 의미에서 기원한다. 이 같은 어원적 파생은 러시아어에 있어 매우 독특한 것이다. 그 밖의 기타 언어권에서 농민이란 단어는 농촌, 토지, 지방이란 개념으로부터 파생한 것이며, 이들 단어의 어원적 원형은 라틴어의 파가누스이며, 여기에서 영어의 '이교도'(pagan)가 생겨난 것이다.[66] 농민이란 단어의 어원적 기원과 함축적

---

63 Donald W. Treadgold, "The Peasant and Religion," in *The Peasant in Nineteenth century Russia*, Ibid., p.75.

64 Клибанова, указ. соч., с. 341.

65 장실 "러시아정교와 중세 러시아문학," 『슬라브연구』(제10권, 1994), 한국외국어대학교 러시아연구소, pp. 119-150를 참고할 것.

66 Jerome Blum, *Lord and Peasant in Russia From the Ninth to the Nineteenth*

인 의미로 볼 때도 역시 러시아인의 종교적 속성은 타 언어족의 것과 구별된다. 농민에게 부여된 단어의 의미만으로는 국민의 종교성을 운운할 수 있는 객관적인 기준이 되지 못하더라도, 러시아인의 종교적 심성을 드러내는 상징적인 가치는 큰 것이다.

도스토옙스키는 작품을 통해서 러시아 국민의 종교적 본성과 러시아 정교의 특성을 심오하게 묘사하고 있다. 도스토옙스키의 종교철학이 최고 정점으로 귀결되고 있는 것은 한 마디로 '러시아 정교에 뿌리를 둔 민족적이고 유토피아적인 신성국가의 건립'이다. 사회주의적인 수정궁의 완성이 아니라, 종교적 신념과 민족적인 공동체 의식을 바탕으로 하고 있는 그의 논리는 먼저 서구가 걸어온 기독교 정신의 퇴락과 문명의 부패성을 신랄하게 꼬집는다.

> "유럽은 조용하지 못하다. 이것은 의심할 여지가 없다... 분명 저 문명의 발생 당시부터 이 세계에 배태하고 있었던 것, 천 년이라는 긴 세월에 걸친 그 어떤 것에 연공을 바칠 때가 이미 찾아온 것으로 생각된다... 한편 유럽의 한 끝에는 가톨릭교의 이념이 오래 갈 것인가, 그렇지 못할 것인가, 아직 여명이 있는가, 아니면 드디어 마지막이 온 것인가라는 위대한 고뇌와 의혹 속에서 그들의 신고를 기다리고 있다."[67]

도스토옙스키에 의하면 유럽과 러시아는 가톨릭, 프로테스탄티즘, 그리고 정교라는 세 가지 이념이 서로 충돌하는 위기와 혼돈의 시대를 맞고 있다. 궁극적으로 유럽의 구질서가 붕괴될 것을 예언하고 있는 도스토옙스키는, 러시아가 해방된 슬라브 제민족의 맹수로 나서서 정교의 본산인 콘스탄티노플을 대신했을 때만이 유럽의 진정한 갱생

Century(New Jersey: Princeton Univ. Press, 1972), p. 106.

67 도스토옙스키, 『작가의 일기』, 이종진 역 (벽호, 1995), p. 340. 이 내용은 "세 개의 이념: 러시아를 중심으로 한 세계통합"으로 도스토옙스키의 유럽관, 프로테스탄티즘 및 가톨릭관을 가장 잘 보여주는 글이다.

이 있을 것이라고 결론짓는다.

> "이것이야말로 동방에 보존되고 있는 그리스도의 진리에 대한 올바른 정립이다. 그리스도 십자가의 참다운 새로운 건설이며, 이미 오랫동안 러시아를 맹주로 삼고 있는 정교의 마지막 말이다. 이것이야말로 오늘의 강자로서, 지금까지 승리를 자랑해 온 나라들로서, 큰 유혹이리라. 다른 강국들은... 인류에 대한 봉사를 바탕으로 하는 동맹은 말할 것도 없고 그리스도의 참뜻에 의한 인류의 갱생을 확신할 수 있다는 것조차 이해하지 못하고 있다."[68]

도스토옙스키의 이 같은 결론은 세 가지 이념 중에서 러시아 정교만이 진정한 윤리와 질서의 기초인 그리스도의 성스러운 이미지를 보존해 왔기 때문이라는 것이다. 『작가일기』를 통해서 드러난 도스토옙스키의 예언과 강한 열망은 러시아 정교의 구원의 메시지이자 성현을 책임져야 할 정교의 임무이기도 하였다. 반면에 작가는 당대의 러시아 정교의 현실을 냉정하게 판별하기도 한다. 표트르 이전의 러시아는 전통적인 정교에 뿌리를 둠으로써 유럽과는 다른 토양을 지녀 왔다. 표트르 이후 세속화된 러시아 정교는 권력과 물질주의에 오염되고 있다는 것이다. 도스토옙스키의 눈에 비친 러시아 정교의 현실은 그의 대작 『카라마조프가의 형제들』에서 치유되어져야 할 환부로 묘사된다. 조시마 장로가 들려주는 구원의 메시지는 바로 이와 같은 현실에 던져진 하나의 빛이었다. "개인의 전체에 대한 의무"라는 말로 표현된 조시마 장로의 신앙고백은 근본적으로 슬라브주의 사상의 소보르노스트를 상기시킨다.

---

68 Ibid., p. 24.

> "여기에는 한 가지 구원이 있다. 그것은 자신을 사로잡아서 인간의 모든 죄악의 장본인으로 삼는데 있다... 진심으로 자기 자신을 모든 것과 모든 사람의 죄악의 원천으로 간주할 때만이 자신이야말로 모든 사람, 모든 것에 대해서 죄 많은 인간이라는 것을 즉시 깨닫게 되기 때문이다. 그러나 자신의 게으름과 자신의 무력함을 다른 사람에게 전가한다면... 신에게 불평을 늘어놓는 것이 될 것이다."[69]

전체에 대한 개인의 의무와 자유 안에서의 통일을 이룰 러시아의 운명은 도스토옙스키가 그린 희망적인 유토피아 그 자체였다. 이 세계는 "인류애적 동포애와 전 인류의 결합에 대한 러시아인의 노력에 의해서 얻어진 것"이다. 그렇기 때문에 도스토옙스키가 보기에 진정한 러시아인이 된다는 것은, 곧 유럽의 모순에 결정적인 화합을 가져오고, 모든 민족을 그리스도의 율법에 따라 한핏줄의 형제로 결합시켜서, 위대한 보편적 화합을 향해 노력하는 것을 의미하였다.

통속소설과 목판문학

당대의 통속적인 러시아 대중문학은 민족의 종교적 삶을 보다 현실적으로 구현하였다. 구전문학으로 전승되던 민속적인 유산들이 책을 통해 읽혀지면서 정교와 민속은 보다 쉽고 재미있는 대중적인 통속문학을 유행시킨다. 실제로 전승문화의 보존과 민족유산의 재발견은 범국가적인 시대적 열망이었다. 민족학, 지리학, 역사간의 뚜렷한 구분이 부재한 상황에서, 러시아의 과거와 현재를 묘사한 거의 모든 자료

69 조시마 장로의 신앙고백과 소보르노스트 개념과의 연관성에 대해서는 A. Boye Gibson, *The Religion of Dostoevsky*(Philadelphia: The Westminster Press, 1973), pp.41-51을 참고할 것.

들은 민속적인 관습과 신앙, 의례, 문학과 관련된 정보를 포함하고 있었다. 다양한 측면에서 이루어졌던 이러한 러시아의 발견은 학식 있는 여행자들, 지리학자, 민족지학자들의 보고에서 가장 뚜렷하게 나타난다.[70]

19세기 중반에 들면서 대중 속에 확산된 통속문학에는 전시대의 계몽적이고 진보적인 잡지문학의 성격과 달리 오락적인 측면이 강조되었다. 통속문학은 원래 떠돌이 행상인들에 의해서 보급된 값싼 인쇄물인 이른바 '목판문학(루복문학 лубочная литература)'[71]이 주종을 이루었다. 풍자적이고 직설적인 루복문학은 유명 작가들의 작품에 비해 수준이 낮아 상류층 독자들은 생소하게 느낄 수 있었지만, 다양한 언어적 표현과 내용 덕분에, 일상생활에 관한 우화, 민속, 농담, 잘 알려지지 않은 역사적인 사건에 연유된 가공의 인물들이 펼치는 줄거리는 대중들의 흥미를 끌었다. 행상인들의 바구니에서 나온 이 같은 세속문학의 주된 주제는 성서이야기나 루복과 같은 이콘의 패러디, 민속적인 주제, 기사도적인 무용담, 교훈적인 이야기, 상인들에 대한 이야기 등이었다. 목판문학 속 이야기들은 19세기 러시아의 '민족의 주체성 찾기'라는 보편적인 주제와 연관되는데, 그 공통된 주제는 러시아정교회와 짜르가 '러시아적인 속성'을 대표하는 표상임을 주지시키고 있다. 흔히 목판 이야기들에 등장하는 국외자는 그의 종교와 국적

---

70 Hans Rogger, *National Consciousness in Eighteenth-Century Russia*(Cambridge, Mass, 1960), p. 164.

71 '루복문학'의 본뜻은 베료자, 보리수 같은 나무의 속껍질 луб로 만든 얇은 판화용 목판 лубок에서 파생되었다. 무명의 화가가 이러한 목판위에 약화 또는 세밀화 기법으로 전통 이콘을 모사하거나 성서의 종교적 전설을 풍자하였다. 여기에는 민담, 영웅서사시, 설화 등의 주제도 포함되는데, 그 주제를 해설하고 짤막한 줄거리를 달아 줌으로써 대중적인 독자로 하여금 쉽게 읽고 보고 즐길 수 있도록 만든 값싼 인쇄물의 통칭이 되었다. 이러한 루복화는 종이나 천(헝겊조각)으로 값싸고 조잡하게 그려지기도 하였는데, 값비싼 이콘이나 책을 살 수 없는 일반 대중이나 부락의 농민들을 위한 훌륭한 읽을거리가 되었다. 값싼 루복문학을 팔고 다니는 행상인들의 보따리 또한 이러한 나무껍질로 만들었다고 해서 루복을 일명 '보따리 문학'이라고 말한다. Jeffrey Brooks, *When Russia Learned To Read: Literacy and Popular Literature, 1861-1917*, p. 63.

에 의해 식별되는데, 그들이 러시아인으로 귀화하는 절차로서 짜르에 대한 충성 맹세, 정교로 개종에 관한 이야기도 목판문학 속에서 묘사된다. 정교로 개종을 통해 러시아인으로 귀화한 이야기는 주로 이슬람교를 믿는 러시아 동부 무슬림 민족들과 관련된 것들이다. 이같은 이야기들의 공통된 주제는 동방과 러시아인 구혼자 혹은 신부 간의 로맨스와 배우자가 정교로 개종하는 것 그리고 젊은 연인들이 러시아로 탈주하는 것 등이다. 이반 뇌제의 카잔 점령을 주제로 한 목판이야기 중의 하나인 《야판차 Япанча》는 특히 흥미롭다. 타타르의 귀족 야판차는 러시아 포로인 한 처녀와 사랑에 빠진다. 여주인공 나타샤는 포로가 된 처지였지만, 야판차와 결혼하기 위해 이슬람교로 개종하는 것을 단호히 거부한다.

> "야판차 주인님, 러시아 귀족의 딸년이 자신의 아버지와 조국, 그리고 조상님들의 관습을 배반하리라고 생각지 마십시오."

나타샤의 뜻을 받아들인 야판차는 자신이 정교로 개종하게 된다. 개종 이후에도 야판차는 카잔의 수호를 위해 계속 항거하였지만 타타르 한에 의해 사형에 처해진다. 새로운 믿음인 정교는 그로 하여금 명예롭게 죽음을 맞이하고, 자신과 나타샤가 이후로도 영원히 함께 하게 되리라는 믿음을 주었다. 두 사람은 러시아군이 도시의 방벽을 부수고 들어올 때 구조된다. 나타샤와 야판차는 러시아군의 진지로 돌아오고, 여기서 야판차는 이반 뇌제에게 충성을 맹세한다.

> "짜르시여, 소인은 조국에 대한 저의 임무를 다하겠나이다. 제 양심이 받아들여지는 한 계속해서 임무를 맡겠나이다. 하지만 소인은 현재 진정한 짜르이시자 불행한 사늘의 옹호자이신 당신께 절대적으로 내맡겨져 있나이다. 이제 소인은 그리스도와 함께 살면서, 당신의 충복이 되고자 원하옵니다."[72]

---

72 Ibid., p. 220.

19세기 후반이 되면서 루복문학의 주제에 대한 독자들의 기호는 갈수록 줄어든다. 인쇄술과 산업의 발전으로 인해 이같은 수공예 목판 인쇄문학의 보급을 대신할 또 다른 종류의 서민문학이 나타났는데, 그것은 '민족문학(народная литература)' 장르의 대중소설이었다. 주제는 '자유와 반역,' '민족적 주체성,' '자연과 미신,' '성공'에 관한 것이었다. 이 가운데 민속적인 토속신앙을 다룬 대부분의 작가들은 종종 기독교 대 이교의 주제를 다루고 있지만, 일반적으로 이들의 작가적 의식은 정교와 합리주의가 미신과 맞서 싸우는 것이었다. 따라서 정교는 대중에게 그와 같은 초자연적인 미신을 깨트리는 기독교 신앙을 불어넣으면서, 초자연적 힘은 과학과 이성적인 사고에 배치됨을 인식시켰다.[73]

민중 저변에 미친 대중소설은 러시아의 민족적 주체성 확립이라는 시대적 요청과 더불어 그 역할이 컸다. 정교회와 황제는 그들의 정치적 권위를 통해 이러한 명제에 대한 정신적 버팀목이 되었다. 하지만 목판문학 초기 때와 달리 민족적 주체성의 문제는 변화를 겪는다. 민중의 전통적인 종교적, 정치적 충성심에 심한 타격이 가해질 때 민족적 주체성 확립에 대한 국민적 관심은 제국의 신민으로서의 가치와 의미는 과연 무엇인가라는 의문으로 바뀌었다. 대중소설 작가들은 이때부터 민족적 자존의 상징인 황제와 러시아 정교로부터 등을 돌린다. 짜르와 교회 대신에 이들은 러시아의 자연 및 인문지리학으로 관심을 돌렸다. 그것은 곧 '지리적 실재'(geographic entity)로서의 러시아 제국이 지닌 가장 러시아적인 초상이었다. 특정 지역에 대한 묘사들은 19세기 말의 민족문학 소설에서 주도적으로 나타났으며, 그것은 중앙 러시아 모든 지역들과 시베리아 변방까지 확대되었다.

미신의 가면은 대중소설 작가들 앞에서 완전히 벗겨지게 되었고,

---

73 Ibid., pp. 250-251.

독자들은 작가에 의해, 그리고 이성적인 사고를 통해 자연세계로 나아가도록 권유받았다. 더구나 작가들은 과학과 기술에 대한 호기심을 독자들에게 유발시키는 것에 그치지 않고, 구전에 대한 믿음을 불신시키면서 이성의 힘을 증명해 보이고자 하였다. 이처럼 목판문학과 대중소설을 통해 드러난 정교와 민속간의 관계는 서로 상충되는 세계관으로 나뉘어질 수밖에 없었고, 더구나 구전이 아닌 인쇄문학의 실증과 정보를 통하여 민속의 위력은 독자들로부터 점차 그 힘을 잃어갔다. 러시아인의 정신적 유대감을 위한 버팀목 기능을 했던 정교 또한 시간이 갈수록 비난의 대상일 뿐, 자체의 숭고한 기독교적 임무를 수행하지 못했다. 대중소설의 주제였던 민속적인 요소들 역시 18세기적인 대중의 관심으로부터 보다 멀어졌고, 이교적 미신과 동일시하는 수보를 받으면서 합리적인 사고의식으로부터 외면을 당하게 되었다.

근대 러시아문학과 정교회의 종교적 전통은 시대적 운명을 같이 해왔다. 신성종무원의 설립으로 상징되는 정교회의 세속화는 같은 맥락에서 러시아 교회문학의 세속화를 의미한다. 표트르의 서구화 모델에 따른 근대화 정책이 바로 이와 같은 결과의 시발점이었던 것이다. 중세적 의미의 엄숙함과 성스러운 기독교적 이미지는 근대 러시아에서는 이미 찾아볼 수 없게 되었고, 문학속의 정교회의 영향 역시 종교문화적 유대의 약화를 초래한다. 하지만 프리메이슨 문학과 감상주의 소설 속에 드러난 18세기 종교문화의 단면들은 여전히 정교의 영향력을 말해 주는 것이다. 그러나 19세기의 정교회와 문학은 세속화 일변도의 흐름으로 나아가지 않았다. 비록 정교회가 교회교육과 종교텍스트 출판이라는 정치적 의도로 더욱 세속적인 방향을 지향하였지만, 문학은 이와는 다른 길로 러시아 민중을 계도해 나갔다. 러시아정교회의 모순은 바로 여기에 있었던 것이다. 제정 러시아의 정교회는 철저하게 신성종무원의 통제 하에 있으면서 종교 본래의 신성한 업무수행을 하지 못한 반면, 고골과 도스토옙스키 등을 위시한 작가들은 러시아정교회가 행한 사회악을 비판하면서 러시아 민중의 화합과 그리스도에로의 결집을 주장하였던 것이다. 목판문학과 같은 대중문학 속에 비친 정교회는 러시아의 민족적 주체성 찾기라는 시대적 목표하에서 짜르와 러시아 민중의 종교적 의식을 규정지은 버팀목이었다. 그러나 여기에서도 정교회의 입지는 상반된 측면을 보여주었는데, 초기 목판문학과 후기 대중소설에서의 정교회는 각기 다른 민중의 반응을 불러일으켰던 것이다.

근대 러시아의 정교회는 키예프 루시 시대와 모스크바 루시 시대의 서로 다른 문화적 특성이 만든 단절의 역사를 각각 경험했으며, 특히 18-19 양 세기를 통하여, 정교회는 세속화라는 단일한 측면만을 지향한 것이 아니었다. 내적으로는 세속화와 정통성의 두 길을 동시에 걸어야했던 러시아정교회는,보다 풍성한 자체의 종교문화를 만들어 내면서 고유한 성자전문학 장르에 뿌리를 둔 근대 러시아문학과 운명을 같이하였다. 근대 러시아의 문학은 정교회의 이러한 '진자운동'을 가장 잘 표현해 냈던 '의식의 장'이었으며, 정교의 신성한 의무에 대한 열정과 세속화에 따른 사회악적 요인을 모두 보여준 정교회의 거울이었다.

성자전 – 정교의 거울

"성자전을 읽지 못한 사람은 많은 값진 것을 잃은 것이다. 왜냐하면 성자의 형상 속에는 훌륭한 선생님이 존재하고 있기 때문이다. 신의 종복인 성자들의 생애전은 구원에 필요한 모든 것을 약속하며, 영원한 지고의 행복을 깨닫게 해준다."

19세기 초 종교문학가인 대주교 안토니(Антоний Смирнийцкий)의 위와 같은 평범한 교훈적 진리의 한마디가 예시하듯이, 교회가 가진 종교적 규약의 역할로 시작된 중세 성자들의 생애전은 독서를 위한 읽을거리 중에서도 결국 가장 사랑받는 문학장르의 하나가 된다. 그것은 특히 러시아정교 성자전은 중 · 고대러시아문학의 정신과 더불어 오늘날까지 그 문학적 전통을 이어오면서 러시아문학연구가, 작가, 독자들에게 널리 애독되고 있는 것이다. 옛 문학의 정신적 계승이라는 점에서 성자전의 문학적 재료는 이콘과 같은 정교의 성물과 더불어, 19세기 러시아문학을 통하여 다양하고도 새롭게 반영되고 활용되면서 당대의 모든 장르의 예술적 작품들을 위한 값진 토양이 되었다. 그러나 성자전 문학의 전형, 즉 장르상의 틀(шаблон)은 아바쿰 사제장의 자서전적 작품인『Житие Протапопа Аввакума』(1672)를 끝으로 진부하고도 두꺼운 껍질을 벗어버리고, '생애전(житие)'이라는 장르적 명칭도 '자서전(автобиография)' 또는 '회고록(воспоминание)'으로 희석된다. 한마디로 러시아 교회의 세속화와 더불어 성자전 장르의 전형 또한 세속적 주제를 포괄할 수 밖에 없었다. 물론 성자전의 고유한 전형은 키예프시대 지방문학특성의 발현 시기와 모스크바 통일국가 시대를 거쳐 16세기 후반 마카리 주교가 주도한『벨리키에 미네이 체티이(Великие Минеи Четьи)』와 같이 집대성된 성자전이 만들어지기까지 이미 단계적으로 변형을 계속해왔다. 그러나 아바쿰의 자서전이 나타나기 전까지는 그 원형의 틀은 유지되고 있었다. 라지쉐프와 카람진 그리고 19세기의 푸쉬킨, 게르첸, 도스토옙스키, 레프 톨스토이, 레스코프, 가르쉬, 우스펜스키와 같은 작가들은 이와 같은 성자전 장르의 변형을 나름대로 연구하고 그것의 예술적 가치를 캐내고자 노력하면서, 작자의 새 시대 문학과 옛 문학의 정신을 접목시켜 놓았다.

이와 더불어 러시아정교 성자전 연구학자들은 위 작가들의 작품 활동을 토대로, 성자전 작품과 현대적인 작품과의 문학적 계승관계를 규정하고자 장르상의 부활요소인 성자전화(агиографичность)의 흔적을 찾는데 노력했고, 특히 성자전 장르의 틀이 지닌 문학적 특징을 구체화시키는데 연구의 초점을 두어왔다. 그것의 근거는 역시 이콘이 되었다. 그러나 20세기 초 대표적인 역사문헌학자 부슬라예프, 카드루보프스키, 클류쳅스키, 세레브랸스키 등의 100년에 걸친 성자전 연구의 성과는 사명감에 넘치는 그들의 열의와 노력에 못 미치는 결과를 낳았다. 그 이유는 우선 양질의 필사본도 거의 없었고, 전반적인 학술연구 출판활동이 부진한 상태였으며, 보다 근본적인 원인은 혁명 이후 소비에트 러시아의 정치적 문제 때문이었다. 문학은 무신론적이고도 호전적인 정권에 의하여 지배되면서 정부의 권력은 '성자의 형상 속에 훌륭한 선생님이 있음'을 모르고 학자들 중 극소수만이 성자전 테마 연구를 수행하도록 허용했던 것이다.[74] 그러나 선택받은 소수의 연구자들마저도 정교성자전이 지닌 장르상의 미학적 특징을 충분히 정의내리기는 쉽지 않았다. 이는 가톨릭 성자전 연구와 정교성자전 연구상황의 단편적인 비교를 통하여 볼 때 쉽게 공감된다. 프랑스나 이탈리아의 성자전 연구스타일은 추존된 한 성자 개인에게 초점을 맞추어 그 한 사람의 개성과 특징을 강조하는데 중점을 두기 때문에, 연구대상 자료가 정교의 것보다는 월등히 풍부하고 연구범위도 단순하다. 따라서 연구의 결과물도 수적으로 많다. 이에 반하여 정교회 성자전 연구는 우선 모든 성자들에게 공통되는 전통양식이나 틀을 정해

74 소련 과학아카데미가 출판한 단행본『러시아문학사』와 그의 속편 3권 전집『러시아문학사』 제1권의 빈약한 내용이 이러한 상황을 입증하는 대표적인 예가 된다. 두 책 속의 성자전 문학에 할애된 장은 위에서 열거한 세기 초 전문가들의 중간 연구자료를 소개하는 정도였고, 원전의 줄바꾸기에 불과한 문체적 설명이 고작이었는데 이는 1980년에 출판된 Д. Лихачёв, Г. Макогоненко, "История русской литературы, <Наука>. Т. 1과 내용과 깊이 면에서 크게 다름을 실감할 수 있다. Альберт Опульский, *Жития святых в творческве русских писателей XIX века*, Michigan, USA, 1986 서문 참조.

놓고, 성자 한 사람의 개인적인 형상은 특정한 한 개성의 틀이 갖는 그림자나 뉘앙스를 통하여 투영되어야 한다. 때문에 그 연구 및 접근 방법은 가톨릭 성자전 연구처럼 결코 단순할 수 없으며, 이러한 뉘앙스의 연구해석은 보석세공작업과도 같은 정밀함과 비판적인 예리한 관찰력을 요구하게 된다. 동시에 정교성자전 연구자는 공통적인 고유의 틀을 모든 성자전 작품마다에서 철저히 분석, 적용해야만 했던 것이다. 오늘날의 대표적인 연구책자들[75]도 바로 이와 같은 연구방향과 목적에 부합하는 노력의 증거이며, 이 책들은 악조건 하에서도 전후 1950년대 후반부터 시작된 옛 소련의 '학문적 해빙기'의 산물이기도 하다.

안토니 대주교의 말처럼 "값진 많은 것을 잃고 있는 것이 아닌가" 하는 생각에서 필자는 러시아정교 성자전문학에 대한 개요적인 접구을 다음의 두 가지 범주로 나누었다. 정교회 성자들의 생애전이 어떻게 중세러시아 고전으로서의 전형을 갖추었고 또 변형되었는가를 소장르별 특징과 내용 및 형식의 바리앙트에 초점을 두어 접근하였다. 또한 정교성자전 장르의 문학예술성 판단이라는 점에서 진부한 성자전의 틀(житийный шаблон)을 파괴한 시기별, 지역별, 그 대표적인 작품의 문학예술적 가치를 판단하였다.

생애전(Житие)[76]의 근본은 로마의 타키투스, 그리스의 플루타크와

---

75 많은 20세기 러시아 및 국외연구자의 자료 가운데 장르상의 연구과제를 제시한 В. Адрианович-Перетец의 『Задачи изучения агиографического стиля древней руси』(1964), Д. Лихачёв의 『Поэтика древнерусской литературы』(1972), 그리고 Д. Лихачёв의 『Житийние повесим русского севера』 등을 대표적인 것으로 삼았음

76 생애전은 키예프루시가 불가리아의 Житие на светище에서 차용한 용어이며, 성자 들의 일대기(Жития Святых)라는 의미에서 『성승전 Патерик』과 함께 통칭 『아기오그라피아 Hagiographa:성인전학, 성인전 연구』의 한 장르이다. 『성승전』은 수도사, 주교, 사제와 같은 성직자 또는 교부들의 일대기를 주된 내용으로 하며, 『생애전』은 이러한 『성승전』이 내용에 비성직자로서 사후성사로 추존된 성인들의 전기를 포함하고 있다. 그러나 『키예보 페체르스키 성승전』에는 『보리스·글렙의 생애전』과 같은 성자 추존된 공후들의 생애전도 포함되어 있다. 따라서 성자전 문학의 범주에서 이 둘의 구분은 분명치 않은 것이며, 의미상의 구분 또한 필요치 않다. 다만 이 책에서는 명칭의 구별을 위해, 성자전과 생애전은 동의어로 사용했고, 성승전과는 구분하였다.

같은 고대 웅변가이자 사학자의 자서전에서 비롯한다. 후에 비잔틴왕국의 콘스탄티노플이 스스로 전 세계 교회의 본산이자 행정의 중심임을 공포하면서, 모든 종교적 문제들은 국가적 의의를 띠게 된다. 이때부터 생애전에 특별한 관심이 쏟아졌고, 이는 국민들로 하여금 국가관의 개념을 인식하게 하는 실용적인 도구가 된다.

이때 생애전의 내용은 중세 순교자들의 영웅적 용기와 정신적 이상의 묘사, 즉 성자적 전설(легенд агиографический)을 바탕으로 한 중단편의 이야기였다. 그러나 내용도 중요했지만 그 내용을 명쾌하게 이해할 수 있게 하는 이야기의 형식 또한 중요하였는데, 실제로 비잔틴에서는 4세기경부터 성자전 작품들의 시성화(諡聖化)된 형태가 처음으로 나타난다. 아파나시 알렉산드린스키의『안토니 벨리키 생애전(Житие святого Антония Великого』(A. D. 357)이 그 시조이다. 알렉산드리아의 총대주교였던 아파나시가 성자 안토니의 사후 1년 동안 집필한 이 작품은 동 · 서유럽을 망라하는 초기 기독교 성자전의 원형이자 향후 발전된 성자전 장르의 모델이 되는데, 이후 그 형태는 변형을 거듭한 끝에 10세기 중반에 와서 공통적인 형식의 틀을 갖추게 되었다. 당시 성자전의 편저자였던 비잔틴의 시메온 메타프라스트는 성자전의 발전된 형식을 송사적(頌辭的)이고도 교훈적인 성격이 될 수밖에 없다고 예언하였고, 이와 같은 그의 창작사상과 방법이 결국 성자전 작가들의 모범이 된 것이다.

러시아에는 기독교의 유입과 더불어 그리스원전 번역물들이 교회문학의 범주 내에서 빠르게 확산되었고, 성자전적 테마는 키예프 루시로 이주해온 남슬라브 지역 출신인들(불가리아인, 슬로베니아인, 크로아티아인 등)에 의해 전해졌다. 비잔틴에서 골격을 갖춘 성자전 작품은 11세기 루시의 토양 위에 보존되면서 두 개의 형태, 즉 완판(полный вид)과 축소판(краткий вид)으로 전파되기 시작했다. 완판 생애전(полные жития)은 단행본 또는 체티이 미네이(Четьи Минеи: 읽을거리, 미사서)의 선집 형태로 만들어졌다. 원래 미네야(минея)는 교회슬라브어로 쓰여진 복음서를 그 내용으로 하는데, 성모와 그리스도 그리고 다른 성자의 축일을 기념하는 찬미가(песнопения)로 구성된 축일용(праздничный)과 1년 12달 매일매일의 찬미가로 이루어진 월력용(месячный)으로 그 형식을 구분하고 있다. 체티이 미네이 재료(주로 성자의 생애) 역시 날짜별로 배열되어 있는데, 기도나 찬미를 위해서라기보다는 오히려 독서를 위한 것으로 만들어졌다. 축소판 생애전(краткие жития)은 일종의 성자들의 단순한 명부였다. 월력 순의 성자축일에 맞추어 모아놓은 몇 개의 명부가 책으로 묶여 있는데, 이는 그리스어 시낙사리(синаксары: 모음집)와 미날로기(миналоги: 월별이야기) 또는 오히려 프롤로그(пролог)로 자주 불렸다. 사실 프롤로그라는 명칭은 잘못 붙혀진 것으로 책의 내용과는 무관한 제목이었다. 이는 러시아 번역가들이 '시낙사리'의 서문으로 표기한 프롤로그를 축소판 생애전 전집의 제목으로 오역한 결과였다.[77]

프롤로그, 즉 시낙사리에는 고행자(подвижники)의 간단한 이력과 더불어 비교적 짧은 중 · 단편 이야기가 포함되었는데, 작가가 선택한 고행자들의 교훈적인 에피소드로 구성되었다. 물론 이야기들은 종교적 설교로 시작하는 당사자 자신들의 증언이자 목격담 그 자체였다. 이와 같은 프롤로그의 중 · 단편 이야기는 성자들의 생애, 즉 체티이 미네이 범주 내에 있는 고유한 생애전과 장르상의 경계가 모호하다. 어떻든 생애전은 당시 신도들을 대상으로 성자추모일에 그의 선행을 주지시키기 위한, 성자를 위한 짧은 추도(краткая память)가 주된 것이었다. 나아가서 시간이 흐르는 동안 프롤로그 자체는 변화를 거듭하면서 개작 보충되었고, 이에 따라 프롤로그의 내용과 고유의 짧은

77 Н. Гудзий, *История древней русской литературы*(М., 1941), с. 27. 참고.

추도용 생애전 사이의 경계 또한 없어질 수밖에 없었다. 원전의 필경사들 역시 텍스트의 내용을 보다 흥미있게 만들고자 수사학적인 미사여구를 과장하거나 나름대로 주변에서 들은 이야기를 보충하였다. 그들은 외경(апокриф)적인 소재, 즉 기적을 행하는 성자들의 고행에 관한 신께 드리는 기도, 악마와 인간의 잔악함과 싸우는 성자들에 대한 찬미(『성모마리아 수태고지 이야기』, 『성모마리아의 지옥 순례』 등의 작품 인용) 등을 포함하여 작가 자신의 변이나 주제를 벗어난 이야기를 거의 의무적으로 보충하고 개작하였던 것이다.

프롤로그와 함께 11세기 키예프 루시에서 번역된 '파테리크(патерик),' '오테츠니카(отечника),' '스타르체스트보(старчество)' 등으로 불리는 성자전 계열의 작품도 유행하였는데, 이들 또한 프롤로그나 생애전과 장르상의 구분이 불명확했다.

교부들의 삶과 기적 그리고 영혼불멸에 관한 이야기 체의 특징을 지닌 파테리크 가운데는 『시나이 파테리크Синайский патерик』(요한 모스흐가 쓴 7세기 시리아의 수도사 이야기, 『영혼의 초원』으로도 일컬음), 『이집트 파테리크(Египетский патерик)』(4세기 이집트 수도승 이야기), 『로마 파테리크』(그리고리 신부가 쓴 이태리 신부들의 삶과 기적 그리고 영혼불멸에 관한 이야기) 등이 대표적이다. 물론 이들은 교훈적인 경구를 중심으로 고행자의 언행록이나 설교집이 주된 구성 내용이었고 본래의 생애전적인 요소는 부족하다. 그러나 남슬라브인들에 의해 고대 슬라브어로 번역된 파테리크를 근간으로 하는 러시아적 토양과 관습에 젖은 '스보드느이 파테리크(сводный патерик),' '아폰스키 파테리크(Афонский патерик)' 등이 창작되면서 이들 파테리크 풍의 작품들이 앞 다투어 개작되기 시작했고, 오히려 전형적인 파테리크나 프롤로그 장르보다 더 많은 사랑을 받았다. 초기 파테리크의 전집에는 그리스나 남슬라브 성자들의 전기와 나란히 보리스와 글렙(Борис и Глеб), 페오도시야 페체르스키(Феодосия Печерский), 올가 여공(Княгиня Ольга), 그리고 므스티슬라프 공작(Князь Мстислав)와 같은 러시아 성자들의 생애전이 이미 수록되어 있었다. 단행본으로는 니콜라이 추도트보레츠(Николай Чудотворец), 요한 즐라토우스트(Иоанн Златоуст), 알렉시이 인신(Алексий Человека Божия), 안드레이 유로지브이(Андрей Юродивый) 등의 생애전이 애독되었다. 이와 같이 작품들은 내용과 형식면에서 점차적으로 그 경계가 모호해질 수밖에 없었다. 리하초프가 지적한 바와 같이[78] 이러한 현상은 성자전 장르뿐만 아니라, 고대 러시아문학 전반에 걸쳐있는 장르상의 허술한 장벽 그 자체이다. 그러나 결과적으로 소 장르별 상호간 모호해진 장벽은 '러시아정교회 성자전'으로서의 독자적이고 창조적인 전형을 갖게 한 긍성적인 요인으로 작용했다고 말할 수 있다.

한편 러시아성자전 작가들은 비잔틴 작가의 작품들을 번역하고 또 그 영향 아래 자신들의 생애전을 써왔지만, 그 과정에서 이들은 독자적이고도 민족적 특성이 짙은 작품을 창작하면서 나름대로의 영역을 굳혀나갔다. 다시 말해 동슬라브인들의 민족사적 문학전통을 통하여 널리 생활화된 문학적 모티브들을 성자전 속에 충만시켰던 것이다.

대표적인 성자전 연구학자 중 한 사람인 클류쳅스키(В. Ключевский, 1841-1911)의 말처럼 "성자전이 무엇보다도 러시아문학의 재산으로 남게 된 것은 민족전설로서의 가치였다."[79] 실제로 러시아 정교성자

78 리하초프는 이 책의 'отношения литературных жанров между собой'에서 ":필사본 속의 장르상 규정은 매우 복잡하고 혼돈스럽다. 호칭 자체의 구분도 불명확하다, 하나의 제목 밑에 완전히 다른 내용의 작품이 존재할 수 있다... 따라서 한 작품의 제목이 두 개 또는 그 이상의 장르상의 정의에 따라 붙여질 수 있다.,, 고대 러시아문학에서 장르 구별에 따르는 혼돈과 불명확함의 주된 원인은 문학적 서술상의 특징들이 다른 여타의 특징과 함께 장르구분이 근본적인 역할을 못한 채, 작품 속에 제시되는 제목이나 주제 그 자체로서 장르구분을 대신하 데 있다"고 쓰고 있다. Лихачёв Д. С. *Поэтика древнерусской литературы*(Л. 1967), с. 44-47.

79 В. Ключевский, *Древнерусские жития святых как исторический источник*(М., 1911), с. 51., Опульский의 앞의 책 가운데 глава 1. "Жития православных святых-древнейшее

전 대부분은 러시아인의 민족적 자각이 확고해지면서 성자전 작가들의 창작영역이 넓어진데 따른 결과물이다. 이는 키예프 루시에 원초 생애전이 등장한 문학 내외적인 요인을 살펴보면 더 분명해진다. 비잔틴 교회로부터 독립을 추구했던 당시 러시아 교회로서는 러시아 성인들의 시성이 급선무였으며, 동시에 러시아 성경학자나 번역가들은 비잔틴 생애전 및 성자의 전설에 관한 원전과 번역작품을 서둘러 접해야 했다. 이때 키예프 페체르스키 동굴수도원을 모태로 쓰여진『안토니 페체르스키 생애전』(Житие Антония Печерского, 현존하지 않음)이 최초의 러시아정교회 성자전의 전형으로 간주된다. 수도사로서는 처음으로 동굴에서 수도를 시작한 안토니는 몸소 고난을 수행해 보인 러시아 성자의 실제 형상인 것이다. 이어서 11세기 후반 같은 수도원의 수도승 네스토르가 쓴『페오도시 페체르스키 생애전』(Житие феодосия Печерского)과『보리스와 글렙의 생애전』(Житие Бориса и Глеба)으로 대표되는 두 가지 변형된 계열의 성자전이 만들어진다.[80] 전자의 테마는 세속적인 인간이 아닌 성직자로서 사후 추존된 성자의 형상을 그린 것인데, 현세에서 위대한 업적을 행한 인간은 영생을 얻는다는 교훈을 당시 러시아의 세속적인 인간들에게 남겨준다. 후자의 주인공들은 세속적인 공후의 언행을 통해 성서적이고 기독교적인 이상뿐만 아니라 봉건주의적 공국의 이념과 민족적 영웅의 형상을 각인시켜준다. 이 두 가지 변종의 틀은 이후 17세기까지 러시아정교 성자전 장르의 전형으로 존재하게 되었다. 물론 그 과정에서 이와

чтение средневековой руси" с. 20에서 재인용.

80 두 작품을 쓴 네스토르는 『러시아 원초연대기(Повесть временных лет)의 저자로서 특히 비잔틴 생애전에 관한 풍부한 지식을 가지고 있었다. 따라서 그의 작품 속에는 비잔틴 성인의 생애전적 에피소드(Антоний Великий, Савва Освящённый, Евфилий Великий, Венедикт 등)가 다양하게 러시아풍으로 대비되고 있다. 또한 두 권의 판본으로 전해지고 있는 『보리스와 글렙 생애전』에는 작자미상의 판본 『Сказание и страсть и похвала святых мучеников Бориса и Глеба』이 있지만 여기서는 네스토르의 『Чтение о житии и о погублении Блаженного страстотерпцев Бориса и Глеба』임.

같은 성자전 장르의 전형은 내용이나 형식면에서 많은 변형을 겪는다. 이는 러시아 성자전 작가들 나름대로의 주관과 자유분방한 집필 태도, 아니면 작가적 소양 부족 또는 전통적 성자전 정신에 대한 지나친 의무감 등이 원인이 되기도 했지만 크게 보면 그 변형은 두 가지 형태로 구분된다. 즉 생애전 주인공이 걸어야 할 신성화의 방법에 따라 다르다 하겠다.

『페오도시 페체르스키 생애전』의 형식[81]을 크게 벗어나지 않는 첫째 형태의 생애전은 장차 성자가 될 주인공의 양친에 대한 회고로 시작되는데 '고귀한 가문,' '명예롭고 성스러운 사람들'로 제시되는 이들은 반드시 '정교를 믿는 자들'이다. 주인공은 어려서부터 겸손 · 근면하고 신을 공경하며 동갑내기들과는 어울리지 않아 주위의 범인들과 구별된다. 주인공의 고행은 수도원이나 낯선 벽지에서 일찍부터 시작되며, 주인공은 금욕과 기도를 생활화하고 악마의 유혹을 극복하며 천상의 권위와 교통하고 기적을 창조한다. 주인공은 자신의 최후를 조용히 맞는다. 죽기 직전 그는 지상에 남아있는 사람들에게 자신의 교시를 말한다. 죽은 그의 성체는 방향을 발하면서, 관 옆과 이제 막 묻힌 무덤 위에는 기적적인 소생이나 재활의 현상이 일어난다. 눈먼 자가 눈을 뜨고 절름발이는 지팡이를 내던지고 속병을 앓던 자는 건강을 되찾는다. 그리하여 작가는 이 성자를 그리스도의 이름으로 찬양하면서 이야기의 끝을 맺는다. 두 번째 형태는 작자 미상의 판본 『보리스와 글렙의 생애전』과도 같이[82] 주인공의 어린 시절에 대한 구체적

---

81 『페오도시 생애전』은 4세기의 『안토니 벨리키 성자전』을 쓴 아파나시 대주교의 방식, 즉 서문, 본문, 에필로그를 기본구조로 하여 찬사(панегирик)기법을 바탕으로 하고 있다. 『페오도시 생애전』이 따르고 있는 이 기본 구조는 원래 그리스로마의 영웅전에서 비롯된 것으로 панегирик의 형태가 성자전에 도입되면서부터 1. 태어나기 전 부모, 민족, 나라에 관한 수사학적 상투어이 도입부 2. 탄생, 3. 유년시절의 성품과 공부 4. 장년기의 삶과 업적 5. 죽음과 기적 그리고 찬미와 같은 문체와 틀로 굳어졌다.

82 단 이 작품은 의도적인 주인공들의 종교적 숭배, 즉 국가적 정치적 이념의 신성함을 역사적 사실로 강조한 서술방식 때문에 전형적인 생애전의 틀을 벗어났다고 하겠다. 그러나 네스토르의

인 언급이 생략된다. 주인공의 양친은 '불경한 사람'일 수도 있고, 주인공 자신도 속세의 삶을 산다. 그러나 그의 삶속에는 한순간 외적요인이나 물리적 사건이 반드시 작용한다. 사건은 주인공 내면에 갑작스런 전환점을 일으킬 만한 힘과 계기가 되어, 그는 개과천선하고 덕행을 쌓게 된다. 그 뒷부분의 결말은 첫째의 유형과 동일하게 마무리된다.

성자전의 이러한 두 가지 실례는 결국 성자전 장르의 진부한 틀에 따른 기계적인 바리앙트가 시대의 변화(키예프 루시, 모스크바 통일국가, 17세기 러시아 등)에 따라 거듭되면서 나타난 결과물이다. 진부한 틀이 존재하는 한 문학적 관점에서 성자전 창작에 대한 작가의 태도 또한 진부할 수밖에 없다. 때문에 작가 나름대로 선호하는 주제의 강조, 자신의 변, 형식상 구성요소의 다양한 자리바꿈이 뒤따를 수밖에 없었다. 파테리크나 프롤로그와 같은 장르에서 보듯이 중 · 단편의 종교적 전설이 지배적이었던 전통형식은 성자들의 공적은 물론 역사적 사건, 가문의 역사, 그리고 각종 진기한 편력 등을 보완 · 개작하면서 작품들은 시대정신에 맞는 흥미로운 읽을거리가 된 것이다. 『러시아 민족소설과 예술의 역사적 조망』(1861)에서 부슬라예프는 성자전 작가가 지난 수세기 동안의 거대한 문화적 부를 근거로 작품을 썼기 때문에, 당대의 독자들은 성자전 속에서 많은 값진 정보를 얻을 수 있었다고 주장한다.[83] 예를 들면 『성자 게오르기 포베도노세츠의 생애전』은 괴물뱀을 물리치는 용사(змееборцы)에 관한 신화(이디오피아의 황녀 안드로메다를 바다의 괴물로부터 구출하고 그의 남편이 된 영웅 페르세우스에 관한 이야기)를 주제로 삼았고, 『성자 키프리안과 우시티니야의 생애전』에서는 파우스트를, 『성자 필라레트 밀로스티브

『Чтение...』 판은 구약의 아담이야기와 루시의 세례에 관한 서문에서부터 유년시절 주인공의 신앙심, 그 리고 기적을 이야기하는 에필로그까지 전형에 충실하다.

83 Опульский, указ. соч., с. 25에서 재인용.

이 생애전』에는 황녀 졸루쉬카(золушка: 신데렐라 이야기)에 관한 주제, 『성자 표트르와 페브로니야 생애전』에서는 '현명한 처녀(мудрая дева)' 계열의 민담을 주제로 삼고 있다. 이밖에도 이집트문화, 브라만교, 부다, 헬레니즘 문화, 스칸디나비아의 사가(сага), 그리고 비잔틴적 문화의 정보들이 유용하게 제공되었다.

그러나 정보지식의 전달 가치도 중요하지만, 성자전이 문학예술장르의 하나임을 확인하게 하는 데는 보다 더 중요한 문제가 있다. 현대의 작가들도 그러하듯이 성자전 작가들의 제1과제는 이상적인 주인공의 생생한 형상 창조였다. 독자의 이성에 의존하기보다는 독자의 감성에 더 주의를 기울이는 것이 모든 예술가의 목표이다. 물론 여기에는 이미 제작되어 시각적 상징의 증거를 제공하는 이콘들이 중요한 자료가 되었다. 성자전 작가들도 자신의 이야기에 깊이와 진리를 배가해수는 독자들의 생생한 상상력의 폭발을 기대했다. 이런 이유로 그들은 논증이 아니라 이콘의 형상을 근거로 한 선명한 인물의 형상 묘사, 메타포, 대조, 수식, 찬사 웅변의 문체, 그리고 서문, 본문, 에필로그에 준하는 구성상의 틀을 적용했던 것이다. 이러한 구성상의 틀은 작가의 창작의 자유의지와 시대상황의 요인으로 인해 그 진부함과 엄격함이 파괴되고 말았다. 다시 말해 은둔자로서 수도원에 묻혀 살았거나 그 시대의 현실 세계를 떠난 수도승 출신의 성자전 작가라 할지라도 그는 결코 현실적인 당대의 삶과 완전히 고립될 수는 없었다. 정치적 의미의 사건이든 일상생활사적인 사건이건 그것은 작가적 감성을 통하여 작품 속에 반영되지 않을 수 없었다. 심지어 생애전 속에 만들어진 주인공 성인들도 이와 같은 시대적 삶과 완전히 분리될 수 없었을 것이다. 다시 말해 생애전의 틀을 무너뜨릴 수밖에 없는 그런 사건의 묘사도 있을 수 있는 것이었다.

작가 개인의 문학적 재능, 취향, 지적수준 또한 장르상의 틀을 무너뜨린 중요한 요인이 된다. 예컨대 전형적인 성자전 속에서 성자의 어머니는 신의 성령을 받고 미래의 성자인 아이를 잉태하는 경사스런 꿈을 꾸게 되어 있다. 그러나 『표트르 미트로폴리트 생애전』(12월 21일자 체찌 미네이 속의 축독)과 같은 작품 속에는 이러한 구체적인 태몽은 없다. 단지 성자의 어머니는 해몽을 할 수 없는 신비한 환영을 본다. 어머니의 두 손에는 어린양이 들려 있는데, 양의 뿔 한가운데는 꽃과 열매가 무성한 나무 한 그루가 있고, 그 사이에는 촛불 하나가 진한 향기를 발산하면서 깜박거리고 있다. 어머니는 물론 남편도 이 환영의 의미를 헤아리지 못한다. 그래서 독자들은 잠시 의문에 싸인다. 환영에 대한 해몽, 즉 독자의 의문에 대한 해답은 결국 이야기가 한참 진행된 후에야 그것이 주인공의 출생과 삶에 대한 환영임을 알게 해준다.

문체활용에 재능있는 작가는 한정어법의 기술을 발휘하기도 했다. 어려서부터 성서읽기를 즐긴 미래 성자의 성공적인 삶을 작가는 판에 박은 듯이 서술하는 것이 아니라 '신의 지혜로운 성수를 마신 소년(водами напоен Божия разума, 3월 17일자 독서-『마카리 칼랴진스키 생애전』),' '지혜의 구슬을 얻은 주인공(Бисер разума, 4월 17일자 독서-『조시마 수도원장 생애전』)' 등과 같이 한정어의 정확한 수식을 즐겨 사용한다. 또 하나의 예는, 대개의 성자들은 자신의 죽음을 미리 감지하고 휘하의 수도사들에게 교시를 내리면서 천상으로 갈 준비를 한다. 손수 관을 짜고 스스로 무덤을 판 다음에 신에게 가까이 향하는 길 안내를 꿈을 통해 받는다. 그러나 『성자 닐 스톨벤스키 생애전』에서 성자는 무덤을 손수 파기 전에 미리 관을 짜놓고 매일 관 위에서 울고 주위를 맴돌고 있다. 이는 인간 본래의 심리적인 상태와 죽음에 대한 시적 표현의 부연인 것이다.

카드루보프스키는 고대러시아문학 속에 있는 문학이론적 규칙을 처음으로 지적했는데, 성자전 작가들은 자신의 작품 속에 그 규칙을 의식적으로 준수하고 있었다고 주장한다.[84] 또한 러시아문학의 예술 형식적 변화추이에 관심을 쏟았던 학자로서, 그는 변형된 성자전 속에 당대의 종교적 저명인사들의 사상과 견해가 반영되어 있음을 지적하고 그것의 문학적 가치를 평가했다. 예를 들면 15세기 정교분파운동 때의 닐 소르스키파(비소유파)와 요시프파(소유파)를 반영한 성자전 문헌에는 그 형식면에서 뚜렷한 차이점을 발견할 수 있다. '볼가강 건너의 구교도'인 닐 소르스키파의 성자전은 복음 전도적이면서 교훈적인 성격이 강한 반면, 요시프파의 그것은 종교적 전설, 악마숭배이야기, 종말론적 요소, 기타 위경적인 요소가 지배적이다. 카드루보프스키가 생애전의 예술적 형식에 주력했다면 클류쳅스키는 문학장르로서의 생애전 원칙을 세우는데 특별한 관심을 쏟았다. 그는 러시아 전통 성자전의 구성 자체를 분석하면서 성자전의 생성과 시대별 변화과정, 다양한 생애전 장르간의 연관성 및 각각의 특성 그리고 각각의 제작과정 등에 대한 결론을 얻게 되었다. 이를 위해 클류쳅스키는 특히 생애전의 양식을 연구했고 그 결과 두 시기의 문학사적 변모단계를 규정할 수 있었다. 즉 키예프 루시부터 15세기까지는 자서전적이고도 교회 설교집 형식의 생애전이 중심이 되었고, 15세기부터는 수사학적이고도 세속문학적 경향의 판본이 우세했다는 것이다.[85] 주로 13-14세기 성자전을 연구한 세레브랸스키와 같은 학자는 비잔틴 전통에 대한 러시아 성자전 작가들의 저항 흔적을 증명해 보였다. 과장되고 수사학적인 비잔틴 전통에 순종한 남슬라브식 생애전과 기교나 과장이 없이 사실적인 서술에 충실한 키예프 루시 생애전과의 차이를

84 А. Кадлубовский *Очерк по истории древнерусской литературы Житий Святых (Варшава*, 1902), с. 341., Опульский, указ. соч., с. 32 참조.

85 В. Ключевкий, Древнерусские жития святых как исторический источкик (М., 1911), с. 358-406. Опульский, указ. соч., с. 33에서 재인용.

지적하기도 했다.

변형을 위한 변형이 아니라 당시 키예프 성자전 작가들은 무엇보다도 절대적 고전적 양식, 즉 비잔틴 성자전 양식의 복사판이나 정해진 틀로부터 벗어나고 싶었던 것이다. 다시 말하면 키예프 루시 성자전 작가들은 찬사와 웅변조의 서문, 본문, 에필로그와 같은 구성상의 틀에 얽매이지 않는 자기들만의 독자적인 창작방법을 모색했다는 것이다. 이는 곧 절대 양식의 판박이가 아닌 키예프 루시 성자전이 지닌 미학적 가치인 것이다. 따라서 당대의 성자전 작품들은 규범적인 생애전 장르의 완전한 형식을 갖춘 성자전이라기보다는 생애전적 뿌리를 갖춘 설화 또는 중·단편 소설이라 말할 수 있겠다. 이와 같은 사실을 입증하는 변형모델은 이콘의 원상을 묘사함에 있어 지역적 특성이 강한 것처럼 이미 지방문학적 토양에서 자생되고 있었다. 특히 13-14세기 초에 유행했던 지방공국의 성자전 문학은 성자전 양식의 예술적인 변형이라는 점에서 몇 가지 중요한 특성을 지니고 있다. 첫째는 지방성자전 작가들은 나름대로의 섬세한 문체론적인 감각을 타고났다는 점이다. 이들은 자신의 작품을 통하여 생애전의 기본구성 속에 되도록 많은 산문체적인 세부묘사를 혼합시킬 수 있었다. 이콘이 꿈에 나타나 현시되는 환상이나 그것을 통하여 이루어진 기적에 관한 내용의 신빙성을 독자들에게 확실히 심어주어야 했기 때문이다. 둘째는 그들의 독자인 고향사람들의 관습과 정서에 공감을 주고자 민족전설의 모티브, 역사적인 동향인의 인물, 지형지물의 명칭, 사건사고의 제목과 날짜 등을 생애전 속에 정확히 밝혔다. 셋째는 작가 자신을 포함한 지방민족 다수가 숭상하고 기억하는 자신들의 성자에 대한 찬사를 그들만의 방식대로 서술하되 결코 전통적인 생애전의 양식을 벗어나지 않으려고 노력했다는 것이다. 마지막으로 지방성자전의 독창성이 지닌 의의라면 모든 민중적인 이야기는 그 자체가 곧 생애전이었다는 점이다.[86] 존경받던 민족의 영웅이나 고행자는 죽은 후에 성자로 추존되는 것이 통례이지만, 지방 성자전의 저자나 그 주인공의 숭배자들은 자신들의 주인공이 공식적으로 시성되었는지 성자의 후광을 받을 수 있는 지에 대해서는 관심이 없었다. 그는 모든 동향인들의 정신적인 주인공으로 남아있을 따름이다.

무롬 지방의 생애전 문학을 대표하는 작품은 『표트르와 페브로니야 이야기』(Повесть от жития святых новых дотворцев Петра и Февронии)[87]이다. 민중전설과 신화적 모티브를 바탕으로 쓰여진 이 작품은 마녀 또는 성녀 아니면 여신의 이미지를 풍기는 여주인공 페브로니야의 형상을 시적이고 서정적인 톤으로 강조했다. 때문에 당대는 물론 오늘날까지도 러시아 여성의 지혜와 힘의 상징으로 애독되고 있다. 그러나 이 작품은 마카리 주교가 집대성한 『벨리키 체티미네이』의 목록에는 빠져있다. 여나 지방성자전 문학처럼 『표트르와 페브로니야 이야기』는 서술의 틀이 전통적인 구성형식에서 많이 벗어나 있었기 때문이다. 천지창조와 그리스도의 부활을 말하는 서문과 주인공에 대한 찬미와 기도를 하는 에필로그 부분만 의례적인 틀 맞추기가 되어 있다. 그렇지만 무롬의 이 두 주인공은 16세기에 와서 공식적으로 시성되었고, 실제 두 사람의 형상은 15세기에 이미 이콘화되어 성자로 숭배되어 왔다.

수즈달 지방 생애전으로는 『알렉산드르 네프스키 생애전』(Повесть о житии и о храбрости благоберного и великого князя Невского)을 예로

86 지방 성자전은 거의가 작품의 제목부터 '생애전'이 아닌 '이야기(слово, повести, сказание)'로 표현되고 있다.

87 작품이 쓰여진 시기의 민본 및 개작에 대한 추상이 분분하다. 그중에서 필라레트 대주교의 주장을 바탕으로 원저자는 16세기 사회평론가로서 나중에 수노승이 된 예르몰라이 예라즘이며, 1560년대까지 세 차례에 걸친 필사와 개작의 증거가 입증되었다. 마카리 주교가 '벨리키예 미네이 체티이'의 목록에서 이 작품을 빠뜨린 이유도 이와 같은 판본문제의 애매함 때문일 것이다. Р. П. Дмитриева, *Повесть о Петре и Февронии* (М.: наука, 1979), с ,50 참조

들 수 있다. 전통 성자전 형식을 파괴한 영웅 서사시적 군담형태의 작품으로서, 이 생애전은 마카리 대성자전 전집에 포함되어 있다. 이 작품 역시 서문과 에필로그는 정형의 틀에서 거의 벗어남이 없지만 한 가지 특이한 점은 다른 성자전과는 달리, 저자 자신이 주인공 성자의 삶을 직접 목격했다고 전제한 것이다. 이는 작품의 저자에 관한 연구에 흥미를 끌게 하는 부분이다. 예컨대, 본문 줄거리 마지막 부분에서 바투의 군대를 물리치고 승전한 알렉산드르 대공에게 로마교황은 가톨릭교의 세례를 제안한다. 제안을 거절하고 귀향하는 도중, 병을 얻은 대공은 끝까지 수도원 계율을 지키면서 죽어간다. 당시 대주교였던 키릴과 백성들은 "수즈달의 태양이 졌도다"하고 대성통곡하며 그의 임종을 지켜본다. 주교가 성경책을 대공의 손에 쥐어주려고 하자, 주인공은 산 사람처럼 손을 뻗어 성경책을 받아 쥐었다. 대주교 키릴이 바로 그 목격자였고 실제로 그는 이 작품의 저작에 참여했음이 밝혀져 있다.[88]

『메르쿠리 스몰렌스크 생애전』(Повесть о Меркурии Смоленском)은 위의『알렉산드르 네프스키 생애전』과 같이 바투 한의 침공을 물리친 메르쿠리 시장의 애국심과 무훈을 테마로 한다. 주인공의 형상은 겸손하고 기도를 생활화한 한사람의 공직자로 묘사되지만 자신의 종교적 고행이나 공적에 대해서는 거의 언급이 없다. 15세기 말 공식적인 추앙이 스몰렌스크 지방에서 이루어지면서 주인공에 대한 생애전이 쓰여졌는데, 메르쿠리에 관한 생생한 삶의 기록이 없어 구전을 이용할 수밖에 없었던 작가의 입장에서는 동명이인인 비잔틴의 성자 메르쿠리 케사리스키(Меркурии Кесарийский)의 생애전에서 부족한 부분을 보충할 수밖에 없었다. 주인공의 사후 메르쿠리의 종교적 기

---

88 Д. С. Лихачёв, *История русской литературы X−XVII веков*(М. : просвещение, 1980), с. 173−177에서 부분 발췌.

념일도 메르쿠리 케사르ㅣ스키의 기념일과 같은 날로 제정되었다. 그 밖에 노브고로드와 로스토프 지방의 생애전은 앞에서 언급된 지방성자전 형식과 또 다른 독특함을 지닌다. 특히 노브고르드의 대표적인 생애전 『바를람 후트인스키』, 『요한 노브고로드스키』, 『아르카지 주교』 등은 키예프 루시 시대의 고대러시아문학과 구별되는 노브고로드문학 일반의 스타일처럼 문체적인 엄격함, 기교적이면서도 간결함을 드러내고 있다. 또한 『표트르 오르딘스키 생애전』과 같은 로스토프 지방 성자전은 그 어떤 변형된 성자전보다도 구전민담의 경향을 매우 짙고 상세하게 나타내고 있다.

러시아정교 성자전은 모스크바의 번성과 이반 4세의 집권 그리고 모스크바-제3로마 선포의 기운이 퍼지면서 마치 정교회 성자전의 올림피아드처럼 앞 다투어 공식적인 시성식이 확산된다. 이와 함께 시성된 성자의 업적과 그 내용은 시각적 증거물인 이콘을 통해 부각시켰다. 이에 따라 러시아성자전은 질적, 양적인 변화를 겪는다. 러시아 순교자의 공적을 기리고 후대의 정신적 보고로 삼기 위한 성자전 문학의 질적 기능은 국가의 주요 인물(지역별 순교자와 영웅도 포함)이나, 심지어 추앙받지 못했던 순교자 또는 위대한 종교적 인물들을 새롭게 추존하기 위한 근거가 되었다. 형식의 자유로움과 다양한 변형을 추구했던 러시아적인 성자전은 다시 비잔틴 스타일의 틀로 규격화되고 있었던 것이다. 동방정교회의 총본산임을 인정받기 위해서는 국가나 러시아정교회의 확고한 권위를 나타내야 했기 때문이다. 러시아성자전의 이 같은 예술적 가공(지방 성자전의 조탁행위도 포함)은 수노원이 주도하는 장엄한 교회의식용으로 선전되면서 당시의 성자전 문체는 이름하여 '내용이 빈약한 멋부린 문체(плетение словес)'와 '꾸미지 않은 문체(неукращенное)'로 대별된다. 전자는 비잔틴성자전의 형식을 고수했던 '모스크바적' 또는 '중앙집권적' 문체이며 후

자는 '비 모스크바적이고도 지방색이 강한' 문체였다. 그 예로서 『수도승 조시마와 사바티야 생애전』(Житие святых Зосимы и Саавaтия)을 제자인 도시페이로 하여금 집필하도록 했을 때, 도시페이는 '멋부린 문체'를 거부하고 '꾸미지 않은 문체' 즉 '비 모스크바적인' 문체로 이 성자전을 썼다. 자신에게는 새롭게 유행하는 '멋부린 문체'가 낯설다는 이유였지만, 실제는 벽지수도원 출신의 지역적인 애향심 때문이었다. 그렇지만 결국은 모스크바의 중앙집권 세력에 대항하지 못했던 '꾸미지 않은 문체'는 '멋부린 문체' 속으로 흡수될 수밖에 없었다. 이러한 상황에서 모스크바는 중앙집권국가 체제의 강화를 위하여 새롭게 시성된 러시아 성자의 생애를 포함한 공식적인 대성자전 전집을 집대성하였던 것이다. '공식적'이라 함은 그 당시까지 러시아에서 읽히던 모든 종류의 성자전 작품 중에서 마카리 주교 자신과 편집위원들에 의해 선별되고 교회와 당국으로부터 승인을 받은 작품들을 엄선하여 수록했음을 뜻한다. 중세 러시아의 백과사전이라고 불릴 만큼 책의 볼륨이나 제작기간, 편집예산과 동원된 제작진의 규모 등이 방대하였다. 이에 따라 교회를 장식하거나 예배서의 주제로 사용될 새롭게 묘사되고 복원된 이콘이나 모자이크, 벽화의 숫자도 현저하게 많아졌다. 그러나 이 선집의 근간은 요시프파(소유파) 성자전의 전통이었고, 그로 인하여 많은 생애전 원본들이 정치적 규정에 의해 강제로 삭제되기도 했다. 현대의 러시아문학사가들은 이렇게 반문한다.

> "『벨리키 체티미네이』의 미학적 원칙들이 과연 17세기 성자전의 특징을 완전히 규정했다고 볼 수 있는가?"[89]

89 Д. С. Лихачёв *Г. П.* Макогоненко, *История русской литературы* – Т. 1 (Л.:Наука, 1980), с.246, 248.

전통 성자전 양식의 부활과 개화의 시기는 도래하였지만 고유한 성자전 장르의 문학예술적 변형의 역동성과 미학적 가치의 확대는 잠시 그 흐름을 멈춘 것이다.획일화된 교훈적인 내용은 고위층 성직자나 '멋부린 문체'의 작가들에 의해 지나치게 강조되었고, 반면에 독자들은 성자전의 이와 같은 본래의 기능에 식상해했으며, 동시에 부차적인 것으로 간주해버렸다. 그럼에도 불구하고 러시아 성자전은 성자전에 대한 독자들의 문학예술적 차원의 인식과 함께 그 내용과 형식의 변화를 계속하였다.

그 후 '표트르와 페브로니야 성애전'의 주제와 틀을 닮은 17세기초의 『율리아니아 라자렙스카야 생애전(Повесть о Юлиании Лазаревской)』을 비롯하여 17세기 후반의 러시아정교회 분리파 운동가들의 형상을 그린 『사제장 아바쿰의 생애전(Житие протапопа Аввакума им самим написанное)』[90]과 같은 완전히 새롭게 변형된 형태의 작품들이 장르변형의 마지막 단계를 장식하게 된다. 이러한 단계를 거쳐 온 러시아정교회 성자전 장르는 자체의 고유한 형식의 파괴와 더불어 새로운 러시아문학 장르의 출현에 원동력이 되어 세기말의 세태 풍자문학, 다양한 번역문학, 역사문학 그리고 시와 연극 장르 등으로 그 예술적 기능과 가치의 폭을 넓혀 나갔던 것이다. 러시아정교회 성자전 장르의 문학예술적 가치는 결과적으로 고유한 장르의 판에 박힌 틀의 파괴와 재생을 통한 형식과 문체의 바리앙트라는 점에서 러시아문학 전반에 걸친 미학적 규범의 모태가 되었다는데 있었다. 동시에 이와 같은 성자전의 러시아적 변형은 성자이야기의 합의적인 시삭예술로서의 러시아 정교 이콘의 전형화 과정이기도 하다.

90 쿠스코프는 아바쿰 생애전 장르와 문체에 관하여 언급한 자신의 저서 『История древнерусской литературы』(M.: Высшая школа, 1989), c. 262-266 중에서 그 제목을 일반적으로 통용되는 'Житие'가 아닌 '아바쿰 사제장 자신에 의해 쓰여진 전기,' 즉 'Житие-автография'로 정의하고 있다.

18세기 라지쉐프가 쓴 『표도르 우샤코프의 생애에 관한 회고』, 바를람 샬라모프의 『기술자 키프레옙의 생애』 등의 작품을 비롯하여 19세기 푸쉬킨의 서사시 『수도승』, 사제 표도르의 생애를 주제로 한 게르첸의 『종교적 전설』, 레프 톨스토이의 대부분의 초기작품들, 가르쉰의 『Arree의 오만에 관한 이야기』, 우스펜스키의 농촌 농민소설들, 레스코프의 프롤로그나 파테리크 형식을 적용한 작품들, 그리고 성자로 시성된 주인공의 형상을 과감하게 자신의 창작물로 만든 도스토옙스키의 대표장편들이 모두 이와 같은 성자전 문학장르의 미학적 규범과 그 가치를 정의해주는 증거임과 동시에 전통 러시아정교회 성자전의 문학정신적 유산인 것이다. 이러한 성자전이 지닌 문학예술적 가치는 그 주제와 줄거리를 엮는, 꿈속에 현시되는 원형의 가시화, 즉 이콘 속의 원상을 통해 구현되는 이콘의 담화적 역할이 바탕이 되어 문학적 감동을 더해주기 때문이다.

5 이콘의 문학적 역할

『키예프 동굴수도원 성승전』과 기적창조 이콘

니콜라이 기적성자이콘과 민담

5 이콘의 문학적 역할

카타콤 성화의 이미지가 기독교 역사의 사건을 재현하고 구약의 서사적 장면을 형상화했듯이, 이콘은 성서를 바탕으로 한 교회문학 장르의 주제이자 그 원천이다. 다시 말해 이콘의 주제와 화판위의 표현들은 교회의 예배의식이나 중세 교부문학의 내용과 일치한다는 것이다. 제7차 니케아공의회는 이콘을 단순한 성서 속 삽화의 기능으로 보지 않고 그림으로 설명되는 또 하나의 성서로 인정하면서 이콘과 성서를 상호동반관계의 예배서로 규정하였다: "우리는 변함없이 교회의 전통을 지켜야 한다. ... 우리가 지켜야 할 전통 중의 하나는 성상화도 복음서처럼 설교를 한다는 것이다. ... 하나가 다른 하나에 의해 설명되어질 때 그 하나는 다른 하나에 의해 더욱 명확해지기 때문이다."[91] 기도문과 찬송가 등이 성서와 복음서 텍스트의 언어적 표현인 것처럼, 이콘 또한 성경과 같은 문자텍스트를 입체적으로 해석할 수 있게 하는 삽화적 기능을 지닌 시각적 형상체계(образный строй)라는 것이다.

정교회가 이콘을 또 하나의 성서 텍스트로 규정한 것은 기독교 교

91 Leonid Ouspensky, op. cit., p, 30,

그림 102 찬미이콘

회의 근본인 삼위일체에 관한 논리적 해석을 바탕으로 한다. 성삼위일체의 제2격인 로고스(말, 이성)는 성부의 아들 그리스도이다. 따라서 로고스는 곧 하느님의 말씀이다: "믿음으로 우리는 알 수 있으니, ... 모든 세계가 하느님의 말씀으로 만들어졌음을 ... 그리하여 보이지 않는 것으로부터 보이는 것이 나타났으니.(히브리 11:3)" 이것은 곧 보이지 않는 신의 원상(первообраз)이 이콘을 통하여 가시화되었다는 이콘신학의 본질을 말함이다. 삼위일체 교리는 곧 '성삼위일체' 이콘을 통하여 표상되었고, 이 이콘은 창세기 18장 1절~15절의 서사적인 이야기, 즉 하느님의 말씀을 문학적 형상체계로 기록하고 있는 것이다. 구약의 하느님 말씀이 실현된 신약의 복음서 또한 보다 뚜렷하고 구체적인 이콘의 문학적 틀을 구성한다. 그리스도 탄생, 십자가 책형, 부활, 성모의 수태고지, 사도행전, 기독교의 제의식과 축일, 그리고 다양한 성령의 재림과 기적창조 등과 찬미이콘 같은 신약 속의 주제는 이콘의 문학적 기능을 보다 확대시킨다. 이러한 이콘의 기능을 교회문학의 기본장르와 연관시키면 언행록 또는 생애전 이콘(Житийная икона), 기독교 제의식을 축송하는 찬미이콘(Акафистная икона), 그리고 성령의 현시를 주제로 하는 기적창조 이콘(Чудотворная икона)등으로 구분하여 설명할 수 있다.

일반적으로 생애전 이콘은 화판 중앙에 성자의 형상이 자리하고 그 주위로 작은 클레이모 이콘들이 중심형상의 틀을 만든다. 이콘화가는 성자의 생애 중에서도 중요한 사건들만 선별하여 클레이모 이콘 속에 그려 넣는다. 이렇게 선별된 생애전의 에피소드는 예배의식의 주제가

그림 103 성모의 생애전 이콘

된다. 찬미이콘은 보통 화판 중앙에 성모 또는 성모의 축일 형상이 묘사되고, 그 주위로 콘다크(кондак), 트로파리(тропарь), 이코스(икос)와 같은 교회 제의식의 미사 찬송과 성모 축송의 내용을 담은 클레이모 이콘들이 배열된다. 다윗의 시편과 같은 교회 시문학 장르 중의 하나인 이들 전례의식용 찬미가들은 그림으로서의 '이콘'과 성서의 '말씀,' 즉 이콘과 문학의 필연적인 상호관계를 잘 설명해 준다. 기적창조 이콘 또한 생애전 이콘과 같은 구도로 그려지는데, 그 전형은 〈그림 103, 104〉에서 보듯이 성모이콘의 수많은 기적 현시의 사례와 성 니콜라이와 같이 사후에 시성된 성자들의 기적창조 능력을 테마로 그려진 이콘들이다.

『키예프 동굴수도원 성승전』과 기적창조 이콘

키예프 루시의 정교 세례 이후 성경과 비잔틴 교부문학이 러시아 토양에 맞게 번역 소개되면서, 루시인들은 니콜라이 기적성자, 안토니 대 성자, 요한 즐라토우스트, 그리고 요한 다마스킨과 같은 비잔틴 성자들의 교훈적인 이야기를 처음으로 접하게 되었다. 이러한 성승전(патерик) 번역선집은 전설적인 종교적 일화를 비롯하여 토속신앙적인 이교신화에 관한 내용도 포함하고 있었기 때문에, 당시 러시아 세인들의 관심을 끌기에 충분했다. 뒤이어 창작되고 집대성되기 시작한 러시아 정교의 성승전과 생애전 그리고 교회의 전례서 속에는 이콘에 관한 종교적 설화가 그 자체의 문학적 플롯을 갖추어 가고 있었다. 『키예프 동굴수도원의 성승전』과 러시아정교회의 예배서인 『체티미네이(예배를 위해 날짜별로 작성된 성자의 명부)』와 함께 11세기 후반부터 집대성된 『원초연대기』 속의 내용들은 러시아 이콘의 담화적 기

그림 104 니콜라이 기적성자의 생애전 이콘

능을 보다 폭 넓게 만들고 있다. 앞에서 소개된 키예프 동굴수도원에서 집필된 이 성승전에는 특히 이콘의 기적창조 이야기 플롯이 많이 수록되어 있다.[92] 원초연대기와 키예프 동굴수도원 성승전에 포함된 생애전 가운데 가장 흥미로운 작품은 『보리스와 글렙의 전기(Житие Бориса и Глеба)』와 같은 연대기적 이야기인데, 블라지미르 대공의 아들인 네 형제 공후들의 알력 다툼으로 맏형인 스뱌토폴크에 의해 교묘하게 살해된 두 동생 보리스와 글렙 공후의 비운의 죽음을 테마로 하고 있다. 결국 또 하나의 형제인 야로슬라프(1019~1054) 공후에 의해 스뱌토폴크는 패망하고 키예프 공국의 내분은 일단 평정된다. 야로슬라프 대공은 죽은 후에도 썩지 않고 향기를 발하는 글렙의 시신을 보리스의 주검과 함께 브이쉐고로드의 무덤에 합장한다. 카인과 아벨의 형제살해 모티브가 뚜렷이 반영되고 있는 이 작품은 '천벌을 받을 자' 스뱌토폴크를 카인에 비유했고, 자신의 죽음을 겸손과 사랑으로 받아들인 신심깊은 두 형제를 아벨의 심상에 비유했다. 러시아정교회는 기독교 사상의 본질을 체현한 보리스와 글렙 공후를 사후 러시아 성자

그림 105 성모이콘의 유형들

92 성자전이 군담을 완전한 하나의 작품형식으로 만드는 이야기 플롯은 연대기속에서도 'слово,' 'сказание,' 'повести' 등의 독립된 장르로 수록된다. 리하초프는 이것을 중세러시아문학의 서브텍스트로 기능한다고 말하는데, 예를 들면 『보리스와 글렙의 고행수도성자로서 겪은 고통에 관한 이야기 (Сказание о Борисе и Глебе)』, 『이고리공의 원정이야기(Слово о полку Игореве)』 등을 말한다. Д. С. Лихачев. *Историческая поэтика древнерусской литературы* (СПб, 1997), с. 288 참고.

로 추존하였고, 동시에 두 사람의 형상을 담은 '보리스 · 글렙 이콘'을 러시아 정교를 상징하는 대표적인 성물로 받들게 된다.

『키예프 동굴수도원 성승전』에 포함된 '가장 신성한 블라지미르 성모이콘의 기적창조 이야기(Слово о чудесах Пресвятой Володимирской иконы)'는 복음성자 누가의 성모상이 어떻게 키예프의 유리 돌고루키 공후에게 보내졌고, 그것이 브이쉐고로드 수녀원에서 다시 블라지미르로 옮겨지기까지 성모이콘의 기적능력이 어떻게 계속되어 그 후 모든 성모이콘의 모태가 되었는지를 이야기하고 있다. 블라지미르 성모이콘은 기적이 현시된 장소와 내용에 따라 각각의 명칭과 의미도 다양한 데, 이것은 그러한 성모이콘을 봉헌한 수도원과 사원 그리고 교회의 고유한 이름과 건립의 역사가 되기 때문이다. 예컨대, 카잔스카야(Казанская), 스몰렌스카야(Смоленская), 세미오제르나야(Семиозерная) 성모이콘 등은 지역별 특성을 지닌 성모이콘들이며, 기도하는 성모(Молящаясь, Оранская), 성모승천(Успение), 봉헌(Сретение)의 성모, 자비(Умиление)의 성모, 그리고 오지기트리아(Одигитрия) 성모이콘 등은 성서의 주제나 기적의 내용에 따라 명명된 이콘의 유형들이다.

정교의 교회력에 제정된 이러한 성모이콘 유형은 주로 기적이콘으로 숭상하는 축일, 기도, 찬송 등 260가지의 유형과 860점 이상의 이콘이 있다. 그 전형은 '오란타(Оранта: 기도하는 성모이콘 계열로 주로 어린 예수를 안고 있는 마리아의 형상),' '오지기트리아(Одигитрия: 길을 인도하는 성모이콘, 알림피가 그린 원상이콘은 두 손으로 아기예수를 안고 옥좌에 앉아있는 성모의 형상임),' '엘레우사(Елеуса, Умиленис: 자비로운 성모이콘 계열로 성모의 현현(Знамсние)을 의미하는 다양한 형상으로 사원의 장식을 위해 그려짐),' '파나흐란타(Панахранта: 전능한 은총의 성모이콘 계열로 어린 성자를 안고 옥좌에 앉은 성모

그림 106 오란타 오지기트리야 엘레우사 파나흐란타 아기오소리티사

의 형상에서 성모의 왕관은 존엄과 위대함을 상징함),' '아기오소리티사(Агиосоритисса: 찬미용 '수호의 성모' 이콘 계열로 아기예수가 없는, 주로 예배서나 찬미가에 근거하여 이콘화벽의 기도열에 위치하는 성모축일 성상임)' 이콘 등으로 대별한다.

그리스어로 여행의 길잡이라는 뜻의 '오지기트리야' 성모이콘의 대표적인 기적 현시는 키예프 동굴수도원의 건립을 가능케 했다. 암자수도원에서 고행 수도를 하던 안토니 수도사의 꿈에 성모가 나타나 키예프에 수도원이 세워져야 할 장소를 지정해 주었다. 그리하여 성모는 수도원 건축을 위해 그리스 건축 장인들을 파견하도록 한다. 키예프로 출발하기 전, 콘스탄티노플의 건축가와 이콘화가들의 꿈에 성모가 나타나 키예프의 그곳으로 가는 길을 안내해 주었고, 성모는 그들의 여행길을 축복하는 자신의 이콘을 건네주면서 이렇게 말했다. "나의 성스러운 이콘을 선물하니 그곳의 으뜸성상으로 봉헌토록 하라." 그러나 목적지에 도착한 장인들은 방대하고 험준한 수도원 부지의 규모에 놀라 발길을 돌리고 말았다. 이때 성모이콘이 나타나 그들을 설득하여 안전하게 목적지로 안내하였다. 이들과 함께 수도원 건립을 마친 안토니 페체르스키 수도사는 다음과 같은 헌사를 남기고 있다: "여행의 길잡이이신 영광스런 성모의 성상이 함께 하였으니, 그

대들의 도착에 축복이 있었음이라. …”[93]

『키예프 동굴수도원 성승전』은 수도사들에 의하여 17세기 말까지 계속 증보되어 오늘날 『키예프 동굴수도원의 성승전 전집』으로 남겨져 있다. 진집에는 13세기에 보충된 것으로 보이는 주교 시몬과 수도원 원장 폴리카르프의 왕복서한이 포함되어 있는데, 그 속에는 이콘화가 알림피에 관한 생애전이 소개되고 있다: 알림피가 그리스 장인들과 함께 동굴수도원 교회의 제단 내부를 모자이크로 장식하고 있을 때였다. '가장 성스러운 성모이콘'이 현시되면서 장인들의 눈을 멀게 할 만큼의 눈부신 광채가 발했다. 순간 성모상의 입에서 하얀 비둘기 한 마리가 나왔다. 비둘기는 그리스도 이콘과 성자들의 이콘을 거쳐 이콘화벽 속의 성모이콘 뒤로 모습을 감추었다. 그들이 비둘기를 쫓아 이콘화벽 뒤로 돌아갔을 때, 비둘기는 다시 그리스도 성상의 입속으로 날아 들어가면서 또다시 눈부신 광채를 발산했다. 알림피의 목격담 속에서 "그들의 눈앞에는 갑자기 우리의 성모 동정녀 마리아의 형상이 태양보다 더 밝게 빛나고 있었다. 한 순간 그 빛에 눈을 뜰 수 없었던 그들은 겁에 질려 넘어지고 말았다. … 태양 빛보다 밝아 인간의 시력을 빼앗아 버린 그 빛은 장인들을 또다시 비추고 있었다"[94]는 세밀한 묘사는 '그리스도 현성용 이콘'에 묘사된, 파보르 산상에 비친 하느님의 빛으로 "주님의 얼굴이 마치 태양처럼 빛났고 주님의 옷은 하얗게 그 빛을 반사했다(마태 17:2)"와 다름없는 빛의 묘사이다.

이 성승전에는 러시아문학의 가장 위대한 고전인 『이고리 공후의 원정담』(? 1185)도 포함되어 있었다. 『원초연대기』 속에서도 발견된 이 원정담의 마지막 부분에서 원정을 마치고 귀향길에 오른 이고리

93 Киево Печерский Патерик, *Памятники Литературы Древней Руси XII век* (М., 1980), с. 424.

94 Древнерусские Патерики, *Киево-Печерский Патерик* (М., 1999), с. 172-173 참고.

공후는 키예프 근교 브이쉐고로드에 있는 피로고쉬 수도원의 성모이콘을 찾아 경배한다: "이고리는 보리체프 언덕을 따라 피로고쉬 성모이콘을 향해 말을 달렸다. 온 나라가 기뻐했고 도시민들은 모두 즐거워했다."[95] 작품 속에서 이고리 공후가 찾은 이콘은 12세기 유리 돌고루키 공후에게 전해진 바로 그 '자비의 성모상,' 즉 블라지미르 성모상과 일치한다. 이 성승전은 당시 러시아 이콘화법의 정형화에 관한 사실도 밝히고 있다. 정교회 신자로서 신심깊은 블라지미르 모노마흐(1112~1125) 대공은 이콘화가가 지켜야 할 이콘제작 규범을 만들면서, 키예프 동굴수도원 내 우스펜스키 교회의 '성모승천 이콘'을 전형으로 이콘을 제작하도록 지시하였다. 우스펜스키 교회, 즉 성모승천교회는 하늘로부터 떨어진 불기둥이 땅위에 구덩이를 만든 불가사의한 장면을 어린 시절에 대공 자신이 직접 목격했던 바로 그곳에 세워졌던 것이다.[96]

중세 러시아 교회문학의 산실이자 성승전 장르의 모델이 된 키예프 동굴수도원의 성승전 문학은 이처럼 사원이나 교회의 설립기원, 성자들의 생애전, 신심깊은 대공들의 치세에 관한 역사적 자료, 그리고 고행수도사로서의 이콘화가와 기적창조 이콘에 관한 교훈적 에피소드 등을 집대성하고 있는데, 물론 그 주제와 구성은 비잔틴 정교문학의 파테리크의 전형을 따르고 있다.

95 *Литература древней Руси. хрестоматия*(М.: Высшая школа, 1990), с. 159-160.
96 Древнерусские Патерики, *Киево-Печерский Патерик*. с. 118 참고.

니콜라이 기적성자이콘과 민담

러시아정교회의 관례에 따르면, 신자들이 어느 한 이콘 앞에서 기도할 때, 그 이콘이 다른 이콘보다 더 자주 기적이 일어날 경우, 제한된 의미에서 그 성상을 기적창조 이콘으로 분류하고 있다. 성상학자 발레리 레파힌은 정교의 교회력에 지정된 기적이콘 중에서도 성모의 기적창조 이콘의 숫자만 해도 128개를 넘는다고 말한다.[97] 누가의 성모상에서 비롯된 성모의 예언과 계시가 수많은 유형의 기적을 낳는 성모이콘을 탄생시킨 것이다. 러시아뿐만 아니라, 모든 정교회 국가에서 사랑을 받고 있는 기적창조 이콘에는 스스로 그려진 구세주 성상을 비롯하여 대천사 미하일 이콘, 니콜라이 기적성자 등도 포함된다. 특히 니콜라이 기적성자(Николай Чудотворец) 이콘은 전 세계 모든 정교회 신도는 물론 세인들로부터 가장 많은 사랑을 받아온 성자이콘 중의 하나이다. 그 이유는 대주교 니콜라이는 신의 종복으로서, 세인들의 고난과 운명을 지켜준 수호신으로서, 사후 시성된 성자이며 후세에 남겨진 그의 생애전은 우리 모두에게 훌륭한 귀감이 되기 때문이다.

니콜라이 미르리키스키(3세기 후반~4세기 중반) 성자는 소아시아 미르시의 리키야 지방의 한 기독교 귀족집안에서 태어났다. 유년시절부터 신심 깊은 부모님의 후덕으로 이웃을 위해 많은 선행을 베푼 그의 생애는 한 편의 전형적인 성자전 이야기를 만들고 있다. 성인이 되어서도 니콜라이는 자신의 사재를 털어 가난한 집안의 세 딸을 출가시키는 등 이웃을 위한 사랑을 아끼지 않았다. 그 후 그는 고행수도사

97 기적창조 이콘에 대한 정의와 그 통계는 Валерий Лепахин, *Значение и Предназначение Иконы*(М., 2003), с. 230-231을 참고.

그림 107 기적성자 니콜라이

그림 108 새로운 화풍의 기적성자 니콜라이

로서의 삶을 살던 중 디오클레티안(285~304) 황제의 명을 거역한 죄로 감옥에 유폐되기도 하였다.[98] 신의 종복인 대주교의 직분을 수행하면서 니콜라이 대주교는 고령의 나이로 평온한 죽음을 맞게 된다. 장례 후에도 그의 시신은 썩지 않고 남아 후세를 위해 수많은 기적능력을 현시하였다. 콘스탄티노플의 총대주교가 그를 성자로 추존하였고, 그 후 한 세기가 지나서 니콜라이 대주교의 생애전과 그의 원상 이콘이 발견되었다. 『원초연대기』는 882년 키예프의 올레그 공후에 의해 살해된 아스콜리드 공후의 묘지에 니콜라이 기적성자 교회가 세워졌다고 기록하고 있는데,[99] 지금도 키예프에는 이 교회의 흔적과 함께 아스콜리드의 묘지가 그대로 남아있다. 당시는 이교도였던 아스콜리드와 지르 형제 공후가 비잔틴 원정에서 대패한 원인은 비잔틴 정교도들의 기도 능력 때문이었다는 것인데, 그 후 정교의 세례를 받은

98 В. Крупин, *Русские Святые* (М., 2006), с. 12-22 참조.

99 Николай Чудотворец, *Житие и Чужеса Святителя Николая* (М., 2002), с. 92-93.

아스콜리드는 기적적인 승리의 영광을 뜻하는 '니콜라이(승리자)'라는 세례명을 받게 된다. 연대기는 또한 니콜라이 기적성자이콘이 키예프 루시를 전쟁에서 구한 첫 번째 기적을 이야기하고 있다. 바투 한이 랴잔을 침공하였을 때, 야코프 교회의 사제 예프스타시의 꿈에 니콜라이 기적성자가 나타나 코르순에 있는 자신의 성상을 랴잔으로 옮기도록 계시한다. 예프타시는 많은 위험과 고초를 무릎쓰고 니콜라이 기적성자이콘을 랴잔으로 옮겨 왔고, 이 이콘의 기적능력은 바투의 침공을 물리치고 랴잔을 구하게 되었다.[100] 이 후 니콜라이 기적성자이콘은 이반 4세, 표트르 대제, 그리고 니콜라이 1세로 계승된 러시아 황실의 소중한 성물의 하나가 되었고,[101] 특히 1812년 나폴레옹 군을 격퇴한 조국전쟁의 수호신이 된다. 니콜라이 기적성자이콘이 러시아 땅에서 행한 수많은 기적현시의 유형은 그것이 러시아에 전해지기 전부터 이미 전 세계 모든 지역에서 다양한 형태로 체현된 바와 같은 범주의 유형들이다. 마호메트 교도들과의 전쟁에서 포로가 된 아폰의 사령관을 구출한 것을 비롯하여 바다에 빠진 한 총대주교의 구조, 세르비아의 스테판 왕자의 시력을 찾게 한 일, 타나이스 강에서 침몰하는 선박의 구조, 니콜라이 성상을 훔친 이교도 반달족의 구원, 유죄판결을 받은 무고한 죄인의 변호 등 그의 기적창조 이콘은 국가와 민족의 안위는 물론 모든 세속인의 현실적인 수호신 역할을 해왔던 것이다.

미르리키스키에 묻혀있던 니콜라이 성자의 유해는 니콜라이 성자이콘의 계시에 따라 이탈리아 바리시의 한 수도원 교회 안의 제단에 안치되어 있다. 9세기에 그의 생애전을 보완 집필한 시제 요한은 이

100 Н. К. Гудзий, указ. соч., с. 181-184 참고.

101 당시 러시아 황실은 이콘숭배 전통을 지키면서 수교와 사세난을 대동하고 니콜라이 이콘을 참배하는 순례는 물론 황실의 각종 예배의식과 십자가 행렬을 공식화했다. 현재 모스크바 크렘린 내의 사원은 물론 페테르부르크의 니콜라이 모르스코이(Николай Морской)와 보스크레센스키(Воскресенский) 사원 등 많은 사원과 교회들이 이 이콘에 봉헌된 것들이다. *Русские храмы* (М., Аванта, 2008), с. 39, с. 144 참고.

렇게 증언하고 있다:

> "이 지구상에서 아무리 피폐하고 고립된 땅일지라도 구원을 필요로 하는 곳이라면 그 어느 곳이든 경건한 대주교 니콜라이 성자의 기적과 영광이 미치지 않는 곳이 없다. 그리스 땅을 비롯하여 정교회 국가와 민족들, 다양한 종교를 믿는 동방의 나라들— 그리고 아프리카 지역의 원주민에 이르는 모든 지역이 그 증거가 된다. ... 이탈리아에서도 뒤늦게 니콜라이 기적성자이콘이 찬양받게 되면서 그것을 봉헌하는 교회가 세워졌다."[102]

타민족 출신임에도 불구하고 니콜라이 성자의 이름은 농경시대 러시아의 토속신앙과 정교회가 만났던 10세기부터 농민대중의 민요와 속담의 주제가 되었다. 다음은 '니콜라 축제(5월 9일, 12월 6일)'[103]에서 불리는 농요의 한 부분이다: "두 개의 니콜라가 있으니 하나는 봄의 풀이요 다른 하나는 겨울의 한파라네." "겨울의 니콜라는 말을 들로 몰아내고 봄의 니콜라는 말을 살찌게 먹이네." "바보는 유리(가축의 신)에게 건초를 바라지만 지혜로운 자는 니콜라에게 부탁하지." "힘들어도 니콜라의 날이 올 때까지 기다리자, 슬퍼하지 말고 니콜라를 믿고 살자." 모스크바 공국시대부터 전쟁의 수호신으로 숭상받던 니콜라이 성자는 황실 군대의 초병 교대식을 위한 구호 속에서도 축복받고 있다: 초병은 "성모마리아여 우리를 구원하소서, 모스크바의 기적성자이신 니콜라이시여 저희를 위하여 하느님께 기도해 주소서. ... 키예프 루시에 영광이, 블라지미르에 영광이, 수즈달에 영광이 있기를! ..."라고 외친다.

또한 니콜라이 성자는 노브고로드 브일리나 속의 주인공 사드코에

---

102 Николай Чудотворец, указ. соч., с. 88.

103 '산타크로스(Santa claus)'의 사전적 의미는 Saint Nicholas(성자 니콜라스)의 이름에서 유래된 것으로, 어린아이들을 위한 수호성자라는 의미에서 민담이나 아동문학 속에 등장하는 니콜라이는 '니콜라'라는 애칭으로 호칭되기도 한다.

게도 나타난다: 노브고로드에 사는 신심깊은 부자상인 사드코의 상선이 거친 파도와 모래폭풍으로 침몰 직전에 처했을때, "... 뱃사람들은 니콜라 모자이스키에게 간원한다. 누군가 사드코의 어깨를 건드린다, -어이, 그대 노브고로드의 사드코여! 사드코는 뒤를 돌아보았다. 거기에는 백발의 노인이 서있었는데, 선원들이 니콜라이 기적성자의 이콘앞에 기도하자 백발노인으로 현시된 그가 사드코의 배를 구해준 것이다. 가을 추수를 끝내고 부락민들은 월동준비를 위한 마을기금을 모금한다. 기금의 일부는 교회헌금으로, 일부는 가난하고 병든 이웃을 위해, 나머지는 농사의 수호신으로 모시는 니콜라이 성자를 위한 축제 의식경비로 쓴다. 그 축제의 노래는 이러하다: "니콜라 모자이스키 사원에서 조합원 니콜쉬나와 함께 노브고로드의 농민들은 축제 전날 밤부터 보리맥주를 마시네... 볼가신 양피모자를 쓴 용감하고 착한 젊은이는 머리를 숙여 간절히 청한다네: -이보오 농부님들, 조합원 니콜쉬나를 보게 해주오, 그리하면 나는 당신들게 많은 양피를 선물하겠소..." 용감하고 착한 젊은이는 사드코이며 니콜라이 성자는 농부조합원들의 존경을 받는 '형제 니콜쉬나'라는 애칭으로 모티브화 되어 있다.[104]

니콜라이 기적성자이콘은 고대 비잔틴 성자 이콘화법의 전통을 따르고 있다. 본래부터 이콘에 그려지는 성자는 하느님의 뜻에 따라 시성된 신의 종복이기에 그는 영원한 삶을 부여받았다. 따라서 이콘 속 성자의 영원한 삶에는 그 어떤 움직임도 변함도 묘사될 필요가 없다. 이콘에 묘사된 니콜라이 성자의 가늘고 예리한 오른손 손가락은 어떤 긴장된 무게감도 없이 들려져 있다.(천상의 세계에는 무게가 없기 때

104 미콜라 모자이스키라는 호칭은 당시 노브고로드 일대의 어부들 사이에서 불렸던 노랫말 속 방언의 하나로서, 그들이 받들던 물의 정령 미콜라(Микола)와 니콜라이 성자이콘의 기적이 현시된 모자이스키(Можаиский) 수도원의 명칭을 딴 니콜라이 성자의 별칭이다. *Библиотека Русского Фольклора*, 'садко,' M., 1988, c. 443-444, былины, "детская лит," 1986, c. 111 참조.

문임) 그러나 외부 관찰자를 위해 긋는 가는 손의 성호는 선하고 애정 어린 얼굴 표정과 함께 천상의 권위와 무한한 에너지를 발휘하고 있다. 12세기 말까지 러시아 노브고로드 이콘화풍(〈그림 107〉)은 일반적으로 이와 같은 전통화법에 의해 그려졌으나 나중에는, 〈그림 108〉에서 보는 것처럼, 미르리키스키 대주교로서의 니콜라이 성자의 권위와 기적능력을 강조하는 화풍으로 변하고 있다. 기적의 사례와 역사를 설명해주는 니콜라이 성자의 클레이모 생애전 이콘 또한 그 하나의 예가 된다.

6

러시아 현대 문학 속의 이콘

이콘과 고골의 『초상화』

『초상화』 속의 이콘화가 그리고리

도스토옙스키의 이콘

'온순한 여인'의 이콘

안드레이 페체르스키와 구교도 이콘

『숲에서』와 『산에서』의 구교도들

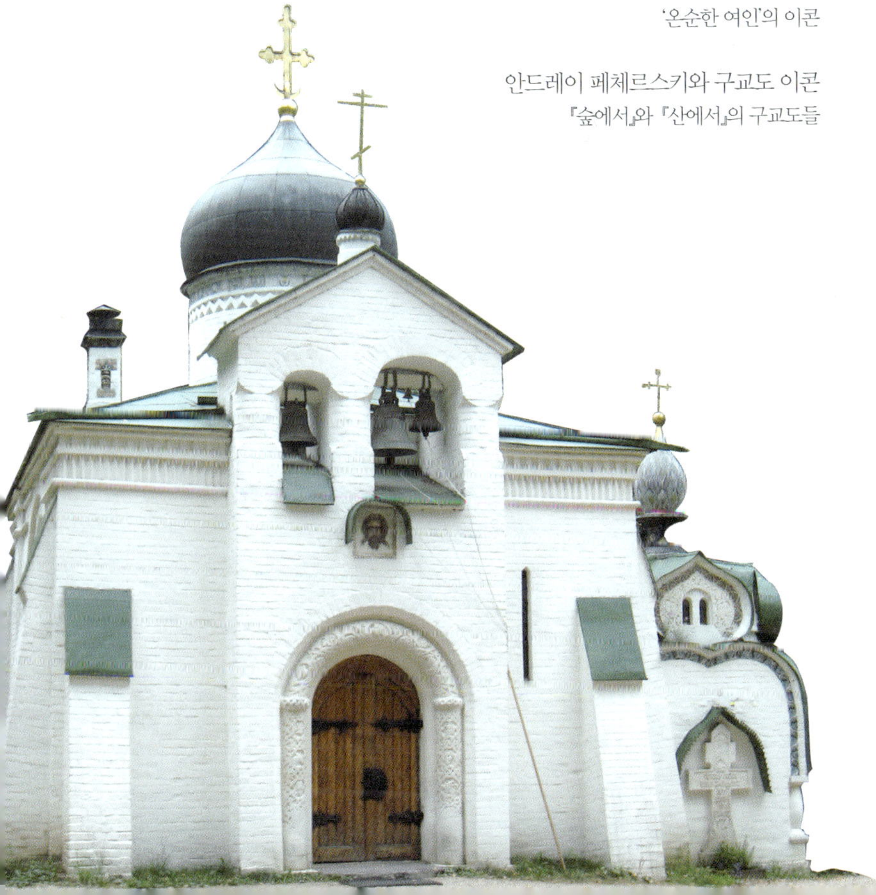

6 러시아 현대문학 속의 이콘

대중의 삶속에 깊히 뿌리내린 이콘은 러시아의 회화 및 건축예술가는 물론 문학예술가들의 세계관 형성과 창작활동에 소중한 재료와 영감이 되었다. 특히 전제정권하에서 억눌린 대중의 목소리를 대변한 19세기 러시아문학은 농노와 소시민, 지주귀족과 황실을 초월하는 기도와 구원의 성물로서의 이콘을 상징적 의미가 강한 작품의 소재로 삼고 있다. 또한 19세기 후반의 황실과 교회는 고대 문화유산으로서의 정교회 사원이나 이콘과 같은 성물들을 복원하고 보조하는데 앞장섰다. 정교회 교구가 지정한 아틀리에나 이콘제작소를 중심으로 이콘 전문가와 고미술품 수집가, 그리고 교리연구 학자들과 문인들이 이 운동의 구심점이 되었다.

단편 『봉인된 천사(1873)』를 통하여 이콘과 같은 당시의 성물모독 풍조를 경고한 레스코프(1831-1895)는 선봉 이콘예술의 보존에 관한 논문을 발표하였으며, 러시아 이콘화파들의 전통성 보존을 위하여 예술아카데미에 이콘 전담부서의 개설을 추진하였다. 또한 작가 신분으로서 그는 박물관의 진본 이콘이나 개인소장 엔티크 이콘을 대중에게 공개하는 전시회를 개최하기도 하였다. 그와 동시대 작가인 멜니코프

(П. А. Мельников, 1818–1883, 필명: 안드레이 페체르스키)는 정교회 신자도 아니면서 민족지학적 측면에서 구교도들의 정교신앙 관습과 이콘숭배사상을 철저히 규명하였다. 정교신앙과 그 정신에 충실했던 도스토옙스키의 세계관 속에는 보다 심오한 이콘의 의미와 철저한 이콘숭배사상이 깔려 있다. 그리하여 도스토옙스키는 작품 속 자신의 주인공들로 하여금 이콘을 통한 속죄와 구원 그리고 부활을 경험하게 한다. 물론 이들보다 앞선 푸쉬킨, 레르몬토프, 그리고 고골의 작품을 통하여 이미 독자들은 집안의 성소(красный угол)를 만드는 선반 위의 이콘[105]과 성물들–성상갑(киот), 천개(оклад), 성병(просфора), 촛대(свечки)와 현수등(лампада), 성유(освященный елей)와 향유(ладан), 성스러운 버드나무 가지(прутки вербы)–에 대한 세부묘사와 서정적이고도 성스러운 러시아인들의 집안 분위기를 느낄 수 있었다. 위의 작가들뿐만 아니라, 고유한 러시아문학의 전통을 이어온 러시아 작가라면 거의 모두가 자신의 창작노트에 항상 이콘이 존재하고 있었다. 다음은 이들 중에서 몇 사람의 작가와 그들의 이콘을 주제로 한 대표적인 작품을 선별하여 소개하였다.

105 집안의 성소(красный угол)는 마태복음(21:13)의 "내 집은 기도의 집으로 인정받으리라... "에서 의미하는 성전(храм)의 연장으로서의 집안의 교회를 뜻한다. 기도와 세례 그리고 성찬식을 하기 위한 성전으로서의 집안 교회는 이콘을 모시는 작은 선반(полочка)과 완전한 형태의 이콘화벽(иконостас)으로 집안 교회의 공간을 만들고, 그 공간 내에서 각종 성물로 장식한 성소를 꾸민다. 성스러운 신의 제단(алтарь)을 속세적인 회중석으로부터 차단키 위해 설치되는 교회의 이콘화벽과 같은 의미다. 성소를 뜻하는 러시아어는, 'красный угол(아름답고 소중한 곳)' 외에도 '상석(передний угол),' '성스러운 곳(святой угол),' '신을 모시는 제단(божница),' '성상함(киот)' 또는 '성상괘(кивот)' 등으로 표현된다. 이콘은 천상의 세계로부터 지상의 속세로 통하는 창문이자 선과 색조로 이루어진 신의 창조물이기에 반드시 선반이나 틀 위에 세워 놓도록 되어 있다. 또한 이 같은 성소는 정교회 교리의 뜻에 맞도록 집안이나 방의 오른쪽 벽과 구석에 위치한다. 이콘화벽으로 차단된 성소의 이콘은 집안의 속된 집기나 TV같은 전자제품과 가까이 있을 수 없다. 그러나 정교회 출판제작국은 컴퓨터는 예외로 하고 있다. 이것은 교회서적의 저자나 제작진들이 집에서 작업을 할 경우, 컴퓨터 곁에 가까이 있는 이콘은 컴퓨터가 정확하고 유익한 신의 말씀을 전파토록 해 주는 한 편, 인간의 손으로 창조된 이 기계야말로 신의 뜻을 알려주는 전달자라는 논리에서 비롯되었다. С. Алексеев, указ. соч., с. 292–294 참고.

이콘과 고골의 『초상화』

독실한 정교회 신자였던 고골은 서양 회화예술에도 조예가 깊었다. 그의 연작 중편 『초상화(1835)』는 고골 특유의 환상소설 틀 속에서 세속적인 초상화와 이콘화의 본질을 대비시킨 작품이다. 이 대비를 통하여 작가는 이콘예술의 가치와 이콘화가가 갖추어야 할 경건한 고행수도사의 정신자세를 일깨워 주고 있다.

화가인 체르트코프는 값싼 판화와 유화를 파는 가게를 찾았다. 체르트코프는 한 초상화 속에 그려진 관상전문가의 강렬한 눈빛에 이끌려 그 초상화를 샀다. 그림을 손에 들고 바라보던 주인공 체르트코프는 소스라치게 놀란다: “날카롭고 독살스러운 미소를 띤 두 눈은 보는 이의 마음을 꿰뚫어 볼 듯한 공포스러운 눈초리였다. 그것은 붓으로 그린 눈이 아니라 살아있는 사람의 눈이었다(T3, c. 229-230).” 그는 초상화를 그대로 버려둔 채 집으로 돌아왔다. 그러나 가게에 있어야 할 그것은 놀랍게도 그의 집 화실 벽에 걸려 있었다. 초상화의 값을 치른 그 순간부터 체르트코프는 이미 악마의 시험에 걸려든 것이다. “때마침 창으로 스며든 달빛에 초상화 속 노인의 무서운 얼굴이 마치 창문으로 얼굴을 내밀 듯 그림의 액자 밖으로 튀어나왔다(c. 232-233).”

『초상화』 제1부의 발단은 이렇게 시작된다. 작품 전체를 통하여 고골은 초상화에 대비되는 이콘은 등장시키지 않고, 이콘화의 구체적인 화법설명도 의미 해석도 서술하지 않는다. 그렇지만 환각상태에 빠진 주인공 화가의 착각이 초상화를 이콘으로 대신하면서부터 이콘이 지닌 화법상의 본질과 그 의미는 이미 표면화되고 있다. 원근법 구도의 서양회화는 감상자의 시각적 효과를 위해 캔버스의 제한된 틀, 즉 액자가 필요하다. 이 액자를 넘어 나온 초상화속의 노인은 마치 창틀 너머로 주인공을 응시하고 있는 듯했다. 그러나 역원근법의 이콘화는 액자가 필요 없다. 비투시적인 역원근법 구도 속에 담긴 이콘의 세계는 이콘을 그린 화가와 이콘 밖의 감상자를 포괄하는 틀이 없는 열린 공간이기에, 이콘 속의 형상은 초상화의 노인처럼 액자를 넘어 나올 필요가 없는 것이다. 전 · 후경, 좌 · 우 대칭 구도에 따라 시공을 초월하는 이콘의 화판 속 형상들은 초상화의 삼차원 공간이 요구하는 찰나적이고 환상적인 움직임이 불필요하다. 이콘이 속세를 향하여 기적을 행할 때 이콘 속 성자는 화판을 벗어나거나 미동의 움직임도 필요 없다. 이미 이콘 속에 비가시적인 천상의 계시가 내재하고 있기 때문이다. 고골이 체르트코프의 환각상태를 통하여 묘사한 초상화의 공포스러운 악마성 속에는 반이콘적인 모티브(анти-иконный мотив)는 물론 화가 체르트코프의 반이콘적인 불경심이 함께 내재되어 있다. 여기서 작가는 화가의 환상적인 착각은 이콘에 '반(反)'한다는 의미보다는 이콘을 '대신'(안티의 본래의 뜻)하고자 했던 화가의 잠재된 의식에서 비롯되었음을 강조한다. 이와 같은 고골의 의도는 소설 2부에 등장하는 제2의 화가 그리고리의 행동에서 재확인된다. 그리고리는 자신이 그리던 초상화를 완성하기 직전에 스스로 불태워 버린다. 그러나 불에 타서 없어진 그 저주스러운 고리대금업자의 초상화는 성소의 이콘을 몰아내고 대신 그 자리를 차지하고 있었다.(c. 260)

1부의 마지막에서 화가로서의 명성과 부를 쫓던 체르트코프는 초상화로 인한 몽환에 빠진 채 결국 광기와 열병으로 죽어 간다. 이콘과 그림의 대비는 소설 2부에서 초상화가에서 이콘화가로 변신한 주인공 그리고리의 정신세계를 통하여 보다 뚜렷해진다. 한 고리대금업자에게 돈을 받고 그의 초상화를 그려준 화가는 체르트코프처럼 초상화의 반이콘적 악마성 때문에 정신적 파멸을 겪는다. 그렇지만 그는 의

지가 굳고 정직한 성품으로 자신의 그림에 남다른 긍지를 가진 유명 화가 중의 한 사람이었다. 그에게는 미술학도인 아들이 하나 있었는데, 작가는 이 아들을 통하여 정신적 갱생과 고행수도사의 길을 걷는 아버지의 새로운 삶의 여정을 우리에게 보여준다. 참회와 삭발례를 치룬 아버지는 그리고리[106]라는 세례명의 수도사가 되었고, 수도원장의 독려로 성모이콘('수호의 성모': Покров Пресвятой Богородицы 이콘으로 추정됨, 〈그림 44〉 계열)을 힘겹게 완성한다. 고골은 화가로서 수도사가 된 그리고리의 성상 제작과정에서 이콘화가가 지녀야 할 정진과 겸손의 자세를 특히 강조하고 있는데, 이는 정교회 교회에 충실했던 작가 자신의 전기적 삶과 무관하지 않다. 니콜라이 바실리예비치 고골의 이름 '니콜라이'는 독실한 정교회 신자였던 어머니가 고골을 잉태하고 성모이콘 앞에서 기도로 서약하고 얻은 이름이다. 그 후 고골은 니콜라이 기적성자이콘을 늘 몸에 지니고 다녔다고 한다. 또한 고골의 생애 속에는 수도원이 큰 비중을 차지한다. 『초상화』 속의 그리고리처럼 고골은 기도와 참회를 위해 수도원과 사원의 교회를 자주 찾으면서 그곳의 수도사제들과도 친분을 쌓았다. 특히 자신과의 약속인 3부작 소설 『죽은 혼』을 완성하지 못하고 작가로서의 정신적 갈등과 고통을 겪던 고골은 몇 차례에 걸쳐 수도사의 길을 걷고자 결심한 바 있다.[107] 이와 같은 종교적 세계관을 지닌 작가 고골은 작품 속 수도사 그리고리로 하여금 자신을 '이콘과 동격화(иконичность)'시킨다는 정신적 목표를 달성하게 한다. 다시 말하면, 자신의 마음 속에 남아 있는 반이콘적 악마성을 깨끗이 지우고 자신

106 작품 속에서 고골이 설정한 화가이자 고행수도사인 그리고리는 러시아 이콘화의 시조인 알림피(혹은 알립피) 수도사와 동료였던 키예프 동굴수도원의 이콘화가 그리고리 페체르스키Григорий Печерский(11~12세기)의 이름에서 비롯된 것이다.

107 고골의 종교적 세계관과 전기적 삶은『친구들과의 왕복편지(Выбранные места из переписки с друзьями 1847)』 속에 포함된 자신의 수상록 형태의 글 속에서 구체화되고 있다. Н. В. Гоголь, *Собрание сочинение в восьми томах*, Т. 7 (М., 1984), с. 181-383 참고.

을 새로운 인간으로 변용시킴으로써 원죄(악마성)로 더렵혀진 '신과 닮음'을 되찾는 성스러운 형상의 이콘을 제작할 수 있다는 것이다.

진정한 이콘화가로서의 면모를 갖춘 수도사 그리고리는 소설 2부에서 예언자의 모습을 보인다. 그는 아들에게 "20년 후 자신이 그린 초상화가 값진 고미술품으로 인정받는 그 순간 그것의 악마적인 괴력은 힘을 잃고 그 형체마저 없어질 것이다"고 예언하였다. 소설의 대단원에서는 한 고미술품 경매장의 장면이 묘사되고 있다. 아버지의 옛 초상화 작품에 매료된 구매자들과 아들의 목전에서, 한 순간 초상화의 캔버스가 텅 비고 말았다: "강판 위로 내뿜은 입김이 흔적 없이 사라지듯 무언가 희미한 흔적만이 캔버스에 어른거리고 있었다.(270)" 그리고리의 예언을 통하여 고골은 초상화의 부재는 곧 악의 부재임을 말하고 있다. 악마는 우리의 생각, 우리의 행동, 나아가서 초상화가의 영감 속으로 파고들었다. 체르트코프의 초상화나 그리고리의 초상화와 같이 그 실체도 본성도 없는 반이콘적 형체는 액자 없는 성스러운 이콘의 화판을 대신하고자 한 악마성이었다.

『로마 Рим』[108]속에서 고골의 화자는 로마의 거리를 걷는 한 이탈리아 노 공작의 상념을 통하여, "...사원으로부터 이콘을 치워버린다면 이미 그것은 사원이 아니다. 박쥐나 악령들이 그곳에 살게 되니까"[109] 라고 말한다. 실제로, 서양 조형예술에 관심이 많았던 고골은 전 르네상스 시대의 베네치아 화파와 전성기 르네상스의 예술유산을 간직한 로마를 자신의 정신적 안식처로 삼았었다. 그렇지만 고골은 로마의

108 '오트리보크' 라는 부제로 1842년 잡지 『모스크비차닌』에 발표된 작품. 악사코프와 포고진의 요청에 따라 『꽃을 든 마돈나』라는 제목의 장편을 완성하기로 했던 고골은 장편의 일부라는 뜻에서 제목을 『Рим −отрывок−』이라고 하였음, 꽃을 든 마돈나는 『Рим』 속의 여 주인공 이탈리아 알바노 지방 출신의 여인 안눈찌아따의 아름다운 형상으로 만들어진 것임.

109 "Иконы вынесли из храма и храм уже не храм; летучие мыши и злые духи обитают в нем," Н. В. Гоголь, *Собрание сочинений в восьми томах,* т. 3 (М., 1984), с. 203. 사원, 박쥐, 악령의 모티브는 중편 『Вий』 속에서 더럽혀진 사원에 출몰한 요괴 비이와 그가 조종하는 요녀들이 주인공 호마 부르트의 숨통을 끊는 장면에서 재현되고 있다.

고풍스런 화려함(치마부에, 라파엘로, 티치아노프, 미켈란젤로의 화필)이 유행을 좇는 19세기 조형예술의 저속한 화사함(보석상, 양화점, 살롱과 같은 상업적 건물과 냉담한 거리풍경)에 퇴색되는 듯한 느낌을 받는다. 그럼에도 불구하고 작가는, 변함없이 화려하고 웅장한 자태의 교회와 즐비하게 늘어선 전통적인 화랑들이 풍기는 고대예술의 정신적인 미를 신뢰하면서, 이콘이 없는 사원을 상상할 수 없듯이, 저급한 유행 때문에 고유한 전통미를 결코 해칠 수 없는 로마임을 비유적으로 확인하고 있다. 동시에 이 짧은 인용글 속에는 이콘과 사원에 대한 고골의 잠재된 작가의식, 즉 예배적 기능으로서의 이콘과 성스러운 사원과의 관계, 그리고 세속적인 회화예술과 이콘과의 본체론적 대비의식이 투영되고 있다. 물론, 이와 같은 고골의 의식은 앞에서 언급된 멜니코프-페체르스키, 도스토옙스키 그리고 레스코프로 계승된 러시아 현대문학과 사회평론적 작품의 공통된 주제이긴 하지만, 서양회화와 이콘예술의 대비는 작가의 중편『초상화』에서 특히 구체화되고 있다. 작품 속의 서브텍스트화된 이콘과 초상화의 대비는『백치』에서 로고진의 집에 걸린 한스 홀바인의 그림『책형과 그리스도의 죽음』에 대한 도스토옙스키의 반이콘적 서양회화의 묘사를 통하여 다시 확인된다.

두개의 판본으로 출판된『초상화』[110]에는 이콘예술에 대한 직접적인 화법상의 설명이나 의미해석도 특별히 없다. 서양화술로 그려진 초상화와 그것을 그리고 감상하는 화가의 예술적 정신세계의 역동성을 반

110 『아라베스키』판본의『초상화』로 불리는 초판은 발표(1835년) 즉시 벨린스키의 혹독한 비판을 받는다: "환상소설을 쓰고자 했던 고골이 실패작이다... 소설의 제1부는 열중하지 않으면 읽을 수가 없고 제2부는 읽을 가치도 없다. 고골의 원래 모습을 전혀 찾아볼 수 없기 때문이다..." 7년 후 고골은『현대인』지에 원고를 보내면서 "나는 로마에 머물면서 이것을 거의 새로 쓰다시피 하여 개작했습니다. 그러나 놀라지 마십시오. 이『초상화』는 이전 작품의 캔버스를 그대로 가지고 있답니다." Там же, с. 323~324 참조. 본 논문에서는 이 책에 수록된 초판『Портрет－редакция Арабесок』을 기본 텍스트로 분석하였음.

영하는 데 그 초점이 맞추어지고 있다. 그러나 소설의 후반인 제2부의 대단원에서 작가는 이콘의 본질과 이콘화가의 정신세계 그리고 초상화에 대한 이콘의 승리를 인지시킨다.

이콘을 바라보는 고골의 초점은 이콘의 얼굴(Лик)과 그것의 표정 느낌을 결정하는 눈과 시선(Очи и Зрение)에 있다. "이 모든 것(르네상스 후기의 이탈리아 회화)은 우리의 비잔틴적인 것과는 비교할 수 없다. 비잔틴 회화는 채색과 무관하다. 모든 것은 단지 표정과 느낌 속에 있다"[111]와 같은 고골의 지적은『초상화』의 주인공 화가 체르트코프를 통하여 조명된다. 부와 명성을 얻게 된 체르트코프는 전람회에 초대를 받는다. 이탈리아에서 보내온 한 그림을 보는 순간 그는 이렇게 감탄한다. ".... 순결하고 아름다운 처녀의 모습처럼 신선하구나. 눈썹은 수줍게 내려깔고 있지만 타는 듯한 시선이 놀랍다. 신의 아름다운 형상 그 자체로다. 누구에게도 말로 설명할 수 없는 영혼의 비밀스런 현현이다. 화가의 일순간의 사고를 통하여 떠오른 찰나적인 영감의 산물인 듯하다. ..." (T.3. c. 245~246)[112]그러나 작가는 제1부의 도입부에서 아직 무명화가 시절의 체르트코프로 하여금 이와 상반되는 초상화의 강렬한 인상을 표현하게 하고 있다. 대중적인 값싼 판화와 유화를 파는 가게에서 체르트코프는 관상전문가의 초상 속에 그려진 두 눈의 강한 시선에 이끌렸다. 값을 치루고 그림을 집어 든 순간 주인공은 소스라치게 놀란다. "얼굴 표정은 예리하고 독살스러운 미소를 머금고 있는 듯했지만, 두 눈은 사람의 마음을 꿰뚫어 보고 있었다. 보는 사람을 공포에 떨게 했다; 그것은 그려진 눈이 아니라 살아 있는 사람의 눈이었다."(т. з. с. 229-230) 놀란 체르트코프가 초상화

---

111 Н. В. Гоголь, *Собрание сочинений в восьми томах*, Т.3/4 (М., 1994), с. 493 ; Валерий Леиахин, *Значение и предназначение Иконы* (М., 2003), с. 337에서 재인용.

112 이탈리아에서 보내온 그림과 그림의 화가는 고골이 로마에서 매료되었던 화가 이바노프의 작품을 모티브로 하였음.

를 가게에 버려둔 채 집으로 돌아오자, 가게에 있어야 할 그 초상화는 어느새 그의 화실 벽에 걸려있었다. 초상화의 초자연적인 두 눈에 혼을 빼앗긴 그가 주머니를 다 털어서 그림을 샀을 때 이미 화가는 악마의 유혹에 걸려든 것이다. 벽에 걸려있는 초상화 속 노인의 시선은 때마침 창으로 스며든 달빛에 더욱 무섭고 생생하게 빛나고 있었다. "... 노인의 무서운 얼굴이 액자 밖으로 튀어 나왔다. 마치 창문으로 얼굴을 내밀고 있는 것같았다."(т. з. с. 232-233) 고골은 초상화의 강렬한 두 눈의 시선을 통하여 생리학적 공포의 감정을 일으키는 회화예술과 그 화필에 서린 화가의 욕망을 반미학적이고 혐오스러운 악마주의로 묘사하고 있는 것이다. 고골이 특히 중시했던 이콘 속 성자의 얼굴과 눈의 표정[113]은 이와 같이 서로 다른 화가가 그린 두 개의 초상화를 통하여 은밀하게 대비되고 있다. 실제로 작품 속에서 작가가 구체적으로 묘사한 이콘은 없다. 그림을 그린 화가의 욕망과 감상자의 세속적인 시각에 의해 초상화는 반이콘적 악마성을 들어낸 것이다. 부와 명성을 쫒던 젊은 화가 체르트코프는 초상화의 기괴한 생리학적 공포로 인하여 환상과 몽환에 허덕이며 결국 죽음에 이른다. 그러나 이콘 속에 묘사되어진 성자는 자신의 형상을 통하여 영적으로 실재한다. 천국의 왕좌에 오른 성자의 육신은 변용되었기에 이콘 속 형상의 모든 육체적인 것, 생리학적인 것은 무의미한 것이다.

『초상화』 속에서 초상화의 반이콘적 모티브[114]는 서양화의 선 원근법

113 고골은 비잔틴 회화의 우월성을 밝히면서 이렇게 덧붙이고 있다; "성자들의 아름다운 천상의 얼굴(небосный лик)은 얼마나 많은 신학적 체계와 조형예술적 페이지를 메꾸어 주었던가, 참된 시적 찬미가 얼마나 이 얼굴들을 찬송했던가. 그리하여 얼마나 많은 신의 계시가 이들을 통해 현현되었던가. ... 사람들을 그들의 얼굴에 기도와 참회로 매달리게 한다. 믿는 자의 신심은 화려한 성상의 천개(оклад)에만 시선을 멈추게 하지 않는다. 그 천개를 꿰뚫고 성상의 얼굴을 향해 기도와 경건함으로 고개를 숙인다. ..." Лепахин, указ. соч., с. 336에서 재인용.

114 고골이 작품 속에서 반영한 '반이콘적 모티브'는 초상화의 악마성을 성스러운 이콘과 직선적으로 대비하기 위한 것만이 아니다. 그리스어로 '안티'의 첫째 뜻은 '대신에'이다. 『초상화』 제2부에서 이콘이 있어야 할 성소에 초상화가 걸려 있었다. 환각 상태에 빠진 체르트코프의 착각이 초상화를 이콘으로 대치시키고자 했던것이다.

과 이콘의 역원근법이라는 화법상의 대조를 통하여 구체화된다.

"Он видел, как поверхность старика отделялись и сходила с портрета, так же как снимается с кипящей жидкости верняя пена, подымалась на воздух и неслась к нему ближе и ближе, наконец к самой его кровати." (т. з. с. 234)

체르트코프가 초상화로부터 노인의 형체가 어떻게 분리되어 내려오고 있는가를 본 장면이다. (두번째 판본에서 "노인은 몸을 부르르 떨더니 ... 두 손으로 액자의 틀을 움켜쥐었다. 그리고 두 발을 밖으로 내밀고 액자로부터 뛰어나왔다"고 묘사되어 있음) 원근법 구도로 그려지는 서양회화는 캔버스 속에 감상자의 시각적 효과를 극대화하기 위하여 제한된 경계의 틀(рамка), 즉 액자를 필요로 한다.[115] 초상화에서 분리된 노인은 액자를 넘어 밖으로 나와 마치 작은 창문을 통해 들여다보듯 액자를 통하여 주인공을 바라보고 있었다. 그러나 역원근법으로 그려지는 이콘은 액자가 필요 없다. 공포로 인해 환각에 빠진 주인공은 이 초상화를 틀이 없는 이콘으로 간주했던 것이다. 아니, 그 순간 화가로서의 자신은 초상화를 이콘으로 대신[116]하고자 했던 것이다. 서양회화처럼 이콘 또한 2차원 공간, 즉 캔버스의 평면 위에 그려진다. 그러나 회화에서 묘사되어야 하는 원근법적 3차원 공간(입체감)은, 이콘의 경우, 틀이 없는 이콘화판의 가장자리에서 다시 다

115 이와 같은 그림에서 액자의 역할은 "만일 그림이 그림 속 내부 관찰자의 시각에서 그려질 때 전혀 달라진다. 이는 정반대의 시각적 전환을 말함인데, 이러한 이유로 고대회화는 틀이 필요 없었다. 고대회화는 시각전환에 따른 뒤바뀐 구도 속에서 공간이 결정되면 앞 그림(передний план) 자체는 자연히 그림의 틀을 형성하게 되는 것이다." Успенский, указ. соч., с. 179~180 참조.

116 고골이 의도한 '대신,' 즉 반이콘적 모티브는 2부에 등장하는 제2의 화가 그리고리 자신이 이미 불태워 없앤 저주스러운 페트로 미하일(고리대금업자)의 초상화가 성서의 이콘을 몰아내고 대신 그 자리를 차지하고 있었을 때 (т. з. с. 260) 다시 확인된다. 이것은 성상을 그리기로 결심한 화가 자신이 이콘에 대해 아직도 불경스러운 정신 자세를 가지고 있음을 비유한 것이다.

른 공간, 즉 구세주, 성모, 그리고 성자들의 천상의 세계 속으로 연결된다. 다시 말해 비투시적인 역원근법에 담긴 세계는 이콘화가를 포함한 이콘 밖의 감상자들을 포괄하는 열려진 공간인 것이다. 때문에 이콘 속의 형상은 액자로부터 분리되거나 틀을 넘어 나올 필요가 없다. 기적창조 이콘 속의 성자가 속세를 위한 능력을 행할 때 이콘 속에서 나올 필요가 없듯이, 기적의 현현은 이미 이콘 속에 계시되어 있다. 여기서 고골은, 체르트코프가 품었던 반이콘적 의도, 즉 초상화를 이콘으로 대신하고 싶은 생각 그 자체가 모순이며, 이러한 모순은 이콘에 대한 젊은 화가 체르트코프의 무지에서 비롯됨을 암시하고 있는 것이다.

초상화가 지닌 또 하나의 화법상의 반이콘적 특징은 앞 장에서 언급된 이콘의 전 · 후경구도, 좌 · 우 대칭구도와의 비교에서 나타난다. 초상화 속 형상의 물리학적 움직임은 서양회화술의 선 원근법에 따라 찰나적인 시점의 포착에서 비롯된다. 캔버스에 묘사된 형상의 사실적인 존재, 즉 가시적인 윤곽은 환상적인 3차원 공간 속에서 한순간 몸을 움직일 수도 있고 창문을 통해 나오듯이 감상자를 향하여 걸어 나올 수 있다.[117] 그러나 액자의 틀을 초월하는 이콘 속 형상의 움직임은 상하, 좌우, 앞과 뒤로 시간과 공간적 이동을 함께 하기 때문에 초상화에서처럼 환상적이고도 찰나적인 움직임이 불필요하다. 이와 같은 형상들의 물리학적 움직임은 감상자를 향한 이콘의 현실 세계로의 움직임이며 정신적인 움직임은 천상으로의 이동인 것이다.

117 사실주의 초상화 예술의 이같은 환상성(미망성)에 대하여는 И. Глазунов(1930~)의 언급이 흥미롭다. 도스토옙스키, 멜니코프 – 페체르스키, 톨스토이의 작품 주제에 대한 삽화나 그래픽으로 유명한 그는 "미인의 초상화는 액자 속에 갇혀 있는 것이 아니라 여자들의 머리 수건이나 사라판으로 치장된 농가의 장눈 틀 속에 갇혀있다"고 말하고 있다. В. Лепахин, *Икона в русской художественной литературе* (М., 2002), с. 177의 각주 참조.

『초상화』 속의 이콘화가 그리고리

작품 속에서 이콘과 그림의 대비는 이콘화가(иконописец: 2부의 수도사 그리고리)와 초상화가(живописец: 2부의 수도사가 되기 전의 그리고리)의 정신세계를 통하여 뚜렷해진다. 고골은 1부의 주인공 체르트코프를 초상화로 인한 광기와 열병으로 죽게 만들었다. "그의 시체는 무서웠다. 그 많던 재산은 흔적도 없이 사라지고 말았다."(т. 3. с. 249) 그리고 2부에서 작가는 제2의 화가를 만들어 체르트코프에서처럼 또 하나의 초상화를 통해 악마의 유혹을 시험하게 한다. 이 화가의 아들은 아버지의 모습을 이렇게 회고하고 있다; "아버지는 교육을 받지 않으셨지만 타고난 화가의 재능을 지닌 분이셨습니다. ... 흔치 않은 화가셨지요. 오로지 러시아만이 만들어 낼 수 있는 기적 중의 하나이셨습니다. ..."(т. 3, с. 110)

실제로 그는 어느 정도의 부와 명성을 누렸던 화가였다. 그러나 그의 성품은 정직했고 의지가 굳은 사람이었다. 자신의 그림에 남다른 긍지와 자부심도 가지고 있었다. 평소에 그는 아들에게 "나는 내 그림을 거실 같은 곳에 걸지 않겠다. 교회에 걸겠다. 나를 이해하는 사람은 고맙게 생각할 것이고 그렇지 않은 사람일지라도 기도는 하겠지. ... 내 그림을 이해하지 못한다고 해서 하나님 앞에서 그 사람들을 원망하고 싶지는 않다." (т. з. с.111) 화가는 결국 거실과 교회, 박물관과 사원을 사이에 두고 자신이 앞으로 그릴 그림을 선택해야 할 순간이 왔고, 아들의 말처럼, 그는 한 교구의 교회를 위하여 이콘화벽을 그리게 된다. 화가는 아들과 작별(아들은 미술학교에 입학한다)하고 자신은 수도원으로 향한다. 그리고리라는 이름으로 삭발례를 치룬 그는 고행수도사로서의 삶에 정진한다. 고골은 이 부분에서 수도사가 된 화가의 참회와 겸손을 특히 강조하고 있다.[118] 그리고리의 재능을 알

118 『초상화』에서처럼 고골의 전기적 삶 속에서 예술작품과 수도원 생활은 밀접하게 연관되어 있다.

게 된 수도원장은 그에게 이콘 제작을 부탁한다. 그러나 그리고리는 겸손하게 거절한다. 1부의 체르트코프에게서와 같이 화가 자신이 그렸던 고리대금업자의 초상이 여전히 그를 뒤쫓고 있었던 것이다. 그는 아직 성스러운 이콘 제작에 착수할 만큼 자신의 죄를 정화시키지 못하고 있었다.

자신의 화필은 이미 더럽혀졌기 때문에 이콘을 위해 붓을 들 수 없다. 그리스도의 정신적 삶을 경험한 자만이 이콘을 그릴 수 있기 때문에 나 자신의 악마성에 물든 영혼을 정화시켜야 한다. 고골은 후에 『왕복편지』 속의 「역사화가 이바노프」 장에서 이콘화가의 정신적 가치를 이렇게 설명하고 있다;

> "... 예술가로서의 자신의 마음속에 그리스도를 향한 진실한 귀의(обращение)가 없는 한 화가는 화폭 위에 성상을 표현할 수 없는 것입니다. 이바노프는 신의 강림을 하나님께 기도했고 계시의 뜻을 수행할 능력을 주시도록 신께 간원하면서 조용히 눈물을 흘렸지요. 그러나 이때 사람들은 그림을 그리기에 앞서 그의 이와 같은 느린 행동을 비난하면서 그를 재촉하기까지 했답니다! ... 그는 비기독교인들도 자기의 그림을 보고 감동하여 그리스도에로의 귀의를 결심할 수 있는 그런 영감을 받고자 했을 것입니다. ..." [119]

수도사로서의 화가 그리고리의 목표는 자신을 이콘화(иконичность)시키는 것, 죄로 더럽혀진 마음속의 형상을 말끔히 지우는 것, 자신을 다른 인간으로 변용시키는 것, 즉 수도사가 되는 것이다. 그리하면,

---

『Выбранные места из переписки с друзьями, 1847』의 глава XX을 비롯한 몇 개의 장에서 보듯이 40년대 자신의 삶 중에서 작가는 몇 차례씩 수도원 행을 결심한 바 있고, 수도사제들과의 개인적인 대화는 물론 기도와 참회를 위해 수도원과 사원의 교회를 자주 찾곤 했다. Н. В. Гоголь, *Собрание сочинение в восьми томах*, т. 7 (М., 1984), с. 181~383 참조.

119 같은 책, с. 301. 「역사화가 이바노프」 장은 고골이 로마에서 친구인 화가 А. Иванов에 대한 인상기를 М. Ю. Вьельгорский에게 보낸 편지임.

원죄로 인해 상실된 신과의 닮음을 되찾은 성자의 모습, 즉 살아있는 신의 이콘을 그릴 수 있다는 것이다.

몇 년 후 수도원을 찾아 아버지를 만난 아들은 아버지의 모습을 이렇게 묘사한다; "창백하고 지친 듯한 얼굴에서 그 어떤 속세의 느낌도 특징도 없는 아버지를 보았습니다. 하늘을 편안히 바라보는 아버지의 두 눈은 신비한 빛이 그윽한 현자의 표정이었습니다. 한 순간 화가의 영감을 불러일으킬 수 있는 그런 시선이었습니다. 마치 화가의 붓 끝이 기도하는 자를 바라보는 성자의 모습을 화폭에 옮겨놓은 것처럼 아버지는 제 앞에 앉아계셨지요. ..."(т. з. с. 264) 『초상화』의 두 번째 판본에서는 그리고리의 모습이 더 자세하게 세부묘사되고 있는데, 이것은 성자전 속의 성자의 생애와 형상묘사의 전형과 다를 바 없으며 고골이 의도한 바, 성자전적 내용과 형식을 따르며 특별히 강조한 제2부의 구성인 것이다. 고골이 2부의 주인공인 화가에게 '그리고리'(Григорий)라는 삭발예명을 뒤늦게 붙여준 것 또한 이와 다를 바 없다. 원래 그리고리의 사전적 의미는 보드르스트부유쉬(бодрствующий), 즉 금욕주의를 상징하는 '철야기도를 드리는 사람'을 뜻한다.[120]

그리고리는 마침내 성모 마리아의 형상(『수호의 성모: Покров Пресвятой Богородицы』 이콘으로 판단)을 그리기 시작했고 꿈을 통하여 신의 계시를 받으면서 성모이콘을 완성한다. 그는 아들에게 이렇게 말 한다; "꿈에 내 앞에 서 있었지. ... 가장 신성한 성처녀의 얼굴이었다. 그래서 나는 나의 정진과 기도의 보상으로 깨달음을 얻게

120 주인공 그리고리(Григорий)의 삭발예명은 키예프 동굴수도원의 수도사 화가였던 그리고리 페체르스키(Григорий Печерский)(11~12세기)를 연상하게 한다. 그는 러시아정교회 이콘화가의 시조로 불리는 알림피 수도사와 함께 당대 수공예 예술의 거장이다. 두 사람은 14~15세기 안드레이 루블료프와 다니일 초르느이 사이처럼 서로 경쟁하는 동료 이콘화가였고 사후에 나란히 성자로 시성되었다.

되었지. 초자연적인 초상화의 악마성은 결코 영원히 존재하지 않는다는 것을 말이야." (т. 3, с. 266-267) 기괴한 고리대금업자의 초상은 더 이상 그를 찾지 않았고 이제 그는 이콘화가로 거듭난 것이었다.

이콘화가 그리고리의 예언자적 모습을 통하여 작가는 이콘을 대신하고자 했던 초상화의 반이콘적 악마성의 실체를 벗긴다. 이콘을 완성한 그의 모습에서 성자의 전형적 특징이 나타나고 있었다. 화가는 누군가 20년 후에 그 초상화의 내력을 진지하게 설명하게 될 순간이 오면, 그때 초상화의 괴력은 힘을 잃고 먼지처럼 흩어져 살아지게 될 것이라고 아들에게 유언처럼 예언한다.(두 번째 판본에서는 아들이 초상화를 발견하는 시점을 15년 후로 예언하였다.) 또한 아버지는 아들에게 사도 요한이 계시했던 적그리스도의 빠른 도래를 주지시킨다. 부정한 거래를 맺은 인간은 인간의 탈을 쓰고 나타난 악마에게 창문을 열어주었고(체르트코프가 초상화를 사기 위해 가게에서 한 거래, 그리고리가 고리대금업자의 주문대로 돈을 받고 초상화를 그려준 것) 그때 악은 자신의 추악한 모습을 감추고 형체(образие)를 갖기 위해 이콘화되고자 한다. 그리하여 악마는 우리의 하는 일, 우리의 사고, 그리고 화가의 영감 속으로까지 침투하게 된다는 것이다. 따라서 고골은 체르트코프를 파멸하게 한 것은 악마 그 자체가 아니라 화가의 정신속에 침투한 악마성이 담긴 그의 작품이었음을 주지시키고 있다. 그리고리가 그렸던 초상화도 마찬가지이다. 고리대금업자 페트로 미하일은 실제로 악마와 같은 모습으로 소설 속에 등장했지만, 이미 그는 화가의 붓으로 그려진 작품에 불과하다. 이와 같이 초상화가 지닌 반이콘적 본성은 실체도 독자성도 없이 선한 이콘의 형체를 대신하고자 하는 악마성이다. 나아가서 정교회 교리의 근본사상이 의미하는 바, 이와 같은 악의 실체는 곧 부재인 것이다. 초상화 속의 악마를 쫓기 위해서는 체르트코프처럼 나약힘을 들어내서는 안된다. 악한 것은 악하다고, 추한 것은 추하다고, 그 정체를 밝히고 지적해야 한다. 고미술품 경매장에서 아버지의 초상화 작품에 매료된 구매자들을 향하여, 아들(이미 유능한 화가가 된)이 아버지의 지난 이야기를 감명 깊게 토로하고 있을 때, 어느덧 초상화의 캔버스는 텅 비어 있었다. 화폭에는 '아무런 의미도 없는 배경만' 흐릿하게 남아있었다. 고골은 이렇게 묘사하고 있다: "강판 위에 한번 내뿜은 입김이 사라져 없어지듯 무언가 희미한 흔적 같은 것이 캔버스위에 남아 있었다."(т. 3, с. 267) 초상화의 부재, 즉 악의 부재를 화가 그리고리의 예언이 입증한 것이다.

『아라베스키』 판본의 『초상화』에서 수도사 그리고리 화가는 초상화는 결국 먼지처럼 사라질 것이라 예언했고, 그래서 초상화는 '강판의 입김처럼' 사라졌다. 그러나 고골은 두 번째 판본에서 '초상화가 도둑을 맞았다'고 표현했다. 전자의 환상적이고 신비로운 표현을 보다 사실적인 묘사로 고친 것이다. 그럼에도 불구하고 고골은 『현대인』지에 보낸 편지에서 "놀라지 마시오, 많은 부분 수정했지만 초상화의 캔버스는 그대로입니다"고 개작 배경을 주지시켰다. 벨린스키는 개작본 역시 환상적인 부분을 버리지 못했다고 재차 지적하고 있지만 『현대인』지는 이 판본을 게재하면서 "이 작품은 『아라베스키』 속의 그 중편이다"고 편집자 주석을 달아주었다. 고골이 즐겨 사용했던 작품 속 줄거리의 환상적 표현은 작가가 의도한 은밀하고도 겸손한 반이콘적 모티브의 활용에 걸맞은 것이었다. 작가는 이콘의 자리를 대신하고자 했던 초상화를 텅빈 화판 위의 입김처럼 사라지게 하고 그곳에 이콘을 그려넣고자 했던 것이다.

작품 속 이콘화가의 형상은 고골의 전기적 작가로서의 모습에 다름 아니다. 더 이상 화가이기를 거부하고 수도원으로 들어간 그리고리는 진정한 예술작품은 인간의 마음속에 고결한 감정을 불러일으키고 기도하고 싶은 충동을 일으켜야 한다고 다짐하면서 거실이 아니라 사원에 걸릴 그림을 그리기로 결심했다. 이러한 주인공의 정신은 고골의 친구 이바노프에게서 받은 강한 인상의 한 부분과 매우 흡사하다. “이바노프는 오늘날 훌륭하고 선한 인간들이 함께 고민하고 있는 메마르고 냉담한 인간성을 잿더미 속에 묻어줄 수 있는 축복의 불꽃을 화가인 자신에게 비추어 달라고 기도했습니다. 신자가 아닌 사람들도 자신의 그림을 보고 기도를 할 수 있게 해달라는 간원이었습니다.”[121] 고골 또한 망설이던『죽은 혼』2부의 집필을, 신의 도움에 의지하고자, 아폰의 한 수도원에서 시작하고자 했었다. 그러나 제2부는 두 차례나 원고를 불태우면서 미완에 그쳤고, 이른바 ‘파멸 (죽은 혼)- 속죄와 부활(살아난 영혼)-귀의(신의 세계)’로 계획했던 3부작은 무산된다.『죽은 혼』의 미완성은 고리대금업자의 초상화가 미완성에 그친 것과 같다. 화가는 미완성된 그 초상화를 불태워 버렸으나 다시 원래 모습 그대로 성소에 걸려 있었다. 고골이『죽은 혼』2부를 두 번째 태웠을 때 그 원고는 불속에서 다시 제 모습을 드러냈다. 고골이 자신의 고백서라고 밝힌 한 편지의 내용이다: “『죽은 혼』2부는 마땅히 불태워졌어야 했다. ... 사도는 ‘죽지 않으면 살아나지 못하리라’고 말씀하셨다. 부활하려면 죽어야 한다. ... 그러나 모든 것이 다 타버린 순간, 더구나 죽음을 앞둔 그 순간, 나는 내가 죽은 후에 무엇인가 나에 대한 보다 좋은 기억을 남기고 싶은 생각이 들었다. 내게 그런 생각을 할 수 있는 힘을 주신 하나님께 감사한다. 불꽃이 마지막 원고 한 장을 삼켰을 때 그 속의 글들은 갑자기 깨끗하고 선명한 형체로 되살아났다. 마치 모닥불 잿더미로부터 비상하는 불사조처럼. ...”[122] 고

121 Гоголь, указ. соч., с. 301.

122 Там же, с. 265. “четыре письма к разным лицам по поводу『Мертвых душ』” 참조. 이 4통의 편지 가운데 3통(1843년에 씀)에는 1부에 대한 서평을 의식한 작가의 해명과 이미 계획되어 있던『죽은 혼』2부의 집필을 고민하는 고골 자신의 심리상태가 그대로 드러나 있다. 마지막 편지(1846년에 씀)는 벨린스키가 지적했듯이, 모든 것을 신께 의지하려는 고골의 신비주의적 사고와 정신적 혼란상태의 일면을 시사하고 있다.

골은, 죽은 혼들(『죽은 혼』 속의 등장인물들)이 그들의 부활을 믿는 자신의 정신적 의지와 신의 도움으로, 『죽은 혼』 2부를 통해 변용되리라 확신하고 있었던 것이다. 이에 관하여 B.레파힌은 고골이 『죽은 혼』을 계속 집필하기 위하여 "초상화와 초상화적인 것으로부터 이콘과 이콘화적인 것으로 방향을 전환했으며, 이는 신심 깊은 자만의 예술품, 즉 이콘을 통해서만이 인간을 예술적 부활로 이끌 수 있기 때문이다"[123] 고 말한다.

고골의 이름 니콜라이는 그가 태어날 때 니콜라이 기적성자(Николай Чудотворец св.) 이콘 앞에서 행한 어머니의 기도의 뜻에 따라 붙여진 이름이다. 고골은 평생 두 개의 니콜라이 성자이콘(동판과 목판으로 만든 작은 이콘)과 묵주를 몸에 지니고 다녔으며, 마지막 임종시 그의 주검은 성모이콘이 지켜주었다. 이콘과 이콘의 본성 자체를 생활화했던 고골은 비잔틴 전통 조형예술로서의 이콘과 정교회 교회상의 이콘의 가치와 전통을 누구보다 깊이 이해하고 있었다. 그럼에도 불구하고 이콘화에 대한 고골의 이론적 해석이나 언급은 많지 않다. 이콘에 대한 자신의 숭배와 믿음, 그리고 이콘 앞에서의 '겸손함'이 그것을 절제하도록 했음이다. 이것은 작가의 소설 작품 속에서도 마찬가지이다. 초상화의 반이콘적 속성을 '반대' 의미가 아닌 '대신'의 의미로 해석하면서, 작가는 초상화와의 직접 대비를 위한 실물 이콘을 가시화하지 않았다. 독자의 생각과 느낌을 유발시킬 뿐이었다. 『초상화』 외에도 고골은 『타라스 불리바』, 『무서운 복수』, 『비이』, 그리고 『크리스마스 전날 밤』 등의 중편에서 이콘의 의미를 일관성 있게 모티브화하고 있는데, 물론 이것은 『초상화』 속의 이콘의 대비를 위한 서브텍스트 장치와는 다르다. 예컨대 『크리스마스 전날밤』의 대장장이 바쿨라는 화가의 소질도 타고나서 여가시간에 『최후의 심판』을 그렸다. 그 세부

123 Лепахин, *Икона в русской художественной литературе*, с. 197~198.

묘사는 절제되고 있으나, 고골은 바쿨라의 그림을 주교신부 콘드라드에 대항하는 악마성으로 묘사하고 있다. 작품 속의 이와 같은 이콘의 모티브는 『무서운 복수』에서와 같이 가족과 이웃들의 삶(결혼식 등의 관혼상제)을 통한 이콘의 대중성, 즉 기독교의 세속화를 반영하고 있음을 알 수 있다. 『비이』에서도 특정 이콘에 대한 세부묘사는 없다. 작품의 그로테스크한 환상구조 속에서 사원과 이콘은 신에 대한 믿음을 갖지 못하는 주인공 호마 부르트를 거부하고 있다. 고골의 절제된 겸손함은 이러한 맥락에서 도스토옙스키의 경우와 비교된다. 도스토옙스키의 이콘은 작품 속 사건의 발단이자 열쇠이다. 도스토옙스키에게 있어서 고골의 반이콘적 모티브는 선과 악의 직선적이고도 역동적인 대비로 진전된다. 『미성년』에서 성상을 두 동강낸 베르실로프의 오만하고 추한 모습은 성상의 주인인 겸손하고 선한 마카르의 형상과 극 대비된다. 성상 파괴와 모독은 신에 대한 반항이며, 인간 형상의 추한 것(безобразие)과 아름다운 것(благообразие)은 이콘에 대한 인간의 불경 또는 공경에 따라 좌우된다. 『백치』와 『작가일기』에서 작가는 로고진의 집에 걸린 한스 홀바인의 그림 『책형과 그리스도의 죽음: Мертвый Христос』을, 니콜라이 게의 그림 『최후의 만찬: Тайная

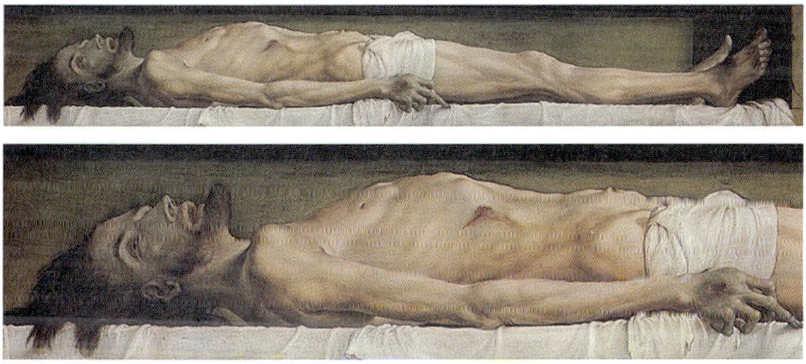

그림 109 그리스도의 죽음

вечеря』을 각각 반이콘적 종교회화로 규정하면서 이콘과 회화의 기독교 예술적 가치를 직접 대비시키고 있다.

도스토옙스키의 이콘

도스토옙스키의 서브텍스트로서의 작품 속 성상 모티브는 성모이콘이 많다.[124] 이러한 이콘들은 플롯 구성과 주제를 전개시키는 핵심 요소가 되면서 그와 함께 하는 등장인물의 캐릭터를 규정하기도 한다. 또한 그의 작품들은 이콘의 언어적(설교적) 기능과 시각적 기능을 동시에 구현하는데, 그럼에도 불구하고 독자로 하여금 이콘의 원상(подлинник)이 지닌 종교적 의미와 그것의 문학적 상징성을 구분하여 이해할 수 있도록 한다. 작품 속에서 도스토옙스키의 이콘들은 얼굴, 표정, 색깔 그리고 그 제명도 나타나지 않는다. 이는 원상의 신성함을 세속적인 사실주의적 시선으로부터 경건하게 보호하기 위한 작가의 문학적 배려로 볼 수 있다. 그러나 플롯 속 이콘의 중요성은 주어진 상황에서 이콘의 등장이나 존재에 있기보다는, 그것에 의하여 조성되는 신성한 기운이나 순간적인 오러 현상이 상징적 의미를 보다 확대시킨다는 데 있다. 특히 집안의 성소나 이콘이 위치하는 곳, 그리고 교회의 내부를 묘사[125]하면서 작가는 '지는 해의 비스듬한 광선과' 전율하는 현수등의 불빛에 반사되는 이콘'의 모티브[126]를 매우 즐겨 사

124 주로 어른들에 의해 학대와 고통을 당하는 어린아이, 소년 소녀, 그리고 젊은 여인들의 구원과 속죄의 테마에 묘사되는 성모이콘이다. ≪자비의 성모(Умиление Богородицы)≫(그림 45 참조), ≪수호의 성모(Одигитрия, Покров)≫(그림 44, 46 참조) 등의 계열에 속하는 이콘들이 표현대상이다. 작품 속에서 물론 이들 성상의 행상은 세부묘사되고 있지 않으나 상황묘사를 통해 그려지는 바를 유추할 수 있다.

125 ≪죄와 벌≫의 전당포 노파의 방에 있는 성상, ≪여주인≫의 오르디노프의 눈에 비친 교회 안의 성상들의 묘사가 그 예이다.

126 슬픔과 고통 뒤에 오는 기쁨과 영생, 즉 그리스도의 재림을 상징하는 모티브이다. 요한계시록(21:23)은 예루살렘의 성스러움을 이렇게 표현한다. "해와 달의 비추임은 쓸모가 없으니 이는

용한다. 이렇게 함으로써 작품 속 이콘의 존재, 나아가서 이콘 속의 형상, 표정, 설교적 내용은 희미하게 지워지고(стущеваться), 주어진 상황의 분위기 속에서 하나의 상징으로만 기능하게 된다. 다시 말하면 이콘은 작가가 그리는 하나의 밑그림 속으로 숨어 들어가 버린다. 따라서 이와 같은 도스토옙스키의 묘사 형태는 일정한 틀을 지니게 된다. 한 장면에서, 특히 집안이나 방안(조시마 장로의 방에서부터 전당포 주인들의 방에까지)의 묘사에서 일상적인 소도구나 벽에 걸린 그림들이 보다 구체적으로 묘사되면서, 구석 쪽에 성상이 있고 그 앞에는 현수등(лампада)이나 촛불이 켜져 있거나 아니면 꺼져 있다. 이콘의 존재 유무만 밝힌다. 라스콜니코프는 감상자인 독자들에게 이와 같은 작가의 일정한 틀을 비교적 섬세하게 그려 보인다. 범행 전 사전 답사에서 노파가 안내하는 방의 구도이다: "그가 들어선 작은 방은... 때마침 석양빛이 방안을 환하게 비추고 있었다. '그때도 분명 이렇게 해가 비추고 있겠지!' 그는 한눈에 방안을 훔쳐보았다. 그러나 눈길을 끌만한 특별한 것은 없었다... 긴 의자, 타원형 탁자, 거울달린 화장대, 의자 몇 개, 손에 새를 쥐고 있는 독일 소녀들이 그려진 두 세 점의 싸구려 그림들, 이것이 가구의 전부였다. 구석 쪽에는 그다지 크지 않은 성상 앞에 현수등이 타고 있었다."(6.8~9)[127] 이콘의 모티브는 주인공과 함께 계속 플롯을 넘나든다. 주인공의 범행순간, 죄의 고백과 참회의 순간에도 이콘은 등장한다. 노파를 살해한 다음 주인공의 눈에 들어온 귀중품이 있는 작은방, 그 방에 놓여있는 큼직한 성상함

하느님의 영광이 빛을 비추었고 하느님의 어린 양이 그 등불이 되었음이다." 지는 해의 기울어진 빛은 교회 안의 성령의 재림을 상징하는 조화와 질서의 모티브가 된다. ≪미구인≫에서는 한 폭의 현대적 성상화를 보듯 이렇게 세부묘사되고 있다: "교회의 돔 창으로 쏟아지는 지는 해의 비스듬한 햇살은 밤이 되면서 점차 사라지고 촛불의 떨리는 불빛으로 눈부신 광채를 발하는 이콘의 금박 장식들이 교회를 환하게 밝히고 있다." (1,267)

127 필자의 편역이며, 방점은 원문에서 필기체로 강조된 것임. F. M. 도스토옙스키, 『죄와 벌』, 장실 역 (서울: 중앙문화사, 1987), 23쪽 참조.

(киот), 죽은 노파의 목에 걸린 나무와 구리로 만든 십자가 두 개, 에나멜 도금의 목걸이용 작은 성상(образок)들이 범행현장의 목격자가 된다. 고백과 참회과정에서 작은 목걸이 성상은 소냐의 것으로 밝혀지고 소냐는 그에게 삼나무 십자가 목걸이를 걸어준다. 라스콜리니프는 그녀에게 이렇게 말한다: "그러니까 이것은 스스로 십자가를 짊어진다는 하나의 상징이구려, 허허! ... 어디 좀 봅시다. ... 이것이 바로 그 순간에? 나도 이와 비슷한 두개의 십자가를 알고 있소. 은으로 된 것과 작은 성상이 달린 것이었소. 나는 그때 이것들을 노파의 작은 가슴 위에 던져 주었소. ...(6,403)"

도스토옙스키의 작품에서 자주 관찰되는 이콘숭배와 같은 경신사상이나 이콘파괴와 같은 성물모독행위는 그것이 상징하는 바에 따라 보다 강하고 큰 의미를 부여한다. 정교신앙과 그 정신에 충실했던 작가는 실제로 러시아 국민의 이콘숭배 정신을 적극 옹호했다. 다시 말하면 정교회 교리를 무시하고 신을 부정하는 황폐한 인간들이 이콘숭배사상을 우상숭배의 한 형태로 폄훼하는 언행을 그는 용납하지 않았다. 성상의 숭배이거나 파괴이거나 이와 관련된 인물들은 이콘을 통하여 스스로 속죄와 구원을 향해 새 출발할 수 있음을 증명코자 했음이다. 때문에 혁명전까지 러시아가 그러했듯이, 도스토옙스키의 이콘들은 정교회 교인들의 가정은 물론 교회의 울타리를 벗어난 그 어디에든 존재할 수 있다. 이콘과는 어울리지 않는 관청, 감옥, 범죄소굴, 빈민가, 전당포 그리고 선술집에도 있다. 표도르 카라마조프의 방에도, 알료사의 어머니, 조시마 장로, 이폴리트, 키릴로프, 베르실로프, 전당포 노파, 리자베타, 소냐, ≪여주인≫의 무린과 오르디노프, 그리고 ≪온순한 여인≫의 전당포 주인의 방에도 있다. ≪악령≫에서 무신론자 스타브로긴의 분신 중 하나인 키릴로프의 집에도 성상은 있다. 스타브로긴은 키릴로프 집을 방문한다. 그의 방 구석에는 오래된 성상이 걸려있었고, 그 앞에는 할멈이 우리가 오기 전부터 현수등을 켜 놓고 있었다. 스타브로긴은 이콘이 아니라 현수등에 눈길을 주고 있었다. 다음은 스타브로긴과 키릴로프가 나누는 대화 속의 한 부분이다:

> –그것을 가르친 사람은 십자가에 못 박혔지요.
> –그는 올 겁니다. 그리고 그의 이름은 인신(человекобог)이구요.
> –신인이요(богочеловек)?
> –인신이요, 서로 다르지요.
> –아니, 이 램프에 불을 붙인 게 당신이 아니요?
> –그래요, 내가 붙였지요.
> –당신이 신을 믿었던가요?
> –할멈이 즐겨 켜는데, 오늘은 그녀가 바빠서–키릴로프가 중얼거렸다.
> 스타브로긴은 자리에서 일어나 모자를 집어 들면서,
> –내기를 하지요, 내가 다시 올 때는 당신은 이미 신을 믿고 있을게요–라고 말했다. ...(c. 189)

인신으로 오는 그가 곧 적그리스도임을 말하고 있는 키릴로프는 처음에는 신을 공경하고 신을 두려워할 줄 아는 신자였다. 그러나 그의 의식은 비극적인 모순에 빠진다. 그의 가슴은 신의 존재를 믿고 있지만, 그러나 그의 이성은 신의 존재를 인정하지 못했기 때문이다. 결국 그는 적그리스도의 도래를 인정하는 무신론자로서의 자신의 의지를 이렇게 표명한다: "내 의지의 최고정점이 나 자신을 죽이는 것이기에 나는 자살할 의무가 있다." 키릴로프에게 제안한 스타브로긴의 확신에 찬 내기는 스타브로긴의 승리로 끝났고 키릴로프는 자살하였다. 그러나 신을 두려워 할 수 있었던 그의 자살은 겸손한 죽음이었다. 사살현장은 도스토옙스키가 의도한 바 이콘이 있는 자기 방이 아닌 이콘이 없는 방이었던 것이다. 그 순간에도 키릴로프의 방에는 자신이 손수 켠 현수등이 여전히 성상을 밝히고 있었다. 이와 같은 키릴로프의 이콘과 현수등은 스타브로긴으로 하여금 키릴로프가 신을 믿게 되리라는 확신을 갖게 했으며, 가슴속에 신이 없이는 살 수 없었던 이성적인 무신론자 키릴로프로 하여금 자신의 비극적인 갈등의 고통을 영원히 잊게 하였다. 자의적인 스스로의 죽음은 그리스도의 구원과 부활을 약속받기 위함이었다.

≪악령≫에는 보다 노골적인 이콘파괴행위 모티브가 있다. 오래된 성모탄생 기념교회의 담장에는 격자창을 댄 벽 속으로 커다란 성모상[128]이 오래전부터 봉정되어 있었다. 어느 날 밤 유리문이 달린 성상함이 깨지고 금속 천개(оклады)의 왕관과 성의(риза)에 박힌 보석과 진주가 도난당한다. 그리고 부서진 성상함 속에서 누군가가 던져놓은 쥐 한 마리가 발견된다. 성물탈취(святотатство)와 성물모독(кощунство)이 동시에 저질러진 것이다. 전자는 유형수 페지카의 짓이고, 후자는 샤토프의 살해와 음모에 가담한 럄쉰의 소행으로 밝혀졌다. 페지카의 범행사실은 표트르 스테파노비치와의 대화중에 페지카가 스스로 고백함으로써 밝혀지지만, 럄쉰의 범행은 샤토프의 살해음모를 당국에 고발하는 과정에서 우연히 들어났을 뿐이다. 정작 주민들의 마음을 더욱 아프게 한 것은 럄쉰의 성물모독행위였다. 여기서 도스토옙스키는 비록 유형수이지만 이콘에 대한 경신사상을 알고

128 받침대와 성모상의 마포리가 묘사되고 교회정문 담장 속에 박힌 큰 이콘이라는 점에서 이 성상은 성모의 전신상이다. 성모이콘의 입상성상은 보통 ≪기도하는 성모 (Молящая/ Оранта / Богородицы)≫, ≪표상의 성모(Знамение Богородицы)≫ 계열과 ≪수호성모(Божия Матери Заступница, покров≫ 계열 이콘으로 대별된다. 전자의 계열에 속하는 성모이콘은 성모의 가슴 중앙에 예수가 그려지고 성모와 예수는 두 손을 함께 나란히 하느님을 향해 위로 쳐들고 있는 형상이다(주로 그림 32의 것임). 후자의 이콘은 아기예수가 없고 성모의 전신 입상으로만 그려지는데, 관찰자의 시선에서 성모의 몸은 오른쪽으로 향하고 있는 측면입상이다. 왼손에는 기도문이 적힌 양피지 두루마리가 들려 있고 오른손은 하느님을 향해 높이 들려있다(주로 그림 44의 것임). Н. С. Мовлева, *Малый православный толковый словарь* (М., 2005), И. А. Шалина, *Реликвии в восточнохристианской иконографии* (М., 2005), с. 137-138 참조.

있는 페지카에게는 용서와 구원의 여지를 준다. 그러나 랴쉰에게는 성물모독행위와 살인가담죄에 대한 응분의 벌을 받도록 한다. 페지카의 변명같은 고백 속에는 한 상인의 이야기가 소설 속 액자 이야기로 삽입된다:

> "-이보게, 표트르 스테파노비치,... 그렇지만 나는 단지 진주알만 떼어냈어. 그 순간 내가 흘린 눈물이 이 세상에서 내가 받은 굴욕의 댓가로 일순간 진주알로 변용(преображение)될 수 있지 않았겠나. 나는 오갈 때 없는 천애 고아 신세니까 말이야. 자네도 책을 읽어 알겠지만 옛날에 한 상인이 꼭 나처럼 이렇게 눈물 젖은 한탄과 기도를 올리면서, 가장 신성한 성모상의 후광(нимб)에서 진주를 훔쳤지. 그 후 그는 사람들이 보는 앞에서 무릎을 꿇고 경배하면서 훔친 진주 값에 해당하는 돈을 성모상 받침대에 올려놓았지. 그러자 우리의 수호성모(Матери Заступница)[129]께서 그를 성상의 베일(마포리, мафорий)로 감싸 주셨고, 그리고 기적이 일어났어. ..."(10.428)[130]

성모이콘은 자기 몸의 성의를 벗기도록 허락했다. 전형적인 기적창조 이콘의 이야기에서 이콘은 누군가 자신의 몸에 불경스런 짓을 하면 그들을 역병이나 장님, 벙어리, 반신불수로 만든다. 그러나 이 이콘은 상인을 벌하지 않고, 없어진 은박성의를 사람들 앞에 그대로 현현시키는 기적을 행하였다. 상인은 성모에게 옛것보다 더 아름다운

---

129 페지카는 수호성모를 'Матери Заступница'로 약칭하고 있으나 정식 명칭은 ≪Божия Матери (Заступница)≫이다. 이는 대화상대인 베르호벤스키보다 페지카가 이콘에 대해 더 많이 알고 있다는 점을 주지시키기 위한 작가의 의도이다. 깨어진 성상함 속의 이콘은 측면 입상 성모상(그림 44와 같은 계열의 성모이콘으로 추정됨). 이 이콘은 수도 세난 입구 횡제의 문을 중심으로 장식되는 이코노스타스의 제4열 기도이콘(деисусный ряд)에 위치(그림 27 참고)한다.

130 도스토옙스키 연구자들은 이 액자 이야기를 아파나시예프의 러시아 민담에서 차용한 것으로 해석한다: 갑자기 파산을 당한 부자상인이 은박 리자를 훔친 후 5년 만에 더 큰 부자가 되어 옛것보다 더 좋은 성의를 다시 성모상에 입힘으로서 성모의 구원을 받는다는 기적이콘에 관한 민담이다. А. Н. Афанасьев, *Народные русские сказки*, "Риза на Иконе." Т. 3(М., 1985), с. 289 참조.

성의를 새로 입힘으로써 자신의 죄를 속죄하였고, 그때 성모는 자비로운 자신의 마포리로 그를 덮어준 것이다. 탈옥수 페지카는 액자 이야기에서 암시한 자신의 경신사상과 변명을 통하여 죄를 뉘우친다. 그는 이콘 속 성모가 성물탈취와 같은 자신의 큰 죄를 용서해 주리라 기대하면서 신을 믿고 있다. 실제로 당시 러시아에는 가난에 굶주린 도둑들이 신의 자비를 믿고 성물탈취행위를 자주 범했다.

≪미성년≫에서 이콘파괴는 분열의식과 자기모순에 빠진 베르실로프의 행동으로 보다 극적인 분위기를 연출한다. 1부에서 화자인 아르카지(베르실로프의 서자)는 베르실로프의 거실을 이렇게 묘사한다:

> "... 잘 살던 그 시절에 쓰던 물건들이 몇 개 남아 있었다. 거실 탁자 위에는 아름다운 도자기 램프가 있고, 벽에는 드레스덴에서 제작한 보기 좋은 마돈나의 초상화가 걸려 있었다. 한쪽 구석에는 큼직한 성상함이 걸려 있고, 그 속에는 가문 대대로 물려온 집안이콘들이 모셔져 있었다. 하나는 금박의 은제성의로 장식된 성상인데, 식구들은 언제인가 이 성상을 전당포에 맡기려 했던 적이 있었다. 다른 하나는 진주가 박힌 벨벳천의 성의로 장식된 성모상이었다. 성상들 앞에는 축일 때 켜는 현수등이 걸려 있었다. 베르실로프는 이 성상이나 그 의미에 대해서 별 관심이 없었던 것같았다. 금박 장식에 반사되는 현수등 불빛 때문에 간혹 얼굴을 찌푸리면서 자신의 시력을 해친다고 불평할 때도 있었지만 그렇다고 어머니가 등에 불을 밝히면 그것을 막지는 않았다."(13.82)

아르카지의 눈에 그려진 이 장면은 곧이어 벌어질 수밖에 없는 기이하고도 극적인 이콘파괴행위의 밑그림이 된다. 집안의 분위기, 이콘에 대한 베르실로프의 무관심, 집안의 내력 등이 이콘과 함께 스케치되고 있는 것이다. 3부 10장의 아르카지의 세부묘사를 보자;

Мама сидела на диване, а влево от дивана, на особом круглом столике, лежал какбы приготовленный к чему-то образ-древняя икона, без ризы, но лишь с венчиками на глазах святых, которых изоброжено было двое. Образ этот принадлежал Марку Иванович-об этом я знал и знал тоже, что покойник никогда не расставался с этого иконой и считал её чудотворного. (13.407)[131]

집안에 무슨 일이 있어서 준비한 듯이 마카르 소유의 두 성자 성상이 테이블 위로 나와 있다. 마카르 돌고루키가 이미 오래전부터 이 성상을 베르실로프에게 유품으로 넘겨주겠다는 약속을 한터라 아내 소피아가 오늘 그것을 그에게 전해주려든 참이었다. 관습적으로 러시아의 집안이콘을 제자리로부터 이탈시켰을 때에는 반드시 이유가 있어야 한다. 집안의 관혼상제나 가족의 생일, 군입대와 같이 먼길을 떠날 때 가족 간의 개인적인 서약이나 축원 또는 가족간의 불화로 화해를 할 때 그 징표로서 이콘을 들고 기도나 입맞춤을 한다.[132] 그런데 아르카지로서는 별 다른 이유도 없이 문제의 성상이 제자리를 이탈하고 있었다. 이때 방으로 들어선 베르실로프는 무심코 성상이 놓인 탁자 바로 옆에 자리를 잡고 앉았다. 탁자위의 성상을 보면서 그는

131 밑줄은 필자의 것임. 도스토옙스키는 자신의 작품 속에서 이콘(икона, образ)을 지칭할 때, 나름대로 원칙을 지켜 뉴앙스를 살린다. 위의 인용문에서 이콘은 다섯 번 사용되는 데 '이코나'와 '오브라즈'로 혼용되고 있다. 이콘은 예수, 성모, 성자 그리고 성서나 교회사적 사건을 회화적으로 묘사한 그림성경이라는 뜻에서 오브라즈(образ), 이조브라줴니예(изображение) 등으로 지칭된다. 이콘 연구에 심취했던 멜르니꼬프 페체르스키나 레스코프 등 동시대 작가와는 달리 도스토옙스키 문학속의 이콘은 종교적 상징물로서의 그 형상과 기운, 즉 문학적 추상성이 더 짙어진다. 이콘의 제명 또는 완전 명사로 이콘 그 자체만을 지칭할 때는 이코나로 표현되고 그밖에 이콘이 주어진 상황이나 특정한 인물과 관련하여 지칭될 경우는 대개는 오브라즈로 표현되고 있다. 그 두 가지 예를 들자면, 흥분한 베르실로프가 성상을 손에 들고 있을 때 타티야나는 그의 손에 쥐어진 성상을 뺏으면서 "성상을 내려 놔요оставь образ!"라고 소리친다. 그리고 그녀는 그의 손에서 '이코나икона'를 빼앗았다. 이미 이콘은 그의 손을 떠난 순간이기 때문이다. 또한 제목 ≪온순한 여인≫의 '온순한(кроткая)'의 의미는 'девушка с образом,' 즉 '성상을 손에 든 여인'이기에 온순한 여인이라는 것이다. 결국 작가는 달리의 사전 속 예문 "신은 자신과 닮은 모습으로 인간을 창조했다(Богъ создалъ человека по образу и подобию своему)"에 따라 그림성경이라는 이콘의 선교적 의미를 다시금 대중으로 하여금 보다 친숙하게 느끼도록 하고 있는 것이다.

132 Цеханская, указ. соч., с. 146 참소.

" -나는 지금 그가 여기 이방 어딘가에 있는 것처럼 느껴지는데... 그런데 당신, 이 성상은 어떻게 된게요? 아, 죽은 그 사람 것이로군, 기억이 나는군, 조상 대대로 물려받은 가족이콘이라고 했지. ... 어디 좀 봅시다." (13.408)

곁에 앉아있던 식구들이 그의 표정과 행동에 평소와는 다른 이상함을 느끼고 있을 때, 그는

"... 나 자신도 무슨 영문인지 모르겠소. ... 내 정신이 둘로 쪼개지는 것 같소. ... 소냐, 내가 지금 여기에 나타난 것은 당신을 천사라고 생각했기 때문이지 결코 원수로 생각했기 때문이 아니오. ... 당신은 알겠지만, 소냐, 어떻든 이 성상을 부숴버리고 싶어서... 사실 나는 오늘 그의 장례식에 가기가 두려웠고... 그런데 이것 봐요. 내가 지금 이 성상을 다시 집어 들었소... 그런데 나는 이 순간 이것을 벽난로 이 모서리에 그대로 내리치고 싶다니까. 확신하건데 틀림없이 두 조각으로 부서질게요. 어느 한 쪽이 더 크고 작지도 않게. ..."(13.409)

횡설수설하던 끝에 그는 벌떡 일어나서 눈 깜짝할 사이에 곁에 앉아있던 타티야나의 손에서 성상을 빼앗아 들었다. 그리고 있는 힘껏 그것을 벽난로 모서리에 후려쳤다. 성상은 정확히 두 조각으로 동강났다.[133] " - 소냐, 여기에 상징적 의미를 두려고 하지 마시오, 나는 마카르의 유품을 부순 것이 아니라 단지 그저 부수고 싶었을 뿐이오. ... 아무튼 나는 다시 돌아오겠소. 내 마지막 천사에게로! 그렇지만 당신이 상징적 의미를 갖는다 해도 어찌하겠소. 어차피 이렇게 될 수밖에

---

133 두 조각난 두 성자의 형상이 그려진 이 성상은 그 주인이 순교자다운 삶을 살다 죽은 마카르 돌고루키였다는 사실과 성상의 형태로 보아 오래되고 금박성의 장식도 없이 후광만 있다는 점에서, 사도행전의 고행성자들인 ≪아드리안과 나탈리아 이콘≫계열인 것으로 확인된다. 이 이콘은 남자와 여자 성자가 붉은 색 성의를 입고 나란히 서있는 대표적인 전신상 성자이콘이다(그림 110 계열의 이콘). 특히 고행성자들의 겉옷은 그리스도 신앙을 얻기 위한 고통과 고행의 상징인 붉은색이다. С. Алексеев *Энциклопедия православной иконы*, с. 194 참조.

없었으니까…”

그림 110 두 성자 성상

소피야를 ‘마지막 천사’로 호칭한 것은 그의 젊은 연인 카테리나 이바노브나와의 영원한 결별을 뜻하는 것이며, 그가 두 조각 낸 성상은 이 결별을 상징한다. 그러나 식구들은 그가 말한 두 조각으로 깨뜨리겠다는 알레고리의 의미를 베르실로프와 소피야 한 쌍에만 두고 있었다. 왜냐하면 그들은 베르실로프의 성상파괴가 마카르의 유언(그의 이혼과 함께 베르실로프와 자신의 아내였던 소피야와의 정식 결혼을 부탁한 것)을 거부한다는 뜻으로 생각했기 때문이었다. 베르실로프의 정신분열성 흥분은 카테리나와의 불가피한 최후의 결별에 대한 소심한 반항의식이며, 그것은 바로 눈앞에 놓인 성상의 파괴로 표출된 것이다. 성상속 고행성자의 형상을 닮은 마카르의 유언(소피아의 결혼)을 지키기 위하여 그가 스스로 카테리나와의 관계를 끊을 힘을 찾은 것이 아니라 신이 두 사람의 관계를 용납하지 않았다. 그리하여 베르실로프는 성자와 나란히 서 있는 이콘 속 성녀의 형상을 파괴한 것이다. 이 순간 그의 성상파괴행위는 신께 복수하는 행동처럼 보여졌다. 그러나 훗날 아르카지는 우연치 않게 “그것은 알레고리였고, 베르실로프는 분명히 이 성상과 더불어 무엇인가 끝내고자 원했음”을 확인하게 된다. 키릴로프의 자살도, 온순한 여인의 그것도 신이 원치 않았던 것처럼. 소설의 마지막 부분에서 아르카지는 아버지 베르실로프의 추한 모습(безобразие, неблагообразие), 즉 그의 타락과 열정의 분열의식을 목격자, 기록자, 단순한 화자로서가 아닌 자신의 성장과 스스로의 체험을 통해 인지한다. “≪미성년≫에서 작가는 아름다운 형상을 찾아내고 현대의 카오스를 묘사할 창조적 예술을 꿈꾸었다. 카오스는 발전의 한 단계일 뿐 결코 아르카지는 혼돈 속에서 파멸하지 않았다. 아버지의 형상에 대한 아들의 체험이 그를 재교육시켰고 새 삶으로 이끌었다”[134]는 모출스키의 말처럼, 도스토옙스키는 이콘의 프리즘을 통하여 미성년을 아름다운 모습(благообразие), 즉 성상 속 형상으로 변용시켰다. 모출스키는 베르실로프에 대하여도 “그는 죽지 않는다. 끔찍한 위기 끝에 그는 정신적 부활을 할 것이다”고 덧붙인다.

도스토옙스키의 이콘은 파괴와 숭배라는 서로 상반된 모순 속의 이미지를 통하여 주인공과 등장인물을 구원과 부활로 이끈다. 이와 같은 이콘의 모티브는 바흐친이 말하는 현상이 지닌 모순의 공존과 상호작용의 다성악적 울림을 통하여 그 모순의 통일성을 입체적으로 소설화하는 도스토옙스키의 예술적 기교의 중심이 되는 것이다. 특히 소설 속 액자이야기를 주도하는 이콘의 모티브는 현실의 모순성을 예술적으로 승화시킨다. 그러나 독자는 이콘과 관계되는 등장인물의 행동과 사고는 물론이고, 그들이 말하는 ≪미성년≫ 작품 속의 액자 이야기를 들으면서 참을 수 없는 답답한 의문을 갖게 된다.

마카르가 들려주는 액자이야기는 여덟 살 소년을 학대하여 스스로 강물에 빠져 죽게 한 비정한 양아버지에 대한 이야기다. 그는 고통스럽게 죄 값을 치루고 마카르 자신처럼 속죄의 방랑길을 떠난다. 몽환 속에서 자신이 저지른 죄의 실체를 목격한 ≪죄와 벌≫의 스비드리가일로프는 자살로 생을 마쳐 신에게 용서받지 못한 어린 소녀의 주검을 본 뒤에 권총자살로 참회한다. 마카르의 이야기는 작품 속에서 고행수도사의 형상을 지닌 바로 자신의 모습을 반영하고 있다. 이것은

134 К. Мочульский, *Достоевский. жизнь и творчество* (Paris: YMCA, 1980), c. 426.

곧 이콘숭배사상에 대한 상징이다. 그러나 스비드리가일로프의 꿈속 이야기는 자살한 소녀의 주검이 암시하는 이콘파괴사상의 상징이다. 능욕당한 어린 소녀의 비정한 주검에는 성상도 기도도 놓여 질 수 없었기 때문이다. 두 개의 테마를 통하여 독자는 도스토옙스키의 이콘이 지닌 모순된 이미지가 서로 상충하고 있음을 볼 수 있다. 또한 살인현장, 전당포, 선술집 등에서도 성상은 정화와 속죄의 상징으로 존재한다. 그러나 그 성상은 마땅히 지켜야 할 교회와 집안의 성소를 누군가에 의해서 아니면 스스로 이탈한 상태이다. 더구나 ≪바지 입은 구름≫속 선술집에서 마야콥스키가 본 성모상은 서툰 솜씨로 왜곡되게 그려진 그로테스크한 이콘의 형상이다. 이콘 속의 성모는 술집 안의 군상들을 자비로운 성령의 눈길로 바라보고 있지만, 이콘 밖의 관찰자들은 편도복숭아의 모습과 같은 기괴한 성모의 눈만 쳐다볼 뿐이다.[135]

그림 111 아방가르드 화법의 이콘

135 마야콥스키의 ≪바지 입은 구름≫속의 선술집 이콘은 시인의 입체주의적 시각을 엿볼 수 있다:

'온순한 여인'의 이콘

≪온순한 여인≫에서 성상을 안고 땅위로 뛰어내려 자살한 여주인공의 운명에는 경건과 모독, 겸손과 오만, 간원과 자포자기의 대립이 극대화되는 모순 이미지가 성모이콘을 통하여 부각되고 있다. 『환상적인 이야기』라는 부제가 붙은 ≪온순한 여인≫은 작품 그 자체로서 도스토옙스키 문학의 성상화법적 해석을 위한 에센스이며, 나아가서 이콘이 지닌 모순 이미지의 합일성을 예시하는 모델이다. 또한 이것은 이야기 속 주어진 상황에서 이콘파괴사상의 반대편에는 이콘숭배사상이 양립하고 있음을 선명하게 밝히는 하나의 문학적 장치 그 자체이다. 적어도 정교회 교리에 바탕을 둔 이콘의 종교적 의미와 역할의 범주 안에서 그러하다. 앞에서 제시된 도스토옙스키의 작품들과 마찬가지로 ≪온순한 여인≫의 이콘 역시 작품 속 사건의 발단이자 주제를 푸는 열쇠이다.

도스토옙스키는 ≪작가일기(1876년 10월)≫ 속의 ≪두 자살(Два самоубийства)≫(23. 144~146)에서 두 건의 자살사건을 주의 깊게 관찰했다. 신문에 보도된 실제 사건은 작가로 하여금 게르첸 딸의 자살과 재봉사 보리소바의 자살에 관한 일종의 분석적 문학노트를 만들게 했다. 전자의 사건에 관하여 도스토옙스키는 "안팎으로 이 자살은 수수께끼다. ... 나는 무언가 내 마음을 진정시키기 위하여 이 수수께끼를 풀려고 애를 썼다. ... 신문은 그녀가 크로로포름을 무친 솜으로 얼굴을 감싼 채 침대에 누워있었다고 쓰고 있다. ... 그녀는 유서를 남겼다: 「긴 여행을 시작하려고 합니다. 만일 성공을 한다면 내가 죽었

"... в углу−глаза кругли−глазами в сердце въелась богматерь. Чего одаривать по шаблону сиянием трактирную ораву!"(В. В. Маяковский, Сочинение в трёх томах. М, 1970, с. 59) "성모상의 크고 움푹 파인 둥근 두 눈이 성모의 가슴속으로 파고들 것 같다"는 표현은 이콘화법상의 편도 복숭아 (миндалевидный) 형상의 묘사기법을 말함이며, 보통 사람의 시각으로는 감지하기 어려운 시인의 찰나적인 시각적 흔들림을 의미한다. 서툰 솜씨로 잘못 그려진 성모상인 듯 보이지만, 그것은 선술집의 군상을 성모의 후광으로 비춰주고 있는 것이다.

는지를 확인하고 나를 묻어주시기 바랍니다. 왜냐하면 땅 밑 관속에서 눈을 뜬다는 것은 결코 유쾌한 일이 아니니까요. ...」 이렇게 추악하고도 무례한 멋부림 속에는 어딘가 분명히 오만, 분노, 원망의 소리가 들리는 듯하다. ... 그녀는 단순히 차가운 어둠과 무료함 때문에 죽은 것이고, 말하자면 동물적인 충동과 무분별함 때문에 죽었다. 단순히 산다는 것은 그녀에게 마치 공기가 부족한 듯 숨막히는 삶이었다. ..."

후자인 보리소바의 자살에 대하여 도스토옙스키는 "신문은 '몸을 날려 땅으로 떨어지면서 그녀는 두 손에 성상을 쥐고 있었다'[136]고 덧붙이고 있다. 손에 든 이 성상-이것은 들어보지 못한 기이한 자살이다. 어떻게 보면 이것은 온순하고도 겸손한 자살이다. 여기에는 어떤 불평이나 원망도 없다. 그저 살 수가 없어서 그리하였고 '신이 그녀의 죽음을 원치 않았기에' 그래서 기도를 하고 죽어갔다. ... 자신을 파멸시킨 이 온순한 여인의 죽은 혼은 본의 아니게 우리의 상념을 괴롭힌다. ..."고 메모하고 있다.

1876년 10월 ≪새 시대≫에 기사화된 보리소바의 자살은 『환상적인 이야기』라는 부제를 단 ≪온순한 여인≫으로 그해 ≪작가일기≫ 속에서 작품화된다. 카드놀이 테이블 위에 놓인 아내의 주검 앞에서 주인공 화자는 불과 몇 시간 전에 벌어진 아내의 자살사건을 역추적하면서 혼자 자문자답하고 있다. 작가가 의도한대로 이야기는 매우 사실적이고 단순한 내용이지만 환상적인 형식에 맞추어 전개된다. 이를 위해 작가는 공황상태에 빠져 히포콘드리아 환자가 된 화자의 독백을 그대로 받아 적는 속기사 역할을 해야 했다. 그리하여 서문에서 도스토옙스키가 유고의 ≪사형수의 최후의 날≫의 사형수의 독백을

136 신문 속 내용의 인용은 작가가 필기체로 강조한 것임. 도스토옙스키는 신문기사 내용 속의 이 부분을 그대로 ≪온순한 여인≫의 모티브로 사용한다.

예로 들었듯이, 독자들은 ≪오델로≫나 ≪파우스트≫의 주인공이 외치는 독백을 연상하게 된다. ≪지하생활자의 수기≫의 화자나 ≪페테르부르크 연대기≫ 속의 공상가의 목소리도 듣는다. 형식에 있어서 환상적인 이야기라 함은 '공상가'로 자처하는 화자의 독백이 원형구조로 서술되는 데 있다. 아내의 시신이 놓인 테이블로부터 시작하여 불과 몇 시간 전 그녀의 자살현장으로 되돌아가면서, 이야기는 독백을 시작한 현재, 과거, 그리고 다시 이 순간의 현재로 하나의 틀을 따라 맴돈다. 따라서 이야기는 미래의 시제로는 빠져나가지 못한다. 물론 가정법적 표현인 공상의 흐름[137]이 잠시 틀을 벗어나기도 하지만, 그것은 전혀 불필요한 화자의 환상과 유토피아의 천명에 지나지 않는다. 또한 관찰자의 입장에서 보면, 화자가 그려 보여주는 장면은 거실한 가운데에 아내의 시신이 놓여있는 테이블과 주위를 서성거리는 화자 자신의 모습뿐이다. 그런데 그것은 역원근법의 이콘화법처럼 화판 속의 전경(предный план)은 카드 테이블과 그 위에 놓인 아내의 시신이고, 서성이면서 중얼거리고 있는 살아 움직이는 화자의 형상은 후경(задный план)이 된다. 화판 속의 화자는 아내의 시신을 거쳐 관찰자인 독자를 바라보면서 자기와의 동참을 유도한다. 움직이는 후경의 화자는 시공을 넘나들고 있는 것이다. 그렇게 함으로써 화자는 독자로 하여금 로고진의 방에 걸린 그림 ≪그리스도의 죽음≫에서 아직도 생기와 체온이 남아있을 것 같은 그리스도를 보던 관찰자 므이쉬킨이 되게 한다.

주인공이 5분 늦게 도착한 아내의 자살현장 또한 작품 속 이콘의 이

---

137 공상의 흐름은 화자가 독백을 끝내는 순간까지, 죽은 아내가 눈을 떠주기를 간절히 바라는 대목에서 이렇게 표현 된다: "만약이라도 그녀가 다른 사람을 사랑한다면, 뭐 그러라지, 그러면 어때! 당신은 웃으면서 그 사람과 함께 걸어가고, 나는 그런 당신의 모습을 길 건너에서 바라만 보면 되겠지...오, 제발, 그녀가 단 한번만이라도 눈을 떠 줬으면! 조금 전 그녀가 내 앞에 서서 충실한 아내가 되겠노라 맹세했을 때처럼 그렇게 한번만이라도 날 쳐다봐 준다면! 오, 그랬다면 그녀는 모든 것을 이해할 수 있었을 텐데..."(24.30)

미지를 재현하는 소설 속의 그림이다.

> "내가 기억하는 것은 대문을 들어섰을 때 그녀의 몸은 아직 따뜻했다는 것이다. 그녀는 성상을 안고 누워있었다. 내가 말없이 다가가서 한동안 그녀를 쳐다보고 있던 생각이 난다. 돌에 묻은 피를 가리키면서 한 상인이 '입에서 피가 한 웅큼이, 한 웅큼이,' 아마도 그때 나는 그 피를 만지고 손가락을문질렀던 것같다."(24.33)

전당포 주인인 화자는 세 번째로 자신의 전당포를 찾아온 그녀를 이렇게 기억한다: "음, 그래, 그녀는 착하고 온순해 보였지... 그때 나는 마지막으로 그녀를 시험해 보고자 결심했었지."(24.8) 16살 처녀인 온순한 여인은 가난에 찌든 고아였다. 부모가 남긴 유품을 들고 세 번에 걸쳐 전당포를 찾을 수밖에 없는 처지였고, 전당포 주인은 그녀를 동정하면서 그녀의 하찮은 물건들을 받아주었다. 도브로 느라보프나 모제르는 금만 받아주는 몰인정한 사람들이었기에, 그녀는 하는 수 없이 주인공의 전당포를 찾을 수밖에 없었다. 그는 그녀의 인품과 자존심 그리고 가족의 내력을 캐내고자 용의주도하게 그녀를 시험해 본 것이다. 결국 온순한 여인은 네 번째로 전당포를 찾게 되었고 비장한 결심[138] 끝에 성모이콘을 들고 왔다.

"성모상이었다. 아기 예수를 안고 있는 가정용의 오래된 집안이콘[139]이었다. 금박의 은제성의로 장식된(риза серебрянная золоченая) 이콘이었나..." 나는 그녀에게 말했다: "–장식을 벗기는 게 낫겠는데.

138 필자의 방점. 결국, 자신의 성물모독 행위(이콘을 돈과 바꾼)에 대한 유일한 속죄의 수단은 곧 자살뿐이라는 그녀의 각오와 다짐의 예증임.

139 '집안이콘'은 사원의 이콘과 구분된다. 정교회 신도들의 집안 성소 또는 예배소(божница)에 모시는 가정 이콘들은 교인과 비교인을 구분해주는 징표가 되며 그리스도, 성모, 니콜라이 성자와 같은 성자들의 이콘을 기본으로 한다. 예로부터 황궁이나 귀족의 저택도 이러한 집안교회의 개념으로 장식되었는데, 로마노프 왕조의 초기 황궁은 군주의 개인교회로 꾸며졌다.(Цеханская, указ. соч., с. 125-126 참조.)

성상은 가져가고. 어쨌든 성상은 성상이니까"라고 화자는 그때의 순간을 회고한다. 결국 온순한 여인 자신의 상징물과도 같은 성모상은 5루블에 저당되고 전당포 주인의 성상함 속에 함께 자리한다. 이콘은 두 사람의 인연을 맺어준 담보물[140]이 된 것이다. 전당포 주인은 성상 자체보다도 금은제 장식물이 필요했기에 성상의 장식을 벗기자고 제안했다. 그는 그녀의 이콘을 보관할 자질이 처음부터 부족했던 것이다. 세속적인 중재자 역할을 한 그녀의 이콘은 두 사람을 동시에 성물 모독의 공범으로 만들었다. 그러나 비장한 결심 끝에 성상을 모독하면서까지 전당포 주인의 아내가 된 온순한 여인은 이렇게 담보된 자신의 성상을 되찾기(выкуп) 위해서, 성상파괴의 죄를 보상(속죄)하기 위하여, 비장한 결심으로 바로 이 성상을 안고 기도와 함께 목숨을 끊었다. 도스토옙스키는 여기서 '돈을 갚고 물건을 되찾는다,' '보상한다'의 의미를 '속죄(искупление)'라는 종교적 의미로 해석한다. 정교회 교리는 자살을 살인보다 무거운 죄로 규정한다. 자살은 속죄와 참회의 가능성을 배제시킨다. 따라서 교회는 자살한 주검에는 장례예배도 준비하지 않고[141] 시신 곁에는 성상도 촛불도 없다. 스비드리가일로프의 몽환 속 소녀의 자살에 성상이나 기도도 없었던 것처럼. 그럼에도 불구하고 도스토옙스키는 보리소바의 자살을 온순한 죽음이라고 말한다. 성상을 손에 쥐고 자살했기 때문이다. 그 여인에게 붙여진 형용사로서가 아니라 그녀의 죽음에 붙여진 온순함이다. 그런데 ≪온순한 여인≫에서 작가는 제목에서부터 여주인공에게 '온순한 여인

140 ≪여주인≫에서 교회와 이콘을 밝힌 빛이 카테리나와 오르디노프를 성령으로 이끌어 만나게 했다면 ≪온순한 여인≫의 이콘은 속물적인 전당포의 전당물로 두 사람을 부부로 묶어준 중재자(посредница)가 된다.

141 ≪카라마조프의 형제들≫에서 조시마 장로의 설교이다: "... 그러나 이 땅위에 자기 목숨을 스스로 끊는 자들이야말로 불쌍한 인간들이다. 그들보다 더 불행한 자는 없다고 생각한다. 그를 위해 하느님께 기도하는 것은 죄악이라고 말한다. 교회도 표면적으로는 등을 돌리고 있는 상황이지만 나는 마음속으로 그들을 위하여 기도를 해도 된다고 생각한다. 그리스도께서는 이러한 사랑을 결코 물리치지 않을 것이다. ...(14,29)

(кроткая)'이라는 작품 속 여주인공의 고유명사화된 이름을 붙여주었다. 이처럼 ≪온순한 여인≫의 성상이 지닌 모순의 이미지는 여기서부터 분명하게 전제되어 있었다.

≪온순한 여인≫에서 작가는 화자인 주인공에게도 이름과 성을 생략하고 있다. 그의 작품 속 이름은 여주인공의 이름이 '온순한 여인'인 것처럼 '전당포 주인(закладчик)'이다. 이것은 작품 속 주제를 이끄는 두 주인공을 고유명사화하여 주위의 이름이 있는 등장인물들[142]과 차별화시킴으로써 모순 이미지의 이콘에 두 형상을 양면 대칭시키거나 또는 일체화하려는 작가의 의도이다.

온순한 여인은 남편과 결혼 후에도 이 '공상가'[143]의 엄격한 제도와 치밀한 계획에 의한 시험과 양육의 틀 속에 철저히 구속된다. 그러나 한 순간 온순한 여인은 반항하기 시삭했다. 남편이 기억하는 그녀의 반항은, 첫째 통제받지 않은 외출과 남자(에피모비치 중위)를 만나는 것이었고, 둘째는 남편의 치밀하고 의도적인 계획에 의하여 벌어진 권총사건이다. 그녀 모르게 장전된 리볼바 권총을 탁자위에 올려놓고 그는 잠자리에 든다. 온순한 여인은 눈에 보이는 권총을 들고 때마침 잠이든 남편의 관자놀이에 총구를 대고 방아쇠를 당기기 직전이었다. 그때 몰래 눈을 뜬 남편은 차가운 총구의 감촉을 느끼면서 이미 자기 자신과 승부를 걸고 있었다. 그녀는 권총을 내려놓고 만다. 공상가의 승리였고 그녀의 반란은 그 순간 좌절된다. 그러나 남편은 자신에게 철저히 정복당한 아내의 패배와 좌절을 오히려 동정한다. 자신 속의

142 다른 등장인물은 이름과 성을 지니고 있다: 율리아 삼소노브나, 에피모비치, 모제르, 도브로느라무프, 루케리아 등이다. 이들은 모두 부정적인 형상으로 등장한다. 돈, 요구, 세인 등의 모티브와 밀착된 속물들로서 온순한 여인을 괴롭히는 속성을 지녔다. 그럼에도 불구하고 화자와는 분명하게 차별되는 인물들이다.

143 도스토옙스키는 ≪미성년≫의 수기본 초안(1874-1879)에서 장편 ≪공상가 Мечтатель≫의 초인을 구상해 놓고 있었다. 그 속에서 작가는 살리아스의 ≪푸가초프의 군대≫속의 모티브를 차용하면서 "'공상은 그의 절망과 엄격한 공상가의 진문을 해결해준다," "나는 공상의 세계 속에서 거짓말을 하면서 살고 있다. 나는 진실을 원한다"고 서술하고 있다.(17.9)

또 다른 '나,' 즉 나약하고 소심한 공상가로서의 내면이 작용한 것이다. 그러던 어느 날 남편은 아내의 노랫소리를 듣게 된다. 그는 "아니 노래를 다 부르다니, 그것도 내 곁에서! 나에게 한 짓을 벌써 잊었단 말인가!"(24.27) 그러나 그는 아내가 종종 혼자서 노래를 부르곤 했었다는 루케리야의 말을 듣고 안도한다. 그 순간 그녀의 가냘픈 노랫가락의 여운[144]이 그를 희열과 흥분에 휩싸이게 했다. "나는 기쁨과 행복에 넘쳐 그녀의 발에 입을 맞추었다. ..." "-당신 옷에 입 맞추게 해주오. ... 이렇게 평생토록 당신을 위해 기도할 수 있게 해주오. ..." 성모상 앞에 엎드려 간원하듯 마음 약한 공상가는 온순한 여인의 발아래에서 자신의 오만과 폭정을 참회했다. 그녀는 눈물을 흘리고 있었다. 그녀는 자신도 모르게 불쑥 이렇게 입을 열었다. "나는 당신이 나를 그냥 이렇게 내버려 두리라 생각했어요." 온순한 여인은 그 순간 남편의 깨달음과 후회의 밖에 있었다. 그녀는 남편이 가진 엄격함의 체계를 수용하면서 남편이 자신의 제도에 여전히 확신을 가지고 있다고 생각했던 것이다. 그런데 그는 자신에게 방아쇠를 당기려고 했던 그녀를 이토록 사랑한다. 그런 아내에게 그는 관대했던 것이다. 그에게 중요한 것은 그녀는 남편이 자신을 그냥 이대로 내버려 두리라 믿고 있었다는 점이다. 여기서 화자는 이렇게 회고한다. "그런데 갑자기 내가 여기에 이렇게 남편으로서 다가오게 되었고, 그런 남편은 아내의 사랑이 필요하게 되었으니!" 이 순간은 온순하고 겸손한 그녀로서는 충격일 수밖에 없다. 다음날, 아니 불과 조금전 그녀는 "나는 당신의

144 전당포 주인은 아내에게 약속한 대로 규칙을 정해놓고 극장 구경을 다녔다. 그가 기억하는 레파토리가 ≪행복추구(Погонь за счастье)≫와 ≪노래하는 새(Птицы певчие)≫였다. 이것은 당시 부르주아 계층이 반드시 감상해야 하는 멜로드라마의 대표적인 희극과 희가극이다. 오펜바하의 ≪노래하는 새≫ 또한 ≪온순한 여인≫에서 차용된 모티브가 발견된다. 유랑가수 피콜로와 페리콜라의 결혼, 결혼을 위한 둘만의 공상과 제도 등이 그러하다. ≪온순한 여인≫의 아내가 부르는 멜로디에서 전당포 주인은 아내와 함께 극장에서 감상했던 이 배우들의 노래를 떠올렸을 것이다.

충실한 아내가 되겠어요. 나는 당신을 이제 존경하겠어요. ..."(24.32) 라고 말했다. 남편은 아내를 꼭 껴안으면서 그녀에게 키스를 하였다.

그런 다음 그는 아내와 약속한 볼로뉴 여행을 준비하러 집을 나섰다가 두 시간쯤 지나서 돌아왔다. 5분만 빨랐어도 화자는 루케리야의 다음과 같은 상황설명을 이렇게 회고할 필요가 없었을 것이다. 그녀의 설명을 요약하면, "성상이 그녀 앞에 있는 테이블 위에 놓여있었고, 그녀가 그 앞에서 기도하고 있는 것을 보았는데 이상한 느낌이 든 루케리야가 10분쯤 후에 다시 되돌아왔다. 온순한 여인은 손에 성상을 쥔 채 열린 창문틀에 올라서 있었다. '마님, 마님'하고 소리쳤으나 그녀는 그대로 발을 떼면서 성상을 가슴에 꼭 안은 채 몸을 던졌다"(24.33)는 것이다. 두 사람의 대치는 이렇게 반전에 반전을 거듭하고, 공황상태에서 절규하는 화자의 독백은 작품의 환상적인 톱니 속에 맞물려 들어가듯이 화자가 임의적으로 만드는 다층적인 동심원의 구조를 형성한다.

그러나 이와 같은 이야기 구조 속에서 독자의 견디기 힘든 가슴 답답한 질문, 다시 말하면 왜 온순한 여인은 꼭 자살을 해야 했으며 손에 든 성상과 그 자살의 의미는 무엇인가에 대한 대답은 여전히 모호하다. 그것은 성상이 자살과 함께 했을 때 그것이 지닌 모순의 의미가 더욱 선명하게 부각되기 때문이다. 온순한 여인은 남편을 사랑하는 아내인 척하기에는 너무 순수했다. 화자의 자문자답처럼 "그녀는 나를 속이고 싶지 않았다. 그녀는 반쪽 아니면 4분의 1의 사랑으로 나를 사랑할 수 있었던 것이다." 도스토옙스키가 그러했던 것처럼, 화자 또한 성상과 함께 한 자살의 수수께끼를 풀고자 안간힘을 쓰지만 그러나 그렇게 할수록 오만한 공상가의 고십은 더 굳어져만 간다. 그리고 자신의 명예와 이념을 지키려는 열망은 더 커진다. 화자는 그녀의 자살을 돌발적이며 모순과 오해(недоразумение)라고 고집했다. ≪온순한 여인≫에 대한 도스토옙스키의 초고 바리앙트의 메모가 이것을 증명하고 있다. 여기서 주인공 화자는 오해에 대한 확신을 갖지 못하면서 이렇게 자문한다: "아닌가? 정말 오해가 아닌가?(24.30)." 작가는 결국 최종본 대단원에서 "헛소리다. 헛소리. 무슨 잠꼬대 같은 소리를! 내가 그녀를 괴롭혔어. 그랬어!"(24.35)라고 정리하고 있다. 준비 노트에서는 "Измучил я её, вот что! Устала"(24.325)와 같이 '그녀는 지쳤다'는 말을 인쇄체로 구분 표기하여 덧붙였다.[145] 이것은 하녀 루케리야의 기억 속에 남아있는 그녀의 지친 모습과 화자의 마지막 고백을 일치시키고자 했음이다.

어떻든 화자는 여기서 진실을 깨닫고 오해가 아니라 자신이 그녀를 괴롭혔기 때문에 그녀는 삶에 지쳐 버린 것이라고 믿게 된다. 현장에서 그가 손가락으로 찍어본 한 움큼의 피(горстка крови)는 빈혈(малокровие)을 상징한다. 괴로움을 당한 온순한 여인은 삶의 에너지를 잃고 치명적인 빈혈증을 얻은 상태에서 갑자기 현기증을 일으켜 추락사했을 수도 있다. 화자는 자신이 그녀를 괴롭혔기 때문이라고 자인을 했으면서도, '한 움큼의 피,' '빈혈증'이 죽음의 원인이 될 수도 있다는 생각을 동시에 하고 있었던 것이다. 공상의 재료가 끝없이 많은, 스스로 공상가를 자처하는 화자였기 때문이다. 그러나 그것은 잠시 스쳐지나가는 공상가의 공상재료일 뿐이었다. 괴롭힘 때문이라는 화자의 고백은 이렇게 입증된다. "성상을 안고 떨어진 것을 본 사람이 없었더라면 루케리야를 의심했을 것이다." "도대체 성상 앞에서 기도한 것이 어떻다는 말인가. 죽음 앞에서는 아무런 의미가 없다"는 화자의 독백은 결국 그녀의 고통을 지켜준 성상만이 유일한 목격자요 증

145 ≪두 자살≫외에도 또 다른 여인(당시 산파로 일하던 피싸레바라는 성을 가진 젊은 여자)의 자살이 신문에 보도되었는데, 도스토옙스키는 그 여인이 남긴 유서의 '피곤해서 쉬고 싶다'라는 말을 메모했고 그것을 ≪온순한 여인≫에서 모티브로 삼고자 했다.

거라는 사실을 화자 스스로가 확인하고 있는 것이다. 또한 유서를 남기지 않은 것에 대한 의문도 이런 맥락에서 풀린다. 실제로 작가가 초고와 최종본을 거치면서 유서의 존재유무에 유의한 것은 모든 고통을 침묵으로 견뎌온 성상에 부여할 상징의 의미를 의식함이었다. ≪Два Самоубийства≫에서 신문기사 내용인 "держа в руках образ"를 필기체로 인용한 것은(23.146) 어떤 불평이나 비난도 없는 온순하고도 겸손한 주검에는 세속적인 유서가 필요 없음을 강조한 것이다.

도스토옙스키는 앞에서 언급된 ≪공상가≫의 작가메모를 준비하면서 살리아스의 장편 ≪푸가초프의 군대(Пугачевцы)≫ 속의 『한 여인의 꿈』에 관한 잠언적인 에피소드에 흥미를 느꼈다. 꿈을 꾼 여인은 작품 속 여주인공 파라냐이다. 그녀는 전쟁의 와중에 이반 공후와 결혼을 한다. 그녀는 곧 남편의 곁을 떠난다. 아내는 남편 곁을 떠났지만, 남편은 그녀를 구하면서 푸가초프의 군대에 의해 중상을 입는다. 그녀는 남편에게 맹세한다: "당신의 아내가 되겠어요, 마땅히 그렇게 해야 되니까요. 그때는 당신에게 복종하겠어요. 그러나 지금은... 지금은 당신의 것도 내 자신의 것도, 어머니의 것도, 그 누구의 것도 아니예요. ... 전 순례의 길을 떠나서... 혼자 떠나서... 돌아오게 되면... 그때는 모든 것이..."[146] 파라냐는 꿈속에서 은빛 옷을 입은 해맑은 얼굴의 젊은이를 보았다. 교회의 제단 남쪽 황제의 문에 그려진 미하일 천사였다. 그녀는 구약성경 속 '유지피'(Июдифь)[147]의 이야기를 읽고, 자기는 '러시아의 유지피'가 되리라 결심한다. 병상의 남편 곁을 몰래 떠나 적진으로 잠입해 들어갔다. 그녀는 푸가초프를 죽이고 가문의

146 Е. А Салиас, собр. соч. т. 3. с. 396 ≪Достоевский, Материалы и исследования.≫ 13. (СПБ., 1996), с. 160–161에서 재인용 번역.

147 구약 에스더서의 이야기를 연극화한 알렉세이 미하일로비치 짜르시대의 대표적인 종교극: 유대 여인 유지피가 베플리 도시를 침공한 느브갓네살(набходоносор) 황제군 사령관인 올로페른의 막사에 잠입하여 그를 죽이고 전쟁을 승리로 이끈 영웅적인 한 여인에 관한 이야기이다. Н. К. Гудзий, *История древней русской литературы* (М., 1956), с. 496–498.

명예를 회복하고 도시를 구한다. 신심 깊은 유지피가 그러했던 것처럼, 파라냐는 자신에게 주어진 신의 임무를 수행했다. 온순한 여인도 자살 전날 밤 남편에게 충실한 아내가 되겠다고 맹세했다.

여기서 두 여인의 형상에 공통분모가 놓인다. 온순한 여인은 모제르나 도브로 느라보프와 같은 속물근성의 전당포 주인들, 그리고 이들과 구별되는 전당포 주인이면서도 자신의 엄격한 제도 속에 갇힌 공상가인 남편의 세계 속에서 살고 있다. 이와 같은 여인이 자신의 본체가 파괴되고 순수한 자존심이 무너졌을 때, 병적인 장애현상, 즉 권총사건과 같은 반항의 죄를 범할 수밖에 없다. 그녀 역시 엄격함과 그로 인한 절망으로부터 자신을 구출해야 한다. 결국 전당포 주인은 성모이콘과 함께 한 온순한 아내를 통하여 마음의 정화를 체험하고 왜곡된 자신의 모습을 발견한다. 그러나 그녀는 그들의 세계를 박차고 나와 성상을 품에 간직하고 유지피의 길을 걸었다. 온순한 여인의 자의지와 행동은 파라냐의 그것처럼 고귀한 자기의 원칙이자 기준이었다. 파라냐의 순결하고 비범한 삶은 순교자다운 죽음으로 끝난다. 온순한 여인은 현실적인 닫힌 공간으로부터 열린 세계를 향해 성모상과 함께 뛰어내렸다. 신의 사랑이 왜곡되고 고귀한 자유가 구속된 전당포 주인의 곁을 기도를 드리면서 떠났다. 어머니 대지는 성상을 안고 떨어진 그녀를 포근히 안았다. 한 웅큼의 피만 흘리고 아무런 외상도 없이 살아있는 모습 그대로였다.

공상가로 자처하는 화자의 환상적인 독백 속에서는 다양한 세계관이 충돌하고 있다. 그것들은 화자 자신이 인지하는 내부에서 서로 충돌하면서 계속 대화를 발화시킨다. 도스토옙스키는 이 장치를 통하여 자신의 다른 작품 속 주인공들처럼 전당포 주인을 이제 막 부활시켜 주었고, 여주인공으로 하여금 온순한 형상의 아름다움을 영원히 간직할 수 있도록, 그리고 그리스도의 사랑이 더 이상 왜곡되지 않고 자유가 구속되지 않는 새로운 세계로 그녀를 인도해주었다.

1876년의 ≪작가일기≫ 속에는 ≪두 자살≫, ≪선고(приговор)≫ 등 펠리에톤식의 논고를 비롯하여 ≪온순한 여인≫을 위한 재료 모음, 수기 초안 및 초안의 바리앙트 등이 많은 지면을 차지하고 있음을 볼 수 있다. 그 만큼 작가는 이 작품을 위하여 용의주도한 준비를 하였고, 그 배경은 특히 그 무렵 사회적 문제로 대두된 젊은이들의 자살 사건에 대한 작가의 예리한 관찰과 문제의식이었다. 도스토옙스키가 ≪온순한 여인≫을 사실적인 내용과 환상적인 형식으로 작품화한 것은 자살을 할 수밖에 없는 현실적인 인간의 형상(인간의 삶의 모습)과 성모이콘(신의 형상)과의 상호작용을 문학예술적으로 표현하기 위함이었다. 가시화되지 않은 성모이콘의 모티브에 최대한의 힘을 실어준 것이다. 이 과정에서 이콘에 작용되는 현실은 이콘파괴의 형태로 노정되고, 현실에 작용되는 이콘은 이콘숭배의 모습으로 나타났다. 여기에서 문학적 상징물로서의 이콘이 지닌 모순성, 즉 양면성이 부각되면서 수수께끼같은 자살에 대한 모호한 의혹은 독자의 공감대를 증폭시켰고, 결국 그 해답은 독자의 몫이 된다.

안드레이 페체르스키와 구교도이콘

안드레이 페체르스키의 장편 2부작 『숲에서(В лесу, 1871–74)』와 『산에서(На горе, 1871–75)』이 주인공들은 볼가 강 연안의 숲과 산속에 뿌리내린 구교도 전통신앙을 신봉하는 라스콜리니키(раскольники)들이다. 작가는 이들이 살고 있는 우주 태초의 낙원의 세계–희귀한 산새와 동물, 볼가 강 지류를 떠도는 크고 작은 배, 양탄자의 수를 놓은 듯 끝없이 펼쳐진 야생의 풀과 수목–를 마치 서양화의 원근 구도적 밑그림처럼 펼쳐 보인다. 이 밑그림을 자세히 들여다 보면, 그곳에는 깊고 어두운 숲, 험한 산골짜기, 선명한 강의 지류들, 아담한 농가, 수도원과 작은 암자들, 그리고 살아 움직이는 사람들이 선명하게 부각된다. 이들 숲과 산속 사람들의 형상은 한 폭의 풍경화 위에 그려지는 프레스코나 이콘화의 역 원근법적 앞 그림의 구도를 만들면서, 그들의 삶의 터전인 수도원 성벽이나 암벽과 같은 이콘 속 후경의 배경(горка)과 유기체를 이룬다. 『산에서』의 주인공 마르코 다닐로비치 스몰로쿠로프와 『숲에서』의 주인공 파타프 차푸린은 마네파 수녀원장을 중심으로 하는 이 지역 구교도 가족들의 삶과 운명을 주도하는 중심 형상이다. 이들의 가족과 주변 인물들, 그리고 수도원 부락 (скит)공동체 구교도들의 비극적 운명은 하나의 뿌리를 가진 큰 나무와 나무에서 뻗어난 가지들에 매달린 열매와 꽃으로 상징한 우샤

그림 112 공동체 부락의 차소브냐 내외부

코프의 '나무 성모이콘'에 비유된다. 이와 같은 작가의 작품구도와 서사시적 장편의 주제 전개는 마치 다층구도로 그려지는 프레스코 화법이나 생애전 이콘의 클레이모 화법 구성원리에 다름아니라 하겠다.

두 장편을 구성하는 민족지학적 제재는 앞에서 언급한 문 밖의 자연과 밑그림에서만이 아니라, 문안의 풍경을 통해서도 구체적이고 상세하게 묘사된다. 주로 구교도 집안의 전통적인 신앙습관과 수도원 공동체 부락의 성물과 이콘에 대한 관례들이다. 시내의 고급 여관방에서 부자상인의 사위에게 줄 지참금 목록을 만들고 있다: 은제 장식의 골동품 리자, 진주박이 오클라드, 수건(убрус)과 수건에 박는 보석별, 그리스도 이콘과 티흐빈스키 성모이콘 등 구교도 부잣집들끼리 교환하는 값진 예물들이다. 주인공 차푸린의 아내가 집안성소에 모시고 있는 가족이콘들은 특히 다양하다: 가족들의 질병치료 이콘으로, 치통을 위한 안토니 성자이콘, 눈병치료를 위한 라브렌티 성자이콘, 천연두 예방치료의 코논 이사브리스키 선지자 이콘, 음주벽 치료를 돕는 보니파티이 고행수도사 이콘 등이 그 기본이다. 마네파 원장수녀가 관장하는 숲 속 암자수도원의 정진기도(отпуст)용 작은 예배당 내부[148]의 성물장식 또한 이 지역 구교도들의 전통 예배의식과 엄한 교리준수의 단면을 보여주고 있다. 이처럼 장편『숲에서』의 이콘 모티브는 주인공 부자상인과 그 가족들이 사는 케르젠스키 숲의 마네파 수녀원과 이 수녀원을 둘러싼 구교도들의 암자 수도원 부락을 배경으로 발전된다. 마네파 원장 수녀가 이야기하고 있는 케르젠스키 숲의 역사는 200년 전, 솔로베츠키 지방에서 일어난 도하농민과 라스콜리

148 구세주의 옥좌인 제단(алтарь)이 없는 사원의 축소판으로, 정식 예배의식을 치룰 수 없는 정진기도용 지성소(божница)는 교리에 따라 고행수도사의 무덤 위에 세워지는 묘비의 일종으로 본래는 교회의 지하통로 입구에 위치하는데, 수호 기적이콘의 계시에 의하여 신의 은총이 현현된 장소에 세워진다. 따라서 교회나 국가의 중대사를 앞둔 축원기도 행사가 이곳에서 치러진다. 〈그림 112〉 참조.

그림 113 예수탄생 프라주스키 화풍

니키의 폭동인 '솔로베츠키 폭동(Соловецкий бунт)' 현장으로 거슬러 올라간다. 17세기 러시아정교회 분열 역사의 생생한 현장인 솔로베츠키 폭동은 당시 짜르 알렉세이 미하일로비치와 니콘 총대주교의 교회개혁에 항거한 솔로베츠키 수도원 수도승들과 구교도 농민들이 합세한 사건이다. 사건 당시 이 수도원의 스히마 수도사(схимонах, 고참수도사) 아르세니의 꿈에 '카잔의 성모' 이콘이 현시되었다. 성모의 계시에 따라 진압군대의 포위망을 뚫고 숲으로 도망친 아르세니 수도사는 성모이콘이 약속한 땅인 이곳 케르젠스키 숲에 도착하여 수도원을 세웠다.. 그가 '약속의 땅'(하늘의 불기둥이 이스라엘 백성을 인도한 것과 같은) 케르젠스키 숲에 세운 샤르판스키 수도원은 으뜸이콘인 카잔 성모상이 약탈당한 순간 폐허가 되고 그 자리에 지금의 마네파 수녀원이 터를 닦게 된 것이다. 마네파 수녀원의 차소브냐 내부에 장식된 성물들을 보자. 분리파 구교도들의 작은 지성소이지만 그 내부는 으뜸이콘이나 성자들의 생애전 이콘, 또는 클레이모 이콘들이 대형 이콘화벽과 소형 이콘화벽들을 장식하고 있다. 수많은 은촛대의 촛불들이 타고 있고, 사방의 벽에는 노브고로드화파와 스트로가노프가의 이콘들이 금박과 진주로 수놓은 리자와 오클라드로 장식되어 있다. 우샤코프와 니콜라이 파블로네즈의 파르수나 성화를 비롯하여 이탈리아 프랴주스키 화풍과 같은 현대적인 외국풍의 이콘들도 걸려있다. 이렇게 장식된 이콘들은 거의 모두가 17세기 이전에 건립된 교회나 수도원에 봉헌되었던 유물이거나 아니면 표트르 대제 이전시기부터 가보로 전해져 온 귀족 집안의 가족이콘들이었다. 특히 5단으로 화려하게 장식된 대형 이콘화벽과 금은제 부조장식의 성상갑(Басменный оклад), 금은제 레이스장식(Сканный оклад), 그리고 각종 보석으로 정교하게 제작된 성상의 후광(Нимб) 등은 규모가 큰 교회나 사원일지라도 이처럼 완벽하게 갖추기 어려운 훌륭한 성물이다.

『승려파에 관한 인상기(Очерки Поповщини, 1864~1867)』에서 작가가 밝히고 있듯이, 분리파 구교도들은 로마노프 왕조 초기부터 황실내의 가족교회 헛간에 버려진 골동품 이콘들을 싼 값에 사서 모으기 시작했는데, 이것은 결과적으로 옛 러시아의 고고학적 자료보존이라는 그들만의 값진 공적으로 인정받게 된 것이다. 안드레이 페체르스키는『숲에서』에서도 이렇게 말하고 있다:

> "무식한 주임사제들은 교회의 귀한 엔티크 이콘을 유행을 타는 외국풍의 이콘으로 바꾸어 버렸다. 귀족의 손자들은 그들의 집안 지성소 창고에 버려진 선조들의 가보를 팔아서 세브로산 도자기, 파리산 양탄자, 골동품 남배갑, 그리고 순종 말을 사거나 외국인 애첩들과의 편력으로 탕진했다. 그러니 라스콜리니키들은 문화재와 같은 조국의 보물을 지키고자 자신들의 집이나 지성소에 이러한 성물들을 모아 놓고 있었다"(Т 2, с. 328)

두 번째 장편 산에서 멜니코프-페체르스키는 구교도 게라심 추발로프의 골동품 이콘상점을 배경으로 라스콜리니키의 이콘숭배사상과 이콘에 관한 풍부한 지식을 보여준다. 다음은 구교도 부자상인이자 타르 제조업자인 주인공 마르코 다닐리치 스몰로쿠로프와 골동품 수집상 게라심 추발로프와의 대화이다. 게라심은 희귀한 고서와 경매에 나온 골동품 이콘의 구입 대금을 충당하기 위해 이콘 애호가인 마르코 다닐리치를 찾았다. 게라심은 되도록 많은 돈을 빌릴 속셈에서 마르코의 구매욕을 이렇게 부추긴다:

–값나가는 마가복음 성자이콘이 나한테 있습니다만–라고 추발로프가 말했다.

–귀한 것이지요. 루블료프의 진본이라고 말할 수는 없고, 모스크바공국 시대의 화필[149]중의 하나로 4백년 남짓 된 것이랍니다.

–아니, 정말인가? 그렇게 오래된 이콘이 실제로 남아있다는 말인가? ... 하기야 나도 꽤 괜찮은 이콘이 하나 있지. 나의 수호천사이지. 바론스키 화풍(스트로가노프 화풍과 구별됨)인데 그다지 오래된 건 아니라네.

–바론스키 화필이라면 훌륭하지요, 프랴주스키 화풍에 가깝지만요.

–내가 갖기에는 좀 비싸겠지만 –마르코 스몰로쿠로프는 말했다.

–그것 좀 보여주시게나, 내가 꼭 얻어가야 겠네. ...[150]

그림 114 마태(천사)

그림 115 누가(황소)

그림 116 마가(사자)

그림 117 요한(독수리)

149 모스크바 화풍이라면 16세기말과 17세기 전반에 제작된 루블료프 화풍의 엔티크 이콘과 17세기말 모스크바에서 유행한 프랴주스키 이콘(프랑스, 이탈리아에서 건너온 서구회화풍의 접목된 이콘)으로 구분된다. 모스크바 화풍은 루블료프의 그것과 같이 녹색 톤이 두드러지고 음영이 선명하여 바탕과 배경의 밝기를 위해 채색 처리되지만 번쩍이는 금빛광택은 없다. 이에 비해 프랴주스키 화풍은 밝은 톤의 채색에 리자나 오클라드는 주로 금속장식되거나 아니면 여백 처리된다.

150 필자의 방점. 이콘과 같은 정교회의 성물은 '사다,' '팔다'로 말하지 않고 성물에 대한 존경의 표시로 '얻다,' '기부하다' 또는 '바꾸다(выменять икону)'라고 표현한다.

–독수리가 그려져 있는가?

–사자가 아니구요? –추발로프는 피식 웃었다. ...[151]

–말이 나온 김에 사제 예브도히야 골동품 이콘은 없는가?

–오래된 것이겠지?

–이백년은 넘었을 겁니다. 필라레트 총대주교 시대에 왕실 이콘화가(изограф: 이콘 전문가인 추발로프는 이코노피세츠 대신에 '이조그라프'라는 문어체를 사용하고 있음) 요시프가 그린 것이지요. 러시아 땅을 다 뒤져도 이런 이콘은 볼 수 없지요. 아주 희귀하니까요.

–크기는? –마르코 다닐리치가 물었다.

–축도용 슈틸리스토바야(благословенная штилистовая: 세로 27센티 크기의 이콘을 지칭하는 전문용어)이지요. –추발로프가 대답했다.

–내가 찾는 게 바로 그걸세 –마르코는 신이 났다.

–나한테 맡기게, 내가 기부함세. ...

–사실 나한네도 괜찮은 예브도히야 사제 이콘이 있네만, 포모르스키의 화필[152]로 주문 제작한 것이지. ...

–골동품은 아니지만 그것도 왕실 이콘화가의 작품이라네. 뒷면에 '직업 이콘화가 포스페예프[153]가 그림'이라는 낙관도 있고 ...(T.6, c. 19–23)

두 사람의 대화는 구교도들이 애호하는 이콘의 종류, 화필, 이콘화가, 그리고 이콘의 족보에 관한 전문가다운 이야기들로 소설의 한 장을 다 채우고 있다. 나아가서 작가는 소설의 그 다음 장에서 보다 긴 이콘에 관한 이야기를 계속한다. 앞 장에서 두 사람이 약속한 이콘들

---

151 그림 114~117에서 보듯이 원래 이콘 속 복음 성자 마가의 표상은 하느님의 능력(용기와 결단)을 상징하는 사자이고, 성자 누가의 상징은 황소이며 마태성자는 천사의 형상이다. 요한 성자는 여호와가 모세에게 말해준 독수리로 상징된다. 그러나 17세기 전반까지 5명의 총대주교를 거치면서 모스크바 러시아정교회는 마가 성자의 상징을 독수리로 그려왔다. 여기서 추발로프의 웃음은 자신이 소장한 마가성자이콘이 4백년된 것이니까 당연히 독수리가 그려져 있음을 주지시키는 요소이다.

152 포모르스키예(Поморские) 화필 이콘은 북러시아 올로네츠키 현의 다닐로프나 렉스시엑의 무승파 리스콜니키의 공동체 부락에서 제작된 것으로, 당시 모스크바 프레오브라젠스키 묘지에 그려진 이콘들이 자주 이 화필로 사칭되기도 했다.

153 시도르 포스페예프는 모스크바 우스펜스키 사원의 이콘(1644)을 그린 궁정 이콘화가이다.

을 흥정하고자 마르코 다닐리치는 추발로프의 가게를 다시 찾았다:

"-이보게 친구, '신의 자비 (Божие милосердие, 구교도들간에 표현하는 이콘에 대한 존칭)'를 교환하러 왔네 ... 홀루이 산[154]으로 주게나, 질이 좀 떨어져도 유물로 전해 내려온 것이면 좋겠고. 아, 그리고 말락사가 아닌 것[155]으로 주게 ..."

-말락사 이콘은 우리가게에도 없습니다. 공장에서도 만들지 않거든요. ...

이콘을 흥정하던 중에 마르코 다닐리치의 영지가 화재로 전소된 사실이 밝혀진다. 이때 마르코는 자신의 집에 불이 난 것을 '신의 방문 (Божные Посещение)'이라고 표현했다. 이들은 자연재앙인 화재를 인간의 죄에 대한 신의 형벌이라 믿었기 때문에, 신의 방문인 화재를 소화하는 행위는 오히려 신의 벌을 피하려는 의도로 간주한다. 그래서 사람들은 더 이상 화재의 재앙이 없도록 이콘 앞에 용서와 구원의 기도를 올리는 것이다.[156] 마르코 다닐리치는 새 집의 성소를 꾸미기 위하여 모두 70개가 넘는 각종 형상의 이콘을 주문했다. 이것은 그의 영지가 그만큼 크다는 것을 말해 주는데, 그는 새 집의 공사를 막 끝내고 본채와 별채 농가들의 집안 성소를 장식할 이콘이 종류 별로 필요했던 것이다. 구교도이건 공식교회의 정교도이건 러시아 정교신자들의 집안이콘 봉정은 관례상 성소에 필요한 이콘의 개수와 종류는

---

154 이바노프스키 현 서남쪽 홀루이(Холуй) 지방의 이콘제작소에서 생산되는 대중적인 값싼 이콘을 말함. 혁명 이후 이 제작소를 기반으로 홀루이 지방은 파피예-마쉐(папье-маше: 종이나 석고를 이겨 만드는 미니아츄어 민속 세공예품) 생산지로 유명해짐.

155 니콘 총대주교가 발표한 정교회 신교리집『십계명, Стрижал』에는 새로 개정된 '세 손가락 성호(троеперстие)'의 예시로 '니콜라이 기적성자 말락사'라는 성자표가 색인되어 있었다. 니콜라이 기적성자이콘의 원상은 본래 두 손가락 성호를 긋고 있으며, 말락사(малакса)의 의미는 그리스어로서 성자표에 등록된 성자의 이름 뒤에 붙는 존칭이다. '두 손가락 성호(двоеперстие)'를 고집하는 분리파 교도들은 니콘 총대주교의 이와 같은 개혁의 예시를 비난하면서, 이후 세 손가락 성호로 묘사된 이콘들을 '말락사'라는 비칭으로 불렀다. 니콘의 교회개혁과 성호의 손가락 파지에 대해서는 장실, "파벨 이바노비치 멜니코프의 문학과 이콘,"『노어노문학』, 제24권, 제2호, 2008, с. 131~132, с. 139 참고.

156 В. Лепахин. *Икона в русской художественной литературе*(М., 2002). с. 247-248.

거의 일정하다. 마르코의 집안성소는 모두 18곳이었고 각 성소마다 3점의 이콘이 관례상 놓여진다면 기본적으로 54점의 이콘이 필요했다. 기본이 되는 3점 이콘의 종류는 통상 첫째가 '구세주 이콘'이며 둘째는 '성모이콘' 셋째는 '성자이콘'이다. 이들 세 가지 기본성상들은 각각의 의미와 역할에 따라 다양한 제명을 갖는데 그 선택은 집안의 전통에 따른 숭배의 주제와 기도의 목적에 따라 주인이 임의로 결정한다. 마르코가 주문한 이콘의 종류는 전문가 추발로프도 동의한 것으로 보아 이 지역 구교도들이 공통적으로 숭배하고 애호하는 골동품 이콘-우브루스(수건: 주로 홀루이 지방 이콘화가들이 쓰는 용어)에 찍힌 '스스로 그려진 그리스도 성상'과 '엠마누엘(소년 예수) 이콘'을 포함한 구세주 이콘(18점), '불타지 않은 떨기나무 성모성상'을 포함한 성모이콘(18점), 요한 성자의 성상을 대신하여 니콜라이 기적성자가 그려진 '산체성상(деисус: 기도열 이콘으로 그 기본형은 그리스도 성상을 중심으로 좌측에는 요한 성자 성상 우측에는 성모의 성상이 그려진) 이콘'(18점), 그리고 음주벽을 고치는 '순교성자 보니파티이 이콘'-임에 분명하다. 그 외에도 마르코는 축일이콘 계열로 '그리스도 부활성상(полница:

그림 118 불타지 않은 떨기나무 성모이콘

그림 119 삼체성상

그림 120 순교성자 보니파티이 이콘

이콘화가들의 전문용어)'과 특별히 영지의 본채 건물(светлица)을 위한 '포두보르니(подуборный: 이콘 속 성상의 얼굴,손,발을 제외하고 화려한 금속세공의 오클라드와 리자로 장식한 이콘)'을 추가로 주문한다.

주문을 마치면서 마르코는 추발로프에게 "도둑을 예방하는 그런 이콘은 없을까? 아니면 내 삼밭에 도둑이 좀 덜 들게 하는 뭐 그런…"라고 묻는다. 구교도인 마르코는 성스러운 이콘을 앞세워 잠재된 자신의 우상숭배적인 속마음을 은연중에 토로한 것이다. 특히 기적창조 이콘에 대한 러시아인들의 숭상은 반기독교적인 또는 성물모독적인 우상숭배의 성격을 띤다고 말할 수 있겠다. 그러나 여기서 기억해야 할 것은, 『라스콜리니키에 대한 보고서』에서 정교회 신자도 아닌 멜니코프는 국가교회가 구교도 종파들의 이와 같은 우상숭배적 성격을 이콘타파주의로 매도했던 사실을 스스로 반박하고 해명했던 것이다. 실제로 그는 반박과 해명을 위해 이콘타파주의를 주장한다는 종파들을 탐문조사하고 관찰하였었다. 달리의 사전에 의하면 '이콘타파주의자(иконоборец)'는 이콘을 숭배하지 않는 라스콜리니키를 뜻하는 것이며 통칭 '참회교도

(духовые христиане),' '말라칸 교도(молокане),' 그리고 '성령부정파(духоборцы)' 등이 여기에 포함된다.

그러나 이 『보고서』에서 작가는 성령을 부정하는 종파의 교도나 육식을 거부하는 말라칸교도 같은 종파들도 특별히 이콘만을 부정하는 이콘타파주의라고 볼 수 없다고 주장했던 것이다. 다시 말해 니케아 공의회가 채택한 세례와 성찬식을 포함한 교회의식이나 교회의 조직 등을 결코 수용할 수 없다고 주장해온 그들도 자신들의 도그마적인 교리상에 이콘을 부정한다는 규정은 없다는 것이다. 특히 기적창조 능력을 지닌 이콘에 대하여 속세의 인간인 러시아 민중들도 주인공 마르코와 같은 비기독교적인 사고를 지닐 수밖에 없는 것이다. 그러나 사람들이 집안의 우환이나 재앙을 이콘 앞에서 간구할 때 그것을 돕는 것은 이콘이 아니라, 이콘 속 구세주, 성모, 그리고 성자들과 같은 신의 종복의 비호 하에 내려지는 신의 축복이다. 이콘에 대한 도스토옙스키의 숭배정신처럼, 이콘의 의미는 성물모독이나 비기독교적인 우상숭배를 초월하여 이콘을 생활화해 온 러시아인들의 속죄와 구원의 정신 그 자체인 것이다. 이 밖에도 세기말과 20세기의 시와 산문 속에서도 이콘의 모티브를 서브텍스트로 삼은 작품들은 다양하다.

파벨 이바노비치는 1818년 니주니노브고로드의 경비대 장교였던 아버지 이반 이바노비치 멜니코프의 아들로 태어났다. 미래의 작가가 태어난 직후 아버지는 군에서 전역하여 니줴고로드의 루코야노프 현, 볼가강 하류의 군청소재지와 세묘노프 등지에서 지방의회 위원으로 일한다. 아버지와 함께 살아온 이곳이 후에 멜니코프의 단편 『인상기』, 『보고서』, 그리고 장편 대작 『숲에서(В лесах)』, 『산에서(На горах)』의 실제 배경이 된다. 유년시절부터 시골의 농민이나 평민들 틈에서 그들의 토착어와 관습에 젖어 살아온 파벨 이바노비치 멜니코프가 니줴고로드 중학교에 입학했을 때는 니콜라이 1세의 반계몽적 관제체제가 노골화된 시기였다. 모든 계몽사상의 징후를 말살하고자 황제의 수하들은 물론, 황제가 직접 각급 학교의 교육체제와 입학제도 등을 통제했다. 푸쉬킨과 젤비그의 문학을 나름대로 즐기고 자작 연극공연을 하기도 했던 작가의 니줴고로드 중학교도 예외는 아니다.[157]스콜라 철학의 틀 속에서 암기위주의 주입식 학습에 채찍과 훈육의 획일적 중등 교육제도의 일례였다.

카잔대학 어문학부에 진학한 그는 체계적인 문학수업을 통하여 푸쉬킨, 레르몬토프, 고골 그리고 벨린스키의 문학세계에 심취한다. 이것은 감수성이 예민했던 멜니코프로 하여금 당시의 삭막한 사회현실에 대한 답답함을 풀어줌과 동시에 조국의 정치, 역사에 대해 보다 깊은 관심을 갖게 했다. 그는 중학교 시절 "푸쉬킨은 허풍스런 수다쟁이다," "레르몬토프는 채찍이 필요한 철없는 소년이다," "고골은 서투른 외설가다," "벨린스키는 무엇을 말하는지 자신도 모르는 미치광이다"라는 선생님들의 문학수업을 받아왔다. 그러나 이제 그는 대학에서 러시아문학이 당면한 현실을 직시하게 된 것이다. 특히 불가린에 대항한 벨린스키의 『문학적 공상(1834)』을 직접 접하면서, 진보적인 문학계의 선배들을 공감하지 않을 수 없었다. 졸업 후 멜니코프는 『여행수기(дорожные записки, 1839)』의 발표와 함께 크라예프스키의 ≪조국잡기≫에 동참한다. 이때는 그가 페름 중학교를 끝으로 교사생활을 마감하고 지방고문서국 역사지지학 통신원으로 근무하면서 관리생활을 시작한 시점이었다. 유년시절부터 고향지방 라스콜리니

157 ≪북방의 꿀벌≫ 편집장 우소프(П. Усов)는 당시 부편집장으로 함께 일했던 멜니코프의 소년생활을 이렇게 회상한다: ... 귀족부인 학부모와 한 문학교사의 밀고로 레파토리를 준비하던 어린 학생들의 위험한 음모가 적발되었다. ... 관례대로 당시 우리는 매우 엄격한 처벌을 받았다. ... (필자의 요약 의역) 이것은 니줴고로드 중학교에서 멜니코프가 이끈 소년 연극단원에 대한 교육당국의 처벌에 관한 에피소드이다. *Полное собрание сочнений П. И. Мельникова*, Том I, П. И. Мельников, его жизнь и литературная деятельность, П. Усова (С. Петербург и Москва, 1897), стр 25-26.

키의 관습과 신앙생활에 익숙해 있던 그는 니줴고로드 현의 구교도들이 주민들 가운데 가장 영향력이 큰 구성원이라는 현실에 특히 주목하고, 라스콜리니키의 기원과 진화의 역사부터 깊이 있는 조사에 착수한다. 수집되는 자료가 쌓일수록 러시아 전체의 사회정치적 삶속에 그들이 차지하는 비중이 얼마나 큰 것인가를 가늠할 수 있게 되었다. 공식정교회와 구교도 관구의 교리상의 차이, 당국의 라스콜리니키 근절책에 대한 근본원인 등을 규명하고자 그는 구교도들의 예배의식, 이콘과 같은 성물, 고문서 등을 찾아 그들의 옛 유산과 민중 전설을 기록 · 정리하였다. 1847년 29세의 나이로 파벨 이바노비치 멜니코프는 니줴고로드 현 지사의 특별위탁 관리로 발탁되면서, 그는 이미 라스콜리니키에 관한 전문가로 인정받는다. 그는 구교도들에 관한 정부와 정교회의 미해결 사건, 즉 비밀에 감춰진 라스콜리니키의 신원 파악, 도망친 구교 관구사제의 색출, 벽지에 산재한 구교도들의 스키트(작은 교회, 부락)의 파괴, 광신적인 라스콜리니키의 색출, 그리고 그들의 교리문답의 수거작업 등을 성공적으로 수행했다. 그의 이름은 페테르부르크와 모스크바까지 빠르게 알려졌고, 내무성과 황제 측근의 특별 지령까지도 직접 그에게 하달되었다.

파벨 이바노비치의 삶에 극명한 전환점이 만들어졌다. 푸쉬킨과 고골의 학생이자 벨린스키의 비평을 공감했던 문학도가, 고향의 이웃 주민들을 사랑하고 그들의 민중신앙과 전통 그리고 라스콜리니키의 역사에 남다른 관심을 쏟았던 역사학도가 이제는 니콜라이 정부관방의 충실한 관리로 변신되었다. 그는 자신의 천성과 양심에 반하여 출세와 실리를 쫓고자 했던 것인가? 진보적인 대학교육을 받은 그가 교사와 관리의 삶에 공통점이 없나는 사실을 몰랐던 것인가? 해답은 하나였다. 생활의 궁핍함을 피하고자 그는 현실적인 실리주의를 택한 것이다. 그 당시 관리직은 상급관리가 아니더라도 교사의 봉급보다

훨씬 많은 급료를 보장받았다.[158]

인생의 극명한 전환이 타인이나 외부로 노정될 때, 누구나 이중인격 인간으로 낙인찍히기도 한다. 관리로서의 그가 일에 대한 열정과 순수한 의지를 나타낼 때, 그것은 관료사회 속의 돈키호테 정신이라는 비웃음을 받는다. 골수 라스콜리니키의 색출에 대한 그의 공적은 고위층으로부터 신뢰와 찬사를 받지만, 반대로 동료관리의 질투와 반감을 사게 되었다. 그러나 멜니코프의 이중인격성에 대한 낙인은 무엇보다 자신에게 그 원인이 있었다. 학생시절 문학도와 역사학도로서 진보적인 자유사상가적 기질을 보였지만, 그는 급진적 사회개혁 사상에까지는 고무되지 않았다. 정치적, 사회적 자유화 운동의 중심으로부터 멀리 떨어진 지방에서 교육을 받고 자란 그로서는 당면한 혁명사상과 투쟁의 본체를 깊이 헤아릴 수 없었다. 예컨대『여행수기』의 게재로 그가 크라예프스키의 ≪조국잡기≫에 벨린스키와 함께 동참하면서 동시에, 그는 포고진의 대표적인 보수 반동잡지 ≪모스크비차닌≫에 같은 작품을 게재할 수 있었던 것이다. 관리의 신분이면서 서로 상반된 대표적인 잡지에 자신의 작품을 실을 수 있다는 것은 타인의 눈에는 두 줄타기 곡예사의 모습[159]으로 보일수도 있었을 것이다. 그는 푸쉬킨의 높은 인도주의 정신, 고골의 준엄한 조소, 레르몬토프의 쓰디쓴 부정을 진보적인 인텔리겐치야로서 인지할 정도였으며, 벨

---

158 М. П. Еремин, *П. И. Мельников(Андрей Печерский) очерк жизни и творчества, П. И. Мельников собрание сочнений в 8 томах*, Том 1 (Москва, 1976), стр. 17.

159 그러나 멜니코프가 두 편집장에게 보낸 편지에는 작가의 강하고 일관된 주관이 뚜렷하다: "크라예프스키에게: 당신의 출판사업의 목적은 고귀합니다. ...모국 러시아에 대한 사심없는 당신의 사랑이 실현되기를 신께 빕니다. 우리는 외국풍의 가면을 벗어야 하며 이제 원숭이 놀이도 그만할 때입니다. 내말의 진심을 의심하는 그런 사람은 러시아인이 아니겠지요! ... 나는 어머니 러시아를 사랑합니다. ...나는 순수한 루시 혈통입니다. ...나는 타타르도 프랑스인도 아님을 보증합니다. ..." "포고진에게: 당신의『모스크비차닌』의 프로그램과 첫 인쇄본을 보고 나는 이 잡지의 주된 목적이 러시아인들로 하여금 루시를 알게 하는 것임을 알았습니다. ...당신은 러시아인이고 나 또한 러시아인입니다. 그런데 페테르부르크의 문인들과 잡지인들은 머리는 영국인이요 몸뚱이는 러시아인이지요. ..." Л.А. Аннинский, *Ломавший повесть о Мельников-Печерском Энизод из дорожных записок* (М., 1988), стр. 1-16 참조.

린스키의 설파에도 감동받았으나 혁명적 기운을 직시할 줄은 몰랐다. 또한 역사학도로서 그는 러시아 사회발전을 저해하는 주적은 귀족계급의 이기적인 탐욕이며, 무식한 관료의 수뢰와 협잡 그리고 고관대작의 전횡과 냉담이라고 규정했다. 그만큼 대중은 학대받고 몽매했기에 이들로 하여금 이러한 현실을 직시하게 하면 그들은 계몽될 수 있다고 믿었다.

이러한 파벨 이바노비치의 견해는 라스콜리니키에 대한 그의 태도에 그대로 적용된다. "... 이른바 라스콜리니키든 승려파든 무승파든 모두가 근본적으로 무지와 야만의 극치다. 이들의 도그마와 종교적 전통은 최소한의 문명화는 물론 대중의 시적 삶을 구가하는 모든 것들로부터 벽을 쌓았고, 농촌공동체 정신에서 불리는 노래와 슬라브 민족의 전통춤 등을 악마적인 것으로 간주했다. ...."[160] 이것은 그가 내무성의 과제로 쓴『니쥐고로드 현 라스콜리니키에 대한 현 실태 보고(1855)』내용의 한 구절이다. 순수한 계몽의식의 견지에서 멜니코프는 그들의 비밀스럽고 고답적인 도그마에 대해서는 이처럼 강한 증오를 나타냈고, 때문에 예술가의 재능을 타고난 그로서도『사제장 아바쿰의 생애전』과 같은 구교도 지도자의 훌륭한 기념비적 작품을 높이 평가할 수 없었던 것이다. 그러나 이『보고서』내용에서도 밝히고 있듯이, 멜니코프는 러시아의 문화, 역사를 지켜준 많은 고대문헌의 원본, 기독교 서적, 그리고 다양한 예술적 성상화를 보존해 온 구교도들의 노력과 그 정신을 높이 평가하고 있다. 특히 "라스콜리니키-이는 대중의 삶에 무거운 짐이다"는 이 보고서 속의 글귀는 함축적 의미를 갖는다. '무거운 짐'의 의미는 전설적인 구교노파들의 도그마가 각종 사회악의 토양이 되어 러시아의 사회정치적 삶의 모순을 초래했다

160 П. И. Мельников(Андрей Печерский) *собрание сочнений в 8 томах*, Том 1 (Москва, 1976), стр. 20-21.

는 것이다. 부연하면 신앙은 법 밖에 있다고 믿는 구교도들을 관료주의가 파렴치하게 약탈했고, 국가 정교회 사제는 그들을 밀고하지 않는다는 대가로 그들에게 충성심과 공물을 강요했다. 지주들은 가난한 구교도들로부터 받는 연공의 대가로 그들을 비호했고, 부유한 상인 구교도들(『숲에서』와 『산에서』의 주인공 파타프 막시므이치 차푸린과 마르코 다닐르이치 스몰로쿠로프와 같은 부호들)은 이러한 먹이사슬을 이용하여 자신들의 사업의 성공과 부를 쌓기 위해 라스콜리니키의 전통적인 도그마를 의식적으로 유지해야 했다. 이러한 사실을 멜니코프는 잘 알고 있었다. 이것은 러시아 최고통치권이 농노제를 옹호하듯이, 라스콜리니키의 존재를 내밀하고 비합리적인 방법으로 인정하는 것과 다름 아니었다. 『보고서』의 끝에서 멜니코프는 전체 구교도 대중의 인간적 삶의 자유와 이익을 보호해주기 위해서는 정부나 정교회 당국의 공권력으로 '무거운 짐'의 온상인 골수 라스콜리니키들을 제압해야 하고, 이를 위해 많은 시간이 필요하겠지만, 정직한 관리와 청렴한 사제들이 문제해결에 앞장 서야한다고 확언한다.

니콜라이 1세 치세의 마지막 해에 제출된 『보고서』는 결국 고위당국자들에 의해 거부된다. 현실에 맞지 않는 급진적인 방법 제시라는 이유였다. 이 『보고서』로 인하여 십년이 넘는 고위관리로서 멜니코프의 공직경력은 사실상 마감되었다. 그렇지만 관료로서 그의 풍부한 경험은 결코 헛되지 않았다. 이와 때를 같이 하여 파벨 이바노비치 멜니코프는 블라지미르 달리가 권유한 필명 안드레이 페체르스키라는 이름[161]의 작가로 새롭게 태어나게 된다. 두개의 단어가 결합된 'Андрей

161 달리(Вл. И. Даль)가 1849년부터 니주니노브고로드의 왕실령 위원회의 위원장직을 맡고 있을 때, 멜니코프가 곁에서 그의 일을 도왔다. 달리는 자신의 대작 『러시아어 의미사전』의 편집을 시작하고 있었다. 멜니코프가 자신의 원고 『크라실니코브이』를 그에게 보여주자 달리는 여행수기 속의 삽화적 이야기인 이 단편에서 작가의 예술적 감흥을 감지했다. 그는 멜니코프에게 필명을 권했고, 필명은 페체르스카야 거리 이름과 멜니코프의 셋집 주인 안드레예프의 성을 따서 만들어졌다.

Печерский'는 러시아 최초의 성자 이름이 역시 최초의 동굴수도원과 울창한 북방 숲의 느낌을 풍기는 성(姓)과 결합된 것이다. 오늘날까지 작가의 문학적 이름은 멜니코프의 모든 텍스트와 결코 떨어지지 않고 있다. 진보적 사상의 대학생, 그리고 교사에서 반동정부의 특수 관리로의 변신, 관리와 초년작가의 삶을 병행하면서, 진보와 보수라는 서로 다른 성향의 두 잡지를 동시에 스스로 인정한 점, 라스콜리니키의 색출과 파괴를 주도했던 그가 구교도 대중의 인간적 삶을 수호하고자 정부와 교회당국의 모순된 라스콜리니키 정책의 폭로자가 된 것, 나아가 구교도들의 유다이자 정부당국의 유다라는 멜니코프의 낙인은 당대 러시아의 사회정치적 삶의 과정에서 겪는 필연적인 한 개성의 정신적 선환기의 징표인 것이다.

관리의 신분으로 멜니코프가 문단에 발표한 첫 단편『염색공들(красильниковы, 1842)』의 성공은 자신의 문학적 재능에 확신을 갖게 했다. 여행수기 형식 중에서도 예술적인 인상기(художественный очерк)로서의 단편이라는 점에서 독자와 비평가에게 특별한 흥미를 끈 작품이다. 작품 속 일인칭 화자는 이 지역을 여행하던 도중에 들린 군청소재 C시의 한 피혁 염색공장과 공장주이자 부자상인인 코르닐라 예고르이치의 집안의 이야기를 간결하고 수식없이 서술해준다. 그러나 옛날이야기를 들려주는 한 이야기꾼의 어조 속에는 부자간의 대화, 집안의 구조와 가구, 그리고 식탁의 메뉴까지도 세밀하게 묘사된다. 특히 막내아들 세료자와 아버지 코르닐라 예고르이치의 대화는, 그들만의 대화 습관일수도 있지만, 한 누 바니로 간결하게 끝난다. 게다가 산난명료한 아버지의 말 속에는 고문체, 금인, 속담, 만어법적 비유 등이 즉흥적으로 구사된다.

세료자는 무릎을 낮게 꿇고 눈을 치켜뜬 채 아버지를 바라보면서 다소곳이 문설주에서 걸음을 멈추었다. ... 이 모습을 바라보던 아버지는 "– 어린 내 자식이라니, 아둔함이 아직도 머리에 남아있으니. ... 아직도 준마의 등에 올라 으스대기나 하고. ...–라고 곁에 있는 손님들을 향해 자식의 미숙함을 지적한다. 그는 잠시 말을 멈추고 한숨을 내쉬면서 목청을 높여 말했다. – 신의 뜻은 거역할 수 없는 법이야! – 세료자가 안으로 들어섰다. – 손님들을 모시고 공장으로 가! – 아버지가 아들에게 말했다. – 모든 걸 보여드려. 알겠니? 가서 기다려! 세료자는 방을 나섰다. 그러나 아버지는 가는 그를 돌려세우면서 조용히 말했다. – 미티카를 건조실로 보내! 알았어? 알겠어요, 아부지! – 다시 아버지는 큰소리로 덧붙였다. –썩 나가! 현관에서 기다려! ... 그리고 공장을 다녀오신 후에, 나리님들, 청컨대 차라도 한잔 하시지요. 제발 부탁입니다만 저희들의 대접을 사양치 마십시오. –아버지는 정중하게 손님들을 향해 말했다."(т. 1, стр. 64)

아버지 코르닐라 예고르이치는 정치적 사업가의 전형이다. 자신의 권위와 부를 위해서라면 부자간의 정도 무시하는 비열한이다. 그는 백만장자의 딸과 정략결혼을 반대한 큰 아들 드미트리도 결국 파멸시켰다. 코르닐라 예고르이치는 고골이나 오스트로프스키 시대의 부자 상인계급과는 다른 인물이다. 자기 자신과 관료주의적 삼단논법으로 국가경제를 논하는 정치적 산업자본가이다. 계몽은 상인이나 사업가의 이윤추구 정신에 반하는 것이며, 자신이 가진 부의 힘과 공권력의 비호가 합세하면 감히 초법적인 존재가 된다고 주장한다.

이 단편의 주제는 겉으로는 순수한 세태풍자인 듯하나 주인공 코르닐라의 언행 속에는 현실을 직시하는 진실의 목소리가 들어나기에, 권력자나 검열당국[162]을 당황하게 했다. 반동과 진보로 대립된 잡지문

162 『크라실니코브이』가 성공하자 검열국은 '페체르스키'라는 작가를 추적했지만, 그는 실제로 더 이상의 추적이나 체포를 당하지 않았다. 당국의 비호를 받을만 했던 관리신분이었기 때문이다. 당시 오스트로프스키에 대한 검열국의 탄압과 「사냥꾼의 수기」를 발표한 투르게네프의 구금과 유형의 실례를 기억할 것.

학의 비평 또한 한소리가 아니었던 만큼 독자는 더욱 혼란을 느꼈다. 그러나 『크라실니코브이』는 멜니코프로 하여금 자신의 작가적 사명을 확신하게 해주었고, 동시에 관료세계는 자신에게 낯선 세계임을 인식하게 하였다. 이제 그의 문학은 지금까지의 무주제와 상황설정의 부재를 탈피하고 주제설정에 의한 작품구성과 형식적인 틀을 만들게 된다. 그리고 그 속의 형상들은 현실의 실제인물이 겪는 내용과 줄거리를 이끌게 된다. 독자와 교감을 꺼려했던 작가는 이제 독자의 반향과 문학의 사회적 역할을 의식하게 된 것이다. 따라서 니콜라이 치세말년에 함께 출판된 작가의 단편 『폴리카르프 할아버지』, 『포야르코프』, 『옛 시대』, 『아주 먼 곳』, 그리고 『할머니들의 수다』 등에서는 독자를 실제의 상황 속으로 끌어들인 후 자신의 주인공들로 하여금 입을 열게 한다. 주인공들의 대화 속에는 동시대의 도스토옙스키나 톨스토이와 같은 심리적 사색이나 사상적 의미부여는 최대한 생략되면서, 그들의 언어는 선형을 이루면서 간결하고도 매끄럽게 나열된다. 때문에 이와 같은 선명하고도 단호한 음조를 띤 작가의 서술구조는 사상적 의미구현을 내면으로 숨겨둔다. 여기서 독자들은 안드레이 페체르스키를 '비밀스런 작가'로 전제한 예레민(М.П. Еремин)의 해설에 공감한다.

전담부서의 공직에서 물러난 멜니코프는 반관영신문 『러시아통보』지의 발행을 맡았지만 신문은 얼마 후 발행 중단된다. 그 후 관영신문 『북극성』을 거쳐 당시 내무성장관 발루예프의 추천으로 내무성 발행신문 『북방의 우체국』의 편집장이 된다. 그러나 더 이상 그는 당국의 충실한 전달자의 역할을 계속할 수 없었다. 관리로서의 짐을 벗고, 그는 1866년 모스크바로 이주하여 공식문단의 작가로 등장한다. 이주 후 그는 2년에 걸쳐 라스콜과 관련된 일련의 역사적 민족지학적 인상기들을 출판한다. 관리생활 초기에 출판했던 『탐보프 현으로부터의 여행일기』와 『라스콜에 대한 보고서』를 바탕으로 현장과 밀착된 보다 깊이 있는 인상기 『무승파에 관한 역사적 단상(1868)』, 『종파들의 비밀(1868)』, 그리고 『라스콜리니키의 통계(1868)』 등이 차례로 출간된다. 더 이상 민족사의 파괴자가 아닌 민족지학적 역사학자의 입장에서 서술한 탐사자료로서, 이것들은 안드레이 페체르스키의 창작세계를 완결하는 장편 2부작 『숲에서』와 『산에서』의 풍부한 문학적 자료이자 그 골격이 된다.

『숲에서』, 『산에서』의 구교도들

두 소설은 전 후 속편의 2부작 장편서사시로 불린다. 정확히 말하면, 『숲에서(1871~1874)』, 『산에서(1875~1881)』는 하나의 방대한 구성의 장편이 두 개의 복잡하고도 큰 부분으로 나뉘어져 있음에도 불구하고, 독자의 입장에서는 서로 분리될 수 없는 한권의 대작이다. 여기에는 작가의 이중적 세계인식에서 비롯된 무궁무진한 문학적 제재가 폭넓게 활용되고 있기 때문이다. 숲과 산사람들의 구교도적 신앙과 관습, 흘리스토프스키(채찍파 신도) 종파의 광신, 그리고 그들의 상업적 구조와 상품(펠트제조) 제작, 어업구조와 생선판매, 전설적 민속의 역사 등이 상세하게 묘사된다. 이러한 묘사 대상들은 관리 멜니코프의 삶과 작가 멜니코프-페체르스키의 문학예술적 감성이 한데 어우러져 반영되어진다.

1874년 11월 모스크바에서 열린 작가의 창작 생애 35주년 기념식에서 행한 작가의 답사 내용의 일부를 당시 『북방의 꿀벌』의 편집장이던 우소프는 이렇게 회고한다:

> "신은 제게 기억의 힘을 주셨습니다... 읽고 듣던 모든 것을 저는 기억합니다. ... 신성한 어머니 러시아를 여행한다는 것은 제게 운명적인 것이었습니다... 그 어디에선가 들리지 않습니까? 숲에서도 산에서도 늪지

> 나 툰드라에서도, 광산에서도, 농가의 잠자리에서도, 좁은 승방이나 수도원 암자, 그리고 궁전에서도. ... 저는 쓰고 싶어졌습니다. 그래, 쓰자하고 기억나는 대로 아는 대로 쓰기 시작했습니다. ... 내 작품의 문학예술성에 관하여 사람들은 말했지요. ... 그렇습니다. 신께 맹세코, 제가 종잇장에 막 첫줄을 쓰기 시작했을 때 저는 결코 몰랐습니다. 이 원고지의 마지막 줄에는 무엇을 써야 할지를. ..."[163]

장편 속 등장인물들은 대부분이 불행한 사람들이다. 동시에 주된 주인공들은 구교도를 믿는 훌륭한 가문 출신들이다. 순수한 감정과 사고를 지닌 젊은이였으나, 사회에 눈뜬 어른이 되자 본래의 감성은 냉혹한 현실에 모욕받고 파멸된다. 나스텐카처럼 처녀의 순수한 꿈을 끝까지 고집하면서 죽어가는 부류가 있는가 하면, 그녀의 약혼자 알렉세이는 삶의 추악함에 결국 무릎을 꿇고 본래의 인간성을 상실한다. 마샤 잘레토바처럼 추악한 영혼의 유혹 앞에 자신의 순수한 열정의 파괴를 스스로 자인하는 형상도 있다. 그리고 파타프 차푸린과 마르코 스몰로쿠로프와 같은 주인공들은 명예와 권력 그리고 부를 위해 결국 사업가로서 탐욕과 이윤추구만을 일삼는 범죄자가 된다. 이와 같은 부류의 당대 러시아 상인들은 계몽과 진보에 대한 믿음, 즉 까다로운 이성적 판단과 사고보다는 자신에게 익숙하고 편한 구교도의 신앙과 관습을 택했다. 구교도들의 전통적인 관습은 러시아정교회 역사의 중요한 한 부분, 즉 라스콜의 발단원인을 찾는 과정에서 그 뿌리를 찾을 수 있다. 니콘 총대주교의 『프살티르(1653)』가 출간되고 곧이어 총대주교의 교서로 모든 교회에 그 내용이 일방적으로 하달된다. 니콘의 『프살티르』의 주된 내용은 세 손가락 성호(троеперстие)와 새

---

163 П. Усов, *Павел Иванович Мельников, его жизнь и литературная деятельность, полное собрание сочинений П. И. Мельникова*, Том I (С. Петербург и Москва, 1897), стр. 275-276.

로운 경배의례(머리를 바닥에 닿게 하는 큰절에서 허리만 굽히는 작은 절로 변경)에 관한 것이었다. 또한 이 책은 현존해 온 혼란스럽고 난해한 각종 교회규정집들을 현 시점에서 통일된 종법집으로 집대성한 것이며, 동시에 지적 수준이 낮은 당시의 평신도나 성직자들에게 교회적 언어와 교리상의 용어를 가르치는 교과서이기도 했다. 본질에 있어서 니콘의 개혁은 내용보다 형식에 초점이 맞추어져 있었으나, 구교도를 고집하는 신도나 성직자들의 반발은 극심했다. 특히 성호와 경배의식의 일방적인 변경은 선조 대대로 내려 온 구교도들의 불가사의한 종교적 경험과 그 관습의 숭상이라는 점에서 충격적인 것이었다. 이것은 구교도들로 하여금 전통의식을 무조건 고수해야 하는 입장을 더욱 강경하게 만든 계기가 되었다. 반면에 신교도들은 자신들의 정교의식을 그리스 교회에 맞추고자 하는 종교문화적 가치를 중시하면서 계속 부차적인 교회의 개혁을 추진했다.[164]

구교도들이 고수한 두 손가락 성호(двуперстие)의 파지형태와 우에서 좌로 긋는 성호 동작, 그리고 두 번의 할렐루야(ал:재림, ил: 현현, уиа: 신) 찬미 등은 북러시아의 노브고로드와 프스꼬프 등지의 예식에서 비롯된다. 14세기부터 확산된 갈리치아 루시 일대의 아르메니아 기독교 단성론자(монофизит)들이 노브고로드 일대로 그 영역을 넓히면서, 이러한 의식의 형태는 당시 이곳의 유다이즘에 동화된 이

164 Б. А. Успенский, *Изобранные труды, Т. 1, Семиотика истории, семиотика культуры : раскол и культурный конфлит XⅦ века* (М., 1994), стр. 334-335 參조. 우스펜스키는 여기서 성호의 손가락 조립에 관한 신 · 구형태간의 차이는 기호학적인 면에서 큰 의미가 없다고 전제한다. 오른손 다섯 손가락 중에서 그리스도의 인신사상(신격과 인격)을 중시했을 때 집게와 중지 손가락이 조합되면 나머지 약지, 새끼손가락, 엄지의 조합은 자연히 성삼위일체의 표시가 된다(옛 방식). 새로운 방식에서는 성삼위일체 사상을 중시한다면, 엄지, 집게, 중지로 세 손가락의 파지가 되고 인신사상은 자연히 약지와 새끼손가락의 두 손가락의 조합이 된다는 것이다. 둘과 셋으로 조합되는 손가락은 물론 그 어떤 손가락이 더 중요한 의미로 표시되느냐에 대해서는 본래부터 이무런 지침이 없었으므로, 두 손가락 성호는 옛 의식에 대한 구교도들의 숭배의 상징이자 그 상징에 대한 강한 믿음으로 해석해야 한다고 우스펜스키는 정의하고 있다(약화 16 참조).

른바 노브고로드 · 모스크바 쥐돕스트부유쉬(жидовствующие) 종파에 의해 정착된다. 그 후 이곳은 모스크바 총대주교를 중심으로 그리스 정교 주교회와의 완전한 교권독립을 선언했고, 반면에 키예프, 리토프스키와 같은 남러시아 지역 교회는 17세기 말까지도 그리스의 이스탄불 주교관구와의 종속관계를 계속 유지하고 있었다. 따라서 이 지역과 서쪽 변방의 교회들은 북러시아 일대의 잘못된 교회의식에 반대했고, 그리하여 이 일대에는 라스콜리니키도 형성될 수 없었으며, 이곳 원주민들로서는 지금까지도 라스콜리니키가 생소한 대상이다. 멜니코프-페체르스키의 주인공들은 볼가 강 연안의 숲과 산속에 뿌리를 내린 이와 같은 구교의 전통을 신봉하는 라스콜리니키인 것이다.

작가는 이와 같은 몇 가지 부류의 작품 속 등장인물 대부분을, 특히 마네파 수녀원장과 그녀의 수도원의 운명에 얽힌 라스콜리니키의 문제와 관련시키고 있다. 장편의 시기적 배경 또한 라스콜에 관한 정치사회적 사건일지에 다름 아니다. 벨로크리니츠키 구교도의 대주교 관구[165]의 설립 직후(1846~1847)부터 시작되는 작품 속 사건의 발단은 케르젠스키 구교도 수도원[166]의 파괴직후(1853~1854)로 끝난다.

『라스콜의 현 실태보고서』에서 멜니코프가 주장하듯이, 국가정교회와 고위관리들이 스스로 라스콜리니키를 적으로 만들었는데, 그들은 짜르 알렉세이 미하일로비치 시대에 국가교회와 정부권력의 억압에

---

165 벨로크리니츠키관구(белокриницкая иерархия)는 성모 기적이콘의 현현으로 아브라미 갈리치아 사제(1375)가 수도원을 건립했던 당시의 교회마을 белая криница(하얀 샘)의 이름을 딴 것이다. 1846년 고위성직자들은 이 지역에 승려파(поповцы)들의 공동체를 결성하여 니콘파의 국가정교회로부터의 예속을 종식시키고 자신들만의 교회법규를 만들고자 했다. 이 관구는 가장 강력한 승려파 구교도 교회가 되었다. 그후 이들의 본부는 1853년 모스크바로 옮겨져 베글로포포프츠이 беглопоповцы(국가정교회로부터 도망친 승려파, 일명,베구니)의 일파인 페레마즈니츠이(перемазницы: 견신례, 즉 몸에 성유를 붓는 종파)의 공동체를 이루게 된다.

166 케르젠스키 숲 일대에 형성된 구교도의 수도원으로, 샤르판스키(шарпанский) 수도원을 중심으로 80개의 수도원과 2500명의 수도사와 수녀들이 거주했던 곳이다. 멜니코프가 『라스콜에 관한 보고서(1855)』에서 밝힌 광신도 라스콜리니키들의 색출, 수도원과 이콘, 그리고 고문서와 성서들을 파괴하고 소각한 사건현장이다. С. Зеньковский, *Русское старообрядство* (Минск, 2007), стр. 284-286 참조.

대항한 민중의 폭넓은 저항세력이 되었고, 또한 19세기에 와서까지도 반교회적, 반정권적 성향으로 고질화된 것이다. 이와 같은 상황에서 벨로크리니츠키 구교도 교구의 고위 성직자들은 이 지역 구교도 부자 상인들을 포섭하고 그들과 결탁하여 부와 권력을 누렸다. 『В лесах』의 주인공 파타프 차푸린은 자볼제스키 일대에서 라스콜리니키들에게 추앙받는 거물급 상인이다. 그는 이 교구의 설립에 관한 헌사를 수락할 것인가에 대한 이웃과의 논쟁에서 "- 내 물건을 사는 모든 나의 구매자들은 그분들을 따를 것이오. ... -라고 단호하게 말한다. 그의 말을 받아서 마네파 수녀원장은 -파타푸쉬카(차푸린의 애칭)는 파산할 수도 있어요. 만일 새로 오신 주교님들을 영접하지 않는다면 우리 가운데 그 누구도 차푸린과는 거래하지 않을거예요. ... 신용도 떨어질 테고. ...-라고 차푸린의 말에 동조한다."(T. 2, c. 21)

이 지역에서는 거의 성녀로 추앙받고 있는 여주인공 마네파 원장수녀와 새로 들어선 교구는 이미 밀착된 관계를 맺고 있었던 것이다. 구교도 민중들, 즉 숲과 산속의 라스꼴 주민들의 안녕은 이들 부자상인과 고위성직자들의 비호와 그들에게 제공되는 하사품에 달려있다. 이와 같은 라스콜리니키들이 사는 구교도의 작은 수도원 부락에 관한 삶의 테마는 작품 전체의 흐름에 따라 구체화되면서 작가의 반부르주아적 주제와 자연스러운 조화를 이룬다. 라스콜리니키에 대한 구체적이고도 상세한 주제와 작가의 폭로성 주제전개와의 결합은 자볼쥐예 일대의 지정학적 역사, 즉 러시아 구교도들의 민족성과 문화에 관한 작가의 상세한 밑그림이 그 연결고리의 역할을 한다. 작가의 초기 단편 『그리샤(Гриша, 1861)』에 관한 한 가지 에피소드가 있다. 라스콜리니키의 생활세태를 주제로 한 비교적 긴 이 단편은 당시 작가에게 오점을 남긴 악평을 받았는데,[167] 그러나 한 사람의 독자 니콜라이 알

167 악평 중의 하나는 레스코프의 평이다. "-라스콜에 대한 멜니코프의 뛰어난 지식 속에는 불쾌한

렉산드로비치(알렉산드르 2세의 후계자)에게는 깊은 감동을 주었다. 후계자는 멜니코프에게 볼가지역 여행안내를 특별히 부탁했고, 니줴고로드의 시장구경에서부터 카잔까지 항해도 그와 함께 했다. 작가는 러시아의 자연과 더불어 후계자에게 민족지학적 제재들을 눈으로 직접 보여주면서 뱃길을 따라 민족사 강의를 했던 것이다. 볼가 연안의 르스코프에 도착했을 때 왕자는 "파벨 이바노비치, 당신이 이 모든 것을 다 쓰면 어떻겠소: 자볼제스키 민중의 삶, 신앙, 전설 등을 말이오."[168]

『В лесах』, 『На горах』 속에서 작가는 라틴어의 동식물학적 주해를 단 페이지마다, 각주들, 고문체와 방언 그리고 영웅서사시적 표현들을 통해 작가 자신의 폭넓은 지식을 입증하면서, 마치 음창시인이 서사시적인 포볼제스키 낙원의 미로 속으로 독자를 안내해주는 듯 글을 진개해나갔다. 그 낙원은 순수한 태초의 기원을 알 수 없는 낙원이다. 그러나 작가의 민족지 학자다운 노련하고도 꼼꼼한 필치 덕택으로 그 오묘한 낙원의 세계가 독자로서는 그다지 낯설지 않다. 호머를 닮은 고골, 고골을 닮은 멜니코프-페체르스키의 서사시인 것이다.

민족지학적 제재는 창밖의 자연뿐만 아니라, 문안의 풍경을 통해서도 강조된다. 즉 구교도들 가정의 민속신앙적 관습과 수도원 부락의 교회적 전통의 상징인 성물에 관한 볼거리이다. 먼저 도심에 위치한 한 고급 여관방에서 부자상인 한 사람이 장래의 사위에게 주는 지참금의 목록을 열거한다: 은제장식 리자 골동품, 그리스도 이콘, 티흐

관료주의적 조소가 있다. 특히 『그리샤』에서 예리하게 드러난다. "나는 이렇게 나의 선생님에게 반박의 비평을 했다. 나의 칼럼이 인쇄되자 파벨 이바노비치는 내게 화를 내셨다. ... 예술적인 면에서 멜니코프의 『그리샤』는 보잘 것 없으며, 신실이라는 점에서도 불구이다. 어떻게든 이것은 라스콜리니키의 세계에 관한 믿을만한 인상기라고 말할 수 없다.(Аннинский, указ. соч., стр. 36 참조.) 멜니코프가 우소프의 『북방의 꿀벌』에서 부편집장이었을 때, 레스코프는 젊은 리포터로 그와 함께 일하고 있었다. 그보다 12살이나 어린 나이였던 레스코프의 비평은 예상외로 준엄했다.

168 니콜라이 알렉산드로비치는 그로부터 4년 후에 죽는다. 결국 작가는 장편 『В лесах』를 완성함으로써 다음 후계자인 알렉산드르 3세에게 그 약속을 지켰다. Там же., 37 참고.

빈스키 성모이콘, 진주박이 오클라드와 우브루스에 박힌 보석 별 등 구교도 부자들이 교환하는 매우 값진 성물들이다. 주인공 차푸린의 아내가 모시고 있는 집안이콘들은 다양하다. 특히 가족들의 질병치료 기도용 이콘: 치통을 위한 안토니 성자이콘, 눈병을 위한 라브렌티 성자이콘, 천연두 치료의 코논 이사브리스키 선지자 이콘, 음주벽 치료의 보니파티에 고행수도사 이콘 등이 그 기본이다. 마네파 원장 수녀가 관장하는 숲속 암자수도원의 정진기도(отпуст)용 작은 예배당의 성물장식 또한 이 지역 구교도들의 이콘숭배 관습과 전형적인 교리준수의 일면을 보여 준다.

『숲에서』와 『산에서』의 문체와 텍스트 구성은 깊고 어두운 숲, 험준한 산골짜기, 강, 포근한 농가들, 수도원과 작은 암자들 그리고 그 속의 사람들로 그려지는 회화적 리듬과 조화 그 자체이다. 이것은 고대 러시아의 이콘이나 프레스코의 화판구조에 다름 아니다. 역원근법 화필의 원칙에 따라, 후경의 교회성벽과 그것의 구조물이나 암석을 배경(산, горка: 이콘화 배경의 기본요소)으로 등장하는 인물들의 형상은 서양회화의 원근법적 구도를 통해 투영되는 개인의 성격이나 행동이 아닌, 자신의 삶의 테마와 운명을 전경으로 하여 후경의 고정된 구조물과 조화를 이루고 있다. 이러한 전경과 후경의 조화는 절제된 색감, 형상의 선명한 톤, 덧칠과 타각 그리고 주조와 같은 전통 이콘화법에 따라 입체적으로 투영된다. 또한 『산에서』의 주인공 마르코 다닐로비치 스몰로쿠로프는 『숲에서』의 주인공 파타프 차푸린의 역할도 함께하는 1인 2역의 인물이다. 그리하여 이들의 주변인물의 비극적 운명은 하나의 실타래를 엮는다. 작은 그림들이 조각조각 하나의 고리에 엉킨 채 매달려 있는 것이다. 이른바 『성모수태고지』, 『기적성자』, 『성서의 전설』 이콘과 같은 클레이모 화법(작은 이콘들의 이야기 모음)의 논리와 같다. 동시에 멜니코프-페체르스키의 서사시적 장편은 새로운 가지를 위 아래로 자유롭게 뻗으며 자라는 한 그루의 큰 나무처럼 그 주제의 폭을 넓혀 나간다. 이것은 또한 다층구조로 그려지는 프레스코화법의 구성원리이기도 하다(그림 3, 4 참조).

우소프의 증언에 의하면 멜니코프는 러시아 정교의 신자도 아니었고 구교도의 교회나 그들의 이콘을 믿지도 않았다. 오히려 그는 한때 라스콜리니키의 성물들을 빼앗고 파괴한 그들의 적이었다. 그러나 독자는 그의 『보고서』, 『인상기』 그리고 이 장편을 통하여 작가의 이콘에 대한 애착과 존경심을 충분히 감지할 수 있다. 보다 중요한 것은 멜니코프-페체르스키는 문화재로서의 골동품 이콘이나 성물을 지키고 숭배해 온 구교도들의 노력과 그 정신을 민족지학적 역사학도의 관점에서 높이 샀던 것이다.

우소프는 회고록에서 "Крупное дарованіе Мельникова, какъ самого выдающегося белетриста-этнографа, выразилось въ первыхъ же его мелкихъ разсказахъ, достигнувъ впослѣдстве высочайшаго развитія въ двухъ замечательныхъ твореніяхъ его пера: 『Въ лѣсахъ』 и 『На горахъ』 (П. Усов, том 1, стр. 4)"–가장 뛰어난 민족지학적 소설가로서 멜니코프의 무한한 재능은 훌륭한 두 장편 『숲에서』와 『산에서』를 통하여 유감없이 발휘되었다–고 극찬한다.

정교회의 한 주교가 형용한 '바울에서 사울로,' '파문으로부터 할렐루야'로 변용된 멜니코프를 가리켜 혹자들은 '이중인격성의' 또는 '비밀스러운' 작가라고 말한다. 그러나 그는 러시아의 당면한 사회적 삶의 진실을 추구하는 과정에서, 자신의 순수한 내면적 사고의 전환점을 있는 그대로 받아들인 것이다. 그 전환점을 통해서 그는 조국 러시아의 역사와 민족정신에 대한 지적 탐구욕을 높였고, 또한 넓고 깊게 민족서사시적 창작세계를 펼쳐 나갈 수 있었다. 200년전 솔로베츠기 지방에서 일어났던 라스콜리니키들과 농민들의 폭동사건

(соловецский бунт)은 2세기가 지난 현재, 자볼쥐예의 숲과 산 속에 거주하며 국가교회와 짜르 정권에 대항했던 라스콜리니키들의 정신적 삶의 모태이다. 솔로베츠키 폭동은 당시 짜르 알렉세이 미하일로비치와 니콘 총대주교의 개혁에 대항하여 솔로베츠키 수도승들이 주도하고 라스콜리니키 농민들이 합세한 사건이었다. 이 수도원 공동체의 삶의 역사는 다시 4세기로 거슬러 올라가서, 바실리 성자와 파호미 벨리키 고행수도사의 엄격한 수도생활의 본산인 키노비야(киновия)[169]의 종교적 정신적 역사인 것이다.

장편 『숲에서(В лесах)』 속의 마네파 원장 수녀는 솔로베츠키 폭동 사건에 관련된 카잔 성모이콘의 계시와 그 계시를 받고 케르젠스키 숲으로 도망친 스히마(схима) 수도사 아르세니에 관한 전설적인 이야기를 들려준다. 아르세니가 이콘의 안내로 도착한 곳은 이스라엘 백성이 하늘에서 내린 불기둥을 따라 '약속의 땅' 이스라엘로 인도된 것처럼, 라스콜리니키의 터전인 케르젠스키 숲이었다.

안드레이 멜니코프가 작품 속에서 설명하는 자볼쥐예 숲의 지형, 즉 볼가 지류의 운쟈, 바트카 연안의 일부인 케르제네츠와 베투루 그리고 코크샤 일대의 '검은 침엽수림(чёрнораменский)' 지역은 17세기 후반 러시아 라스콜리니키들의 주거지였다. 아르세니 수도사가 약속의 땅 케르젠스키 숲에 세운 샤르판스키 수도원은 으뜸이꼰이었던 카잔 성모상을 빼앗기면서 폐허화되고, 이제 마네파 수도원을 중심으로 하는 라스콜리니키의 암자수도원 부락이 된 것이다.

클류체프스키는 이렇게 말한다: "멜니코프-페체르스키를 나는 겨우 추적할 수 있었다. ... 그의 장편들은 러시아인의 민족적 자기인식

169 키노비야는 그리스어의 공동체부락(общежитие)을 뜻하는 용어이다. 4세기 파호미 벨리키 시대에 그리스의 엄격한 수도생활의 본산으로 현대에는 켈리야(келия), 스키트(скит), 그리고 수도원(монастырь)과 동의어로 사용된다. Н. С. Мовлева, *Малый православный толковой словарь* (М., 2005), стр. 216-217 참조.

을 위한 보편적이면서도 동시에 독특한 예술적 경험이었다. 따라서 그것들은 역사적 시간의 범주를, 작가적 세계관의 한계를 뛰어 넘고 있으며, 박물관식 인종지학의 경계와 민족적 독서의 경지를 벗어나 그 끝이 보이지 않는다."[170] 작가의 무한한 창작세계는 러시아 정신이 숨쉬는 숲과 산, 즉 자연의 무궁함에서 비롯되었다. 그 속에 살아 숨쉬는 민중과 라스콜리니키들의 역사를 파헤치면서, 멜니코프-페체르스키는 민족혼의 영속성과 무한성을 인지했다. 그리하여 '신의 자비'라는 이름의 이콘이 약속의 땅 케르젠스끼 숲으로 그들을 인도했던 것처럼, 그는 민족혼의 정체를 감지할 수 있는 자신의 창작세계로 독자들이 몰입하게 했다.

톨스토이와 체홉에 이어 20세기 소비에트 러시아문학의 시작을 연 막심 고리키의 작품 속에도 시대적 사회상과 민중의 삶을 반영하는 이콘의 모티브가 선명하다. 그의 중편 『고백(исповедь, 1908)』은 20세기 새 시대를 사는 러시아 내중들의 면전에서 병든 소녀를 낳게 한 기적 성모이콘의 이야기를 대미로 하고 있다. 이

170 Л.А. Аннинский, указ. соч., стр. 69.

그림 121 세미오제르나야 성모이콘

그림 122 스몰렌스크 성모이콘

그림 123 카잔의 성모이콘

테마는 전염병을 퇴치한 정교회 전설 속 '세미오제르나야 성모이콘 (Семиозерная Икона Богоматери)'의 기적 이야기에서 비롯된다.[171] 『고백』에서 작가는 성모이콘 십자가 행렬의 기적의 현시를 목격한 화자의 입을 통해 이렇게 묘사하고 있다.

> "... 황금빛 군기 위로 태양빛에 반사된 불새처럼 성모마리아 이콘은 유유히 흔들리고 있었다... 이때 내 가슴은 갑자기 알 수 없는 불안과 두려움에 떨렸고 마치 벼락을 맞은 듯, 내 머리 속에는 '건신주의자는 민중이다.
> (Богостроитель-Народ)'라는 위대한 말이 떠올랐다. 나는 군중의 불호령 같은 외침을 기억한다. – 기도, 기도해야지! – 흥분한 군중 사이에는 동요가 일고 있었다..."

고리키는 이콘에 대한 세부 묘사도, 현시된 기적의 종교적 의미도 묘사하지 않는다. 작가는 다만 성모이콘과 함께 십자가 행진을 하는 민중들의 흥분과 동요를 화자의 격양된 감정표현으로 극대화시키고 있다. 손수레에 누운 병든 소녀의 회생은 성모이콘을 손에 든 민중들의 기도의 힘이었음을 강조하고 있는 것이다. 결국 고리키는 소녀의 병을 낳게 한 성모의 기적이콘과 십자가 행렬의 모티브를 통하여 자신이 주장해온 이른바 건신주의 사상[172]의 본질을 공개적으로 주지시

---

171 카잔 변경지대의 '일곱 개의 호수' 지역으로 예프미라는 젊은이가 이사를 왔는데, 그는 조상 대대로 물려받은 스몰렌스크 성모상(블라지미르 성모이콘 계열의 기적이콘)을 모시고 있었다. 꿈에서 그는 하늘에서 내려온 불기둥으로 벌판에 세워진 수도원을 보았다. 젊은이의 이야기를 들은 수도사들은 그를 주교의 집에서 살도록 해주었고, 젊은이는 감사의 뜻으로 자신의 성모상을 수도원에 기증하였다. 이 이콘을 봉정하면서 벌판에 세워진 수도원은 '세미오제르나야 이콘의 수도원'으로 명명되었다. 그 후 이 수도원 수도사들의 꿈속에 니콜라이 기적성자가 나타나 카잔 지방의 전염병을 막기 위해서는 성모상을 카잔시로 옮기고 십자가 행렬을 하도록 지시하였다. 이 계시의 말씀을 그대로 이행한 카잔 사람들은 페스트를 피할 수 있었다. 〈그림 121~123〉 참조.

172 건신주의로 번역되는 'Богостроительство' 운동은 10월 혁명이전인 1910년 때까지 일어났던 러시아의 사회주의 윤리철학적 사조이다. 과학적 사회주의라는 명제와 종교와의 융합을 통한 새로운 국가기반을 갖추는데 그 목적을 두었다. 고리키를 비롯하여 마야코프스키, 플라토노프

그림 124 레핀의 십자가 행렬

키고 있다. 『고백』 발표 후 작가는 세평의 심한 질책을 감수해야 했다.

안드레이 플라토노프(А. П. Платонов, 1899~1915)는 자신의 중편 『비밀스러운 인간(1928)』에서 한 장의 길거리 포스터로 패러디된 승리의 화신 성 게오르기 이콘[173]을 모티브화하고 있다. 이콘에 대한 정치

그리고 『종교와 사회주의(1911)』와 같은 사회주의 문화의 새로운 강령을 펴낸 루나차르스키 등의 지식인들이 공개 또는 비공개적으로 여기에 참여하였다. 그러나 이 운동은 당시 러시아 맑시즘을 주창한 레닌과 플레하노프 등의 반박과 비판을 받게 된다. 이철, 이종진, 장실, 『러시아문학사』 (서울: 백호, 1994), pp. 423-426; СЭС, М., 1983, "Богостроительство" 참조.

173 게오르기에 대한 종교적 전설은 5세기 소아시아에서 비롯된다. 카파도키아 귀족 가문출신으로 로마군 사령관을 역임했던 그는 일찍부터 억압받는 천민계급의 편에 선 그리스도교의 가르침을 신봉했다. 그 때문에 청년시절 그는 디티암 황제에 의해 유죄선고를 받기도 했는데, 그때부터 게오르기는 그 지역에서 신심 깊고 성스러운 순교자로 칭송받게 된다. 그 후 일련의 역사적 사건들은 비잔틴 전역을 비롯하여 루시 땅에 이르기까지, 그를 기독교의 성자, 군의 수호신 또는 '성스러운 군인'으로 추앙받게 한다. 비잔틴의 게오르기 이콘은 로마의 디오클레티안 황제를 창으로 무찌르는 말 탄 기사로 묘사되면서, 악에 대한 선과 진리의 승리, 이교도에 대한 기독교의 승리를 상징하는데, 루시에서는 그것이 변형되었다. '뱀에 대한 게오르기의 기적'이라는 제명으로 패주하는 티오클레티안은 뱀으로 대신되면서 악에 대한 승리의 상징인 게오르기 성자의 기적이콘이 된 것이다. 그 후 러시아에서 이 이콘은 죄 없는 기결수의 해방자로서, 도시와 전쟁의 수호자로서 숭배되었으며, 농부와 말(가축)을 수호하는 이콘으로 그려졌다. 이반 Ⅲ세 치세 때부터 게오르기는 국장으로 장식되었고, '승리의 게오르기'가 그려진 방패는 모스크바의 문장이

적 패러디는 성상파괴적인 성물모독풍조의 하나로 간주되는데, 혁명 후 정부당국에 의한 이콘숭배 금지와 이콘파괴행위[174]는 공공연한 현실이었다. 주인공 포마 푸호프가 본 선전용 포스터는 성자 게오르기의 형상에 트로츠키의 머리를 붙여 놓고, 뱀의 머리는 한 부르주아의 머리로 대신 그려놓고 있었다. 고골의 반이콘적 『초상화』처럼 포스터의 그림은 성스러운 이콘 속 형상을 덮어 버린 채 그 자리를 대신하고 있다. 화자를 통하여 자세히 묘사한 이콘의 패러디화를 통해, 작가는 혁명사상의 대 국민 선전수단의 한 양상을 꼬집고 있는 것이다.

단편 『전기의 원천(Родина Электричество)』에서도 안드레이 플라토노프는 화자인 전기기술자의 시선에 비친 원상을 잃어버린 이콘 속 성모마리아의 형상을 묘사하고 있다. 현지조사를 하던 주인공은 한 시골 길에서 성모이콘을 모신 십자가 행렬과 우연히 마주친다. 성모이콘은 시골 주민들이 손수 만든 기도용 이콘이었다. 어린 예수를 안

되었으며, 창으로 뱀을 무찌르는 게오르기의 형상은 16세기부터 러시아의 옛 화폐 속에 그려지면서 창을 들고 있는 '게오르기-코페이쉬크(창병)'라는 별칭은 러시아의 화폐단위 '코페이카'가 되었다. Наталия Будур. *Русские иконы* (М., 2002), с. 173.

174 당시의 공공연한 이콘파괴행위는 부닌의 단편 『모욕당한 구세주』 속의 쓰레기 더미에서 발견된 더럽혀진 목판 성모이콘이 그 대표적인 예이다. 레스코프의 『봉인된 천사(Запечатленный ангел, 1873)』에서 묘사된 누군가에 의해 검은 옻칠을 당한 기적천사 이콘처럼, 모욕당한 이 성모이콘의 기적이야기는 혁명직전 로스토프 시의 한 작은 교회에서 일어난 실제 사건을 바탕으로 하고 있다. 병상에 누워있는 한 소녀의 꿈에 더럽혀진 성모이콘이 현시되었다. 이 이콘을 찾아 품에 안으면 병이 낫게 된다는 계시에 따라 소녀의 부모와 이웃들은 교회의 쓰레기 더미에서 더러워진 목판조각에 불과한 이콘을 찾아내어 깨끗하게 닦아 병든 소녀의 품에 안기고 열심히 기도하였다. 소녀는 곧 쾌유되었다. 그런데 이콘의 뒷면에 누군가가 이렇게 낙서를 해 놓았다: "기도하기는 그렇고 요강 뚜껑이나 하면 좋겠네(негодится на него молиться, годится горшки накрывать" 『고골에게 보낸 편지』에서 벨린스키가 인용한 민중 속담의 하나). 성모이콘은 두 번의 모욕을 당한 것이다. 부닌은 또한 혁명 전후 시기의 나라와 민족의 불행을 예고한 당국의 성물모독 사례를 이렇게 폭로하고 있다. 1919년 당시 로마노프 왕조의 수호신인 표도로프스카야 성모이콘이 한 순간 검게 퇴색되어, 곧바로 이콘복원소로 보내졌지만 당시의 복원 기술로서는 결코 이콘의 본 모습을 되찾을 수 없었다. 그런데 3년 후부터 복원소에 그대로 방치되어 있던 표도로프스카야 성모이콘을 비롯한 더럽혀진 이콘들이 찌든 때를 스스로 벗기 시작하면서 원상을 되찾았다. 그러나 이렇게 복원된 이콘들은 당국에 의해 몰수되거나 폐기되었고, 그 후 이와 같은 종류의 이콘 앞에서 기도하는 사람들은 체포 또는 구금되었다. 심지어 복원된 이력을 지닌 이콘을 본적이 있다고 말하는 목격자들조차도 당국에 고발되었다. С. А. Сошинский, "Чудо обновления," *Новый мир*, 1992, № 6. с. 235; Лепахин, *Значение и Предназначение Иконы* (М., 2003), с. 248에서 재인용.

고 있지 않은 성모의 다른 한 쪽 손은 유난히 크고 거칠게 그려져 있었다. 일상의 고통과 불행의 흔적인 입가의 굵은 주름은 성모의 매끄러운 황토색 피부의 얼굴과 커다란 두 눈과는 결코 어울리지 않았고, 성모의 머리 위로 희미하게 그려진 하늘은 성상의 후광을 대신하고 있었다. 한마디로 성모마리아는 한 사람의 여자 농부였다. 주인공의 표현에 의하면, 이것은 성모상을 당시의 러시아 사실주의 이동전람화가들(передвижники)의 캔바스에 옮겨 놓은 한 장의 그림이었다. 플라토노프의 이러한 묘사는 '반이콘적 모티브'의 범주를 초월한 '탈이콘적 모티브,' 즉 영적인 성모이콘의 아름다움에서 현실적인 농부의 아름다움을 이끌어 내고 있는 것이다. 신의 세계로 가깝게 다가서려는 순수한 농부의 뜻으로 그려진 이와 같은 탈이콘화된 성모이콘은 현실사회와 종교의 필연적인 융화를 새롭게 모색하던 당시의 건신주의 사상에 대한 작가 자신의 소극적이고도 우회적인 견해의 징표라고도 볼 수 있겠다. 장편『체벤구르』에서도 작가는 기적성자 니콜라이 이콘 앞에서 순수하고 성스러운 미래적 삶의 갱생을 약속받는 주인공 알렉세이 알렉세이비치의 형상을 통하여 이러한 자신의 뜻을 표명하고 있다. 그러나『전기의 원천』에서 정작 독자의 관심을 끈 것은 플라토노프의 탈이콘적 모티브에서 반영된 이동전람화가들의 그림의 의미이다. 이른바 러시아 민주주의 회화연합이라는 이름으로 이동미술전람회 체제를 형성(1870)한 이들은 고전주의와 낭만주의에 기반을 둔 이상주의적 회화예술의 미학적 아카데미즘을 탈피하여 비판적 러시아 사실주의 회화풍을 주도하였다.

이 그룹의 이념적 지도자 역할을 했던 크람스코이와 스디소프를 비롯하여 수리코프, 바스네초프, 쉬쉬킨, 그리고 레비탄과 같은 러시아를 대표하는 사실주의 화가들은 러시아 민족의 역사와 삶을 진실되게 묘사하고자 노력했으며, 당대의 러시아문학의 당면 과제였던 전제

그림 125 아브람체보의 건축물

정권과 농노제의 잔재에 대한 폭로 그리고 자본주의의 부도덕성에 대한 사회적 폭동이 이들 그림의 주제였다. 이들 그룹은 세기말의 데카당적 조류와 러시아의 모더니즘 문화 기류를 타면서부터 전통문화 유산과 혁신이 필요한 새 문화와 조화를 시도하게 된다. 모스크바의 자고르스키 근교에 위치한 아브람체보(Абрамцево) 영지[175]가 바로 이들이 지향한 미래의 러시아 회화예술의 중요한 거점이 되었다. 일리야 레핀, 발렌틴 세로프, 미하일 브루벨, 폴레노프 형제가 새롭게 동참한 아브람체보 그룹은 러시아정교회의 전통과 러시아 민중의 전통예술을 보존하고 재조명한다는 차원에서 이른바 '러시아 스타일'의 교회건물과 장원의 목조 가

175 악사코프 가문의 영지였던 장원(Абрамцево)은 이동전람화가들의 그룹이 결성된 1870년부터는 대사업가이자 문화예술 후원자인 사바 마몬토프(1841~1918)의 영지가 되면서, 그 후 30여년 동안 이동전람화가들을 주축으로 한 아브람체보 또는 마몬토프 그룹 예술활동의 거점이었다. 18세기 중반까지 지주 장원의 목조건물들이 보존되어 온 악사코프 시대의 이 영지는 고골, 투르게네프, 그리고 쉐프킨 등이 방문했던 전통 러시아 목조건축 박물관 역할을 했다. 그 후 마몬토프의 후원으로 아브람체보 화가들에 의해 교회건물들이 복원 축조(1882~1882)되고, 민속 전통건물인 '닭다리 위에 세워진 농가'(1883) 등이 신축되면서 현대적인 의미를 지닌 러시아 스타일의 건축공원이 된다. '러시아 스타일'이라는 말은 여기서 비롯되는데, 건축양식은 물론 장식용 이콘과 프레스코, 루복, 그리고 각종 성물들이 새롭게 복원 제작되었고, 목각 세공과 칠보 도자기 공예품들이 이들 성물들을 화려하게 장식했다. 1977년부터 이곳은 아브람체보 유산과 역사 유물 박물관이 된다.

그림 126 최후의 심판

옥을 비롯하여 정교회이콘과 루복의 복원 제작, 중세 종교 회화예술을 바탕으로 한 종교역사화 등을 제작한다. 특히 빅토르 바스네초프가 장식하는 키예프의 블라지미르 사원의 『최후의 심판』, 『루시 세례』와 같은 원근법 구도의 대형 프레스코 벽화는 아브람체보 그룹의 러시아 스타일을 대표하는 유작이며, 러시아 민족문화의 역사인 브일리나와 빈남을 주제로 한 그의 서사적이고도 서정적인 화풍은 '새 하판 속에 살아있는 옛 전통'이라는 러시아 모더니즘 예술의 단면을 예시해준다.

그림 127 세 장수

그림 128 루시의 세례

정교회 이콘 신학의 미학적 본질을 새로운 러시아 화화예술로 발전시킨 이들 아브람체보 화가들의 예술정신은 20세기 모더니즘 흐름 속에서 새롭게 등장한 러시아 아방가르드 회화예술로 계승된다. 기존의 질서를 무시한 자유로운 주관적 개인주의 세계관에서 비롯된 전위예술로서의 아방가르드 회화는 표현주의, 다다이즘, 큐비즘, 미래주의, 초현실주의와 같은 문학예술의 새로운 사조들처럼 자유분망하고 다양한 예술적 사고와 기법으로 발전하였다. 바실리 칸딘스키는 이콘의 상징적인 원색을 통하여 색채의 혼합과 조화를 자신의 화판 속에 실험하였고, 나탈리아 곤차로바는 이콘과 루복의 구도와 이미지를 자신의 회화기법에 그대로 접목시켰다. 러시아 농촌생활에 익숙했던 카지미르 말레비치는 주로 농민의 형상을 이콘화법에 따라 굵은 선과 단순한 윤곽으로 표현하고 있는데, 이와 같은 말레비치의 농부그림은 앞에서 언급한 플라토노프의 탈이콘화된 성모이콘 속 여자 농부의 형상과 무관하지 않다. 이들 아방가르드 화가의 신개념적 회화는 정교회 이콘신학의 의미와 체계를 무시한 반이콘적 또는 탈이콘적 시도로서 종교적 관점에서는 논란의 여지를 남긴다. 그러나 시대가 요구하는 현대의 조형예술은 신비로운 영성의 유물 아니면 옛 시대의 골동품으로서 우리의 추상적 사고 속에 갇혀온 이콘의 미학적 가치를 새롭게 발현시킨 결과를 낳았다. 이들은 시각적 형상체계로서 이콘이 지닌 문학적 기능을 나름대로의 회화적 언어로 표현하고자 했으며, 이콘의 역 원근법적 구도를 조형예술의 기호학적, 언어학적 구도의 화판으로 재구성하였다. 다시 말하면, 이미 원상의 틀이 깨진 이콘의 세속화 과정의 연장선이라는 측면에서, 이들의 노력은 현세를 사는 우리로 하여금 보다 실질적인 이콘의 신학적 의미와 가치를 체감할 수 있도록 해 주었다.

맺음말

이콘예술을 재해석하고 새롭게 적용한 러시아 아방가르드 회화의 발전적 가치는 동시대 러시아 현대문학의 경향과 자연히 융화된다. 이콘 속의 그림, 그림속의 이콘을 통하여 보다 입체적인 시각으로 시나 소설을 읽을 수 있다는 것이다. 이미 상징주의 문학에서 시와 음악을 조화시킨 안드레이 벨리는 이콘이 지닌 기도와 찬송의 기능과 이콘 속의 빛과 색의 종교적 의미를 자신의 시어로 표현했다. 자신의 비평서 『성스러운 색』에서 작가는 도스토옙스키가 『여주인』에서 묘사하는 교회 안에 비친 지는 해의 햇살과, 그 빛을 받은 이콘과 성물들이 발하는 빛의 조화를 자신의 시학 속에 구체화시킨 바 있다. 그러나 이러한 상징주의적 흐름을 배격한 이른바 입체-미래주의 아방가르드 시인들의 사조는 흘레브니코프, 크루쵸니흐, 그리고 마야코프스키 등의 작품을 통하여 빠르게 구체화되었다. 『바지 입은 구름』 속에서 마야코프스키가 묘사한 선술집에 걸린 성모이콘의 모습은 시인의 입체주의적 관점을 반영해 주고 있다. 이콘화법 중의 하나인 편도복숭아 형상(миндалевидный)의 묘사기법으로 그려진 성모이콘을 시인은 찰나적인 시간과 시각의 언어로 이렇게 표현한다: "성모상의 크고 움푹한 둥근 두 눈이 성모의 가슴속으로 파고들 듯하다.[176]" 흘레브니코프는 『성산의 언덕』을 비롯한 일련의 작품에서 시각적 언어로 묘사되는 현실속의 인간의 얼굴(лицо)을 기하학적인 언어로 제시해 주고, 그 성상의 얼굴을 통하여 고대 루시의 세계를 투시해 보인다.

이와 같은 러시아 아방가르드 문학예술 속에서 이콘의 적용은 전통문화의 계승과 발전이라는 차원에서 제긴, 우스펜스키 그리고 플로렌스키를 비롯한 수많은 이콘학자와 이론가들의 과학적 분석과 증명을 통하여 보다 논리적으로 구체화되었다. 키예프 루시의 비잔틴 정교수용으로부터 중세러시아 교회문학, 고전주의 문학, 낭만주의와 사실주의 문학 그리고 오늘의 현대 러시아문학을 계승시켜온 예술혼으로서의 러시아 이콘은 이제 더 이상 작품 속 상징적 모티브로서의 서브텍스트가 아닌, 중세러시아문학의 성자전 장르와 같은 독립된 이콘 문학 장르를 구성해야 한다. 하나의 독립된 문학예술 장르로서의 이콘문학이 갖는 의의는 '그림의 성서'로서의 이콘이 또 하나의 폭 넓고 깊이 있는 문학예술의 틀을 갖춤으로써, 보다 논리적이고 흥미로운 러시아 고전예술의 가치를 추구할 수 있다는 데 있다.

교회 안의 이콘이 신자와 참회하는 자들의 마음을 '신의 자비'로 정화시키듯이, 가문을 잇는 집안의 이콘은 준엄하고도 공정한, 그리고 은혜로운 자연의 신을 숭배하던 고대 루시인들이 풍작과 다산의 자연신 '쿠팔로'와 '세례 요한'을 자신들의 삶속에 자연스럽게 조화시키도록 하였다. 이스라엘 백성이 하늘의 불기둥을 따라 「약속의 땅」으로 인도되었듯이, 성모이콘의 계시를 받은 신심깊은 루시의 구교도들은 약속의 땅 게르젠스키 숲을 찾았다. 끝없이 펼쳐지는 엄준한 숲과 신은 시간과 공간을 초월하는 신의 세계, 즉 이콘의 공간이었다.

---

176 В. В. Маяковский. *Сочинение в трёх томах.* (М., 1970), с. 59; 장실, "도스토옙스키의 이콘과 『온순한 여인』," 『노어노문학』, 제19권, 제3호, 2007, p. 561에서 재인용.

성상을 안고 뛰어내린 '온순한 여인'의 마지막 순간이 성모모독이냐 숭배냐의 갈등을 넘어서, 러시아 어머니 대지는 그녀를 포근히 안아주었다. 홀바인의 그림 '그리스도의 죽음'이 아직도 살아 숨쉬고 있는 듯 하듯이, 온순한 여인은 한 웅큼의 핏자국만 남긴채 살아있는 모습 그대로 이콘을 품에 안고 있었다. 이콘에 작용되는 현실은 이콘의 파괴였지만 현실에 작용하는 이콘은 '신의 자비' 였다.

중세 루시의 정교회 성자전 문학을 비롯해 현대 러시아문학, 그리고 이콘화를 뿌리로 하는 현대 러시아 조형예술을 통해 우리는 이콘예술에 다가갈 수 있으며, 궁극적으로 이콘예술은 슬라브 루시의 민족지학적 역사와 러시아 민족혼의 세계를 바르게 해석하고 읽을 수 있는 귀중한 자료가 되는 것이다.

참고문헌

Алексеев, С. *Энциклопедия православной иконы.* СПБ., 2004.

Аннинский, Л. А. *Ломавший повесть о Мельников-Печерском.* М., 1988.

Архимандрит, Зинон (Теодор). *Беседи иконописца*. Псков, 2003.

Афанасьев, А. Н. *Народные русские сказки, в трёх томах.* М., 1985.

Багров, Лео. *История русской картографии*. М., 2005.

Белый, А. *Арабески.* М., 1911.

Богуславский, В. В. *Славянская энциклопедия XVII век*. М., 2004.

Берташ, А. В. *Библейские сюжеты*. СПБ.:《лик》, 2005.

Будур, Н. *Русские иконы*. М., 2002.

Бунин, И. А. *Собрание сочинений в 9 томах*. М., 1977-1982.

Вагнер, Г. К. *От символа к реальности*. М., 1980.

География России. Атлас, М., 1998.

Гоголь, Н. В. *Собрание сочинений в восьми томах*. М., 1984.

Горелов, А. А. *История мировых религий*. Москва, 2006.

Горький, Максим. *Собрание сочинений в 30 томах*. М., 1949-1956.

Гудзий, Н. К. *История Древней русской литературы*. М., 1956.

Даль, В. Л. *Толковый словарь.* М., 1982.

Дамаскин, Иоан. *Три слова в защиту иконопочтания*. СПБ., 2001.

Десятников, В. *Николай Чудотворец*. М., 2002.

Достоевский, Ф. М. *Полное собрание сочинений в 30 тома*х. Л.,《наука》, 1972-1990.

Евсеева, Л. *История иконописи*. М.,《АРТ-БМБ》, 2002.

Жегин, Л. Ф. *Язык живописного произведения*. М., 1970.

Жития и Подвиги святых Киево-Печерской Лавры. Свято Елисаветинский Монастырь, 2003.

Зеньковский, С. *Русское старообрядчество*. Минск, 2007.

Иеромонах, Иоанн. *Очерки по Истории Русской Святости*. Siracusa,

《LuGLio》, 1991.

История России с древнейших времени до конца XVIII века. Атлас. М., 2005.

Каширинг, Т. *Русские Храмы*. М., 2008.

Крупин, В. *Русские Святые*. М., 2006.

Лазарев, В. Н. *Страницы истории Новгородской живописи.* М., 1977.

Лепахин, Валерий. *Значение и предназначение* ИКОНЫ. М., 2003.

Лепахин, Валерий. *Образ иконописца в русской литературе XI– XIX в.* М., 2005.

Лесков, Н. С. *Повести, Рассказки*. М., 1998.

Лихачев, Д. С. *Человек в литературе древней руси*. М.,《наука》, 1970.

Лихачев, Д. С. *Историческая поэтика древнерусской литературы.* СПБ., 1997.

Маяковский, В. В. Сочинения в трёх томах. М., 1970.

Мельников, П. И. *Полное собрание сочинений*, Т. 1. Усов, П. *Павель Иванович Мельников, Его жизнь и литературная деятельность.* С.Петербург, М., 1897.

Мельников, П. И. *Собрание сочинений в восьми томах.* М.,《правда》, 1976.

Мовлева, Н. С. *Малый Православный Толковый Словарь*. М., 2005.

Нерсеян, А. В. *Иконы Ярославля 13-16 веков*. М., 2002.

Никольский, Н. М. *История русской церкви*. М., 1985.

Олышевская, Л. А. *Древнерусские Патерики.* М.,《наука》, 1999.

Орлов, А. С. *История России*. М., 2004.

Павлов, А. П. *Храмы Санкт Петербурга*. М., 2004.

Панкеев, И. *Пресвятая Богородица*. М., 2001.

Пастухова, З. И. *Древнерусские города. Смоленск*:《Русич》, 2004.

Платонов, Андрей. *Собрание сочинений в трёх томах*. М., 1984.

Райгородский, Л. Д. *Беседи о русских иконах*. СПБ., 1996.

Раковская, Э. М. *География природа россии*. М., 2007.

Рябушинский, В. П. *Старообрядчество и русское религиозное чувство*. М., Иерусалим, 1994.

Смирнова, Э. С. *Московская Икона XIV-XVIII веков*. Л.,《Аврора》, 1988.

Струве, Н. Ф. *Православие и культура*. М., 1992.

Тальбергъ, И. *Исторія русской церкви*. Москва, 2004.

Третьяков, Н. Н. *Образ в искусстве*. М., 2001.

Успенский, Б. А. *Семиотика искусства*. М., 1995.

Федотов, Г. П. *Святые Древней Руси. Paris*:《YMCA》, 1985.

Флоренский, П. А. *У водоразделов мысли.* Т. 2, М.,《правда》, 1990.

Худошин, А. *Искусство и Православие*. М., 2004.

Цеханская, К. В. *Иконопочитание в русской традиционной культуре.* М., 2004.

Шалина, И. А. *Реликвии в восточнохристиянской иконографии*. М., 2005.

Щеголова, Е. *Царица Невесная.* М., 2002.

강흥주. 『고대 교회슬라브어』. 한국외국어대학교 출판부, 2005.

권철근. 『도스또엡스키 장편소설연구』. 한국외국어대학교 출판부, 2006.

이덕형. 『이콘과 아방가르드』. 서울: 생각의 나무, 2008.

이철, 이종진, 장실. 『러시아문학사』. 서울: 벽호, 1994.

모출스키, 콘스탄찐. 『F. Dostoevsky I. II』. 김현택 역, 서울: 책세상, 2000.

Dostoevsky, F. 『죄와 벌』. 장실 역, 서울: 중앙문화사, 1987.

Walicki, A. 『계몽사조에서 맑시즘까지』. 장실 역, 서울: 슬라브연구사, 1988.

Bychkov, V. *The Aesthetic Face of Being, Theology of Pavel Florensky*. NY, 1993.

Freeze, G. L. *Russia a history.* NY, 1997.

Head, Thomas. *Hagiography and the Cult of Saints.* Cambridge Univ., 1990.

Onasch, Konrad. *Icons.* NY, 1963.

Ouspensky, Leonid. *The Meaning of Icons.* Eastern Press, 1982.

Plorensky, Pavel. *ICONOSTASIS.* NY, 2000.

Tarasov, Oleg. *ICON and Devotion.* London, 2002.

Ziolkowski, V. *Hagiography & Modern Russian Literature.* Princeton Univ., 1988.

부록

이콘의 표서

이콘 용어 해설

정교회 및 이콘 연대표

찾아보기

이콘의 표서

제7차 기독교공의회는 “이콘에 쓰여진 표서나 텍스트는 원상과의 교통을 위함이다...신이 명명한 고유한 이름을 부여받은 이콘이야말로 신과 교감할 수 있다. 표서가 없는 이콘은 본질적으로 참된 이콘이 아니다. 이러한 이콘 앞에서 기도를 해서는 안된다...”라고 규정하였다. 또는 17세기 전까지 이콘화가들은 이콘에 자신의 낙관을 하지 않았다. 성스러운 이콘의 무한한 공간에 자신의 속된 이름을 쓰는 것은 성물모독으로 여겼기 때문이다. 다만 이콘도상규범의 인증을 위해 화가의 서명은 이콘화판의 뒷면에 쓰여지기도 하였다. 원래 이콘과 표서는 그리스도, 성모, 성자의 이름또는 교회 축일의 제명—IC XC, MP У, рождество христово, IC XC вседержитель, MP MP У одигитрия—만 표기하였다. 그 후 기적이콘이나 생애전 이콘에는 클레이모 이콘을 통하여 이콘의 주제설명을 위한 텍스트가 표서화되었고, 두루마리 예배서나 복음서를 성자, 성경을 손에 든 그리스도 이콘 등이 제작되면서, 이콘의 여백에는 기도서, 찬송가 등 성서의 주제별 텍스트도 쓰여지게 되었다. 고대이콘의 표서는 단순한 서체로 쓰여졌으나 루시의 이콘(13세기)은 대칭구도의 장식체인 고딕체로 표기되었다. 16세기에 와서 서체는 일반적으로 비대칭적인 행서체로 바뀌었는데 큰 이콘의 표서는 보다 복잡한 장식체인 결합고딕체로 쓰여졌고 작은 이콘이나 클레이모 이콘의 주제설명과 기타 성경텍스트의 내용들은 행서체나 초서체로 표기되었다. 도표속의 것들은 17세기 말부터 유지되어온 그리스 전통서체와 그에 따른 러시아 이콘표서의 기본적인 서체이다.

	십자가 찬양: 「구세주 만달리온」이콘의 뒷면에 색인 (XII 노브고로드).
	사도 베드로 (XIV, 노브고로드).
	성삼위일체 (XV 트베리).
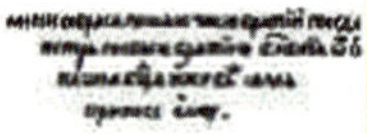	부주교 표트르의 생애: 디오니시 (XV-XVI, 모스크바).

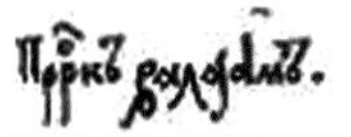	성모 찬양 (XVI, 모스크바).		
	마리아 막달리나와 예브도키아 (XVII, 모스크바).		
	그리스도 탄생 (XVIII, 팔레흐, 이바노보).		
	파이시 대주교 (XIX, 므스쩨라, 블라지미르).		
	예언자 (XVI, 그리스).	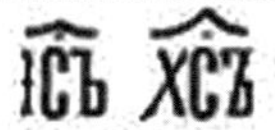	예수 그리스도 (XV, 프스코프).
	예언자 (XV, 루시).	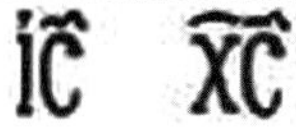	예수 그리스도 (XVI, 그리스).
	성자 (XIV, 불가리아).	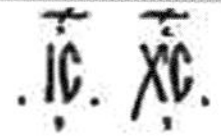	예수 그리스도 (XVI, 루시).
	성자 (XIV, 세르비아).	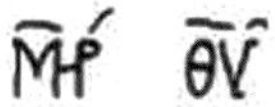	성모 (XIV, 비잔틴)
	성자 (XVII, 루시).		성모 (XVI, 루시).
	성자 (XII–XIII, 루시).	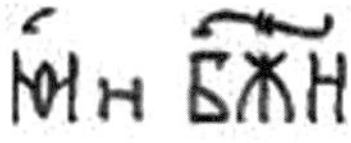	성모 (XIV, 세르비아).
	성자 (XVI, 그리스).	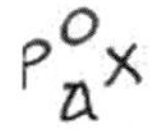	대천사 (XII, 비잔틴).
	성자 (XVI, 루시).	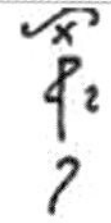	대천사 (XVI, 그리스).
	사도 (XVI, 루시).		대천사 (XVI, 그리스),
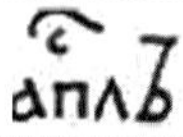	사도 (XVII, 루시).	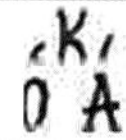	수노사 (XVI, 그리스).
	주교 (XVII, 루시).	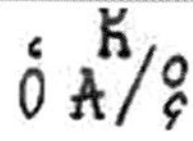	수도사 (XVI, 그리스).

	주교 (XVII, 루시).		예언자 (XV, 루시).
	순교자 (XVI, 루시).	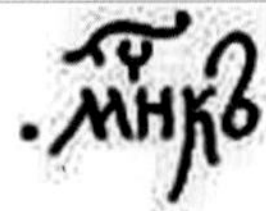	순교자 (XVII, 루시).
	선구자(세례)요한 (XVI, 그리스).		수도 성자 (XVII, 루시).
	선구자(세례)요한 (XVI, 루시).	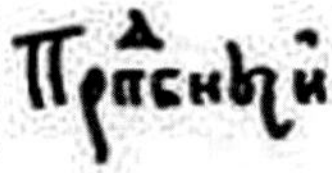	수도 성자 (XVII, 루시).
	웅변가 즐라토우스트 요한 (XI, 비잔틴).		요한 성자 (XV, 루시).
	웅변가 즐라토우스트 요한 (XVI, 그리스).		요한성자(XVI, 그리스).
	요한 성자 (XVI, 루시).		

이콘 용어해설

- 고르카 Горка : 이콘의 배경을 대표하는 부분(후경의 그림) 산허리의 오목한 부분이 계란 형태로 묘사되어 신심의 깊이를 상징하는 포석(약화 1)
- 골루베츠 Голубец : 초록색과 비둘기색의 음영
- 골루비 Голубь: 이콘화판에서 성령을 상징함(약화 2)
- 기마티 Гиматий(그리스어; 숄, 망토, 겉옷) 구약과 기독교초기 성자나 인물들의 옷
- 김노그라피야 Гимнография : 정교회 역사가 만든 모든 종류의 신을 찬양하는 송가(기도, 찬미가, 종법의 내용 등)
- 님브 Нимб(라틴어; 구름) : 구세주, 성모, 천사, 그리고 성자들의 머리 주위의 후광
- 드비주키 Движки : 이콘 속 형상의 얼굴과 몸의 돌출부분에 그려지는 선명하고 가는 선. (약화 3)

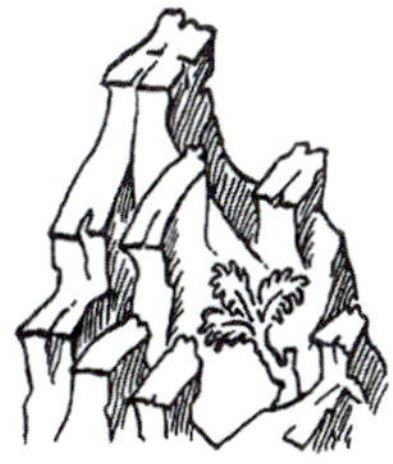

약화 1 고르카

약화 2 골루비

- 랴사 Ряса : 성직자 또는 수도사의 평상복 상태
- 렙카스 Левкас : 이콘이나 벽화의 흰색 밑칠
- 로스피시 Роспись : 이콘 속의 옷, 건축물, 배경 등의 "돌리츠노예 피시모"를 그리는 과정
- 로스크리쉬 Роскрышь : 이콘화법에서 기본색을 일정한 배분으로 초벌 채색하는 과정
- 루즈가 Лузга : 이콘화판의 경사면(скос)
- 리자 Риза : 이콘 속 성자들의 겉옷 법의. 이콘에서는 주로 화려하게 장식되는 성모의 겉옷 장식을(오클라드) 뜻함.
- 리츠노예 피시모 Личное письмо : 성상의 얼굴(Лик)과 형상의 노출된 부분의 묘사. 이 부분을 전담하여 그리는 전문화가를 '리츠니크 Личник'라 칭함.

약화 3 드비주키

- 마포리 Мафорий : (약화 4)성모의 머리와 전신을 덮는 4각의 숄: 5세기 콘스탄티노플의 블라헤른스키 사원에서 최초 발견됨. 적갈색으로 채색되며 마포리 밑단에는 띠와 술로 장식됨.
- 만도르라 Мандорла(이태리어: 민달리나, 편도 복숭아형태) : 구세주 형상 주위의 후광(광륜). '그리스도 현성용 이콘,' '예수승천이콘' 등에 묘사되는 타원 또는 원형의 성륜(круг славы) (약화 5)
- 모자이카 Мозайка : 다양한 색의 돌 조각 또는 색유리(смальты)를 접착용액으로 붙여 만든 이콘이나 벽화의 조형예술 기법 그림
- 미트라 Митра(그리스어; Головная повязка) : 고위성직자, 수도원장, 장사제 등의 전례용 의관 (약화 6)
- 민달리온 Миндалион(네루코트보르니 오브라즈 스파시텔랴 Нерукотворный образ Спасителя) : 얼굴을 닦는 수건에 기적처럼 그려진 구세주의 얼굴
- 밀로티 Милоть(그리스어: 양털옷 овчина) : 양의 가죽으로 만든 투박한 성자의 겉옷, 세례요한, 선지자 엘리야, 고행수도사들의 겉옷. (약화 7)
- 바고르 Багорь : 적자색 또는 포도색. 성모의 마포리에 채색됨
- 바질리카 Базилика : 고대 로마의 원주기둥의 장방형 건축 형태
- 바칸 Бакан : 유기 염료(자주색)
- 베네츠, 벤치크 Венец, Венчик : 오클라드의 한 부분(약화 8), 선지자, 신심 깊은 형제나 공후들의

약화 4 마포리

약화 5 만도르라

약화 6 미트라

약화 7 밀로찌

예관으로 비잔틴 황제의 왕관과 같음.

- 보시미코네츠니 크레스트 Восьмиконечный крест : 8개 끝단의 정교회 십자가 전형
- 브세제르쥐텔 Вседержитель : 판토그라토르, 전능의 구세주를 묘사한 전신상 또는 반신상 그리스도이콘.
- 삭코스 Саккос(고대 히브리어) : 고위 성직자들의 법의
- 세니 Сень : 옥좌 또는 제단위의 천개(보좌)
- 수살노예 졸로토 Сусальное золото : 금도금 이콘 제작을 위한 가는 금박 또는 금실
- 슈폰카 Шпонка: 이콘 목판의 뒷면에 장치되는 쐐기
- 스레드니크 Средник : 생애전 이콘 속의 중심형상
- 스비토크 Свиток : 두루마리 성서

약화 8 베네츠, 벤치크

- 스테노피시Стенопись : 프레스코 또는 벽화. 교회 내벽에 묘사되는 교회의 역사, 성서 속 사건이나 전설과 관계되는 그리스도, 성모, 성자 그리고 천사들의 벽화.
- 스티하리 Стихарь(그리스어; 일자형 법의 грока): 포노마리(교회의 일꾼)나 보조사제의 법의. 세로주름이 나있는 이 옷은 그리스도 책형시 구세주의 늑골에 난 상처와 찢겨진 성의를 상징함.(약화 9)
- 스파스 브 실라흐 Спас в силах : 붉은색 민달리나를 배경으로 옥좌에 앉은 구세주이콘의 전형
- 스파스 엠마누엘 Спас эммануил : '엠마누엘 예수' : 12살 소년 예수의 형상.(누가복음2.42)
- 아기오소리티사(그리스어의 수호자; Агиосоритисса) : 『수호의 성모Заступница, 측면 전신상으로 아기예수가 없이 두루마리 성서를 손에 들고 있는 성모이콘의 전형. 성모의 두 손은 '축복의 제스니차(오른손)'의 상징인 구세주이콘(인쪽 구석의 조형그림)을 향하고 있다.(약화 10)
- 아날로이 Аналой : 십자가, 이콘, 성서 등을 놓는

약화 9 스티하리

이동식 소현 탁자.(윗면이 경사진 성서 낭독대)

- 아날로이나야 이코나 Аналойная икона : 아날로이에 올려놓을 수 있는 크기의 소형이콘
- 아도라치제스트 Адорацийжест(라틴어; 숭배, 예배) : 이콘화법에서 손바닥을 하늘로 향하여 신께 기도하는 성모의 정면 전신상의 전형(약화 11)
- 야이츠나야 템페라 Яйчная темпера : 계란 노른자위로 가공한 소재의 도료(템페라 기법)
- 엔카우스티카(그리스어; Экаустика) : 고대 로마의 파이윰 엔카우스틱 초상화기법, 고대 이집트의 밀랍도료 채색의 초상화(인두로 가열하여 채색) 및 밀랍 세공 술
- 엘레우사 Елеуса(그리스어; 자비 Умиление, Милостивая) : 아기 예수를 안은 '자비의 성모' 이콘의 원형. 천상과 지상을 연결하는 신격화의 상징.(12세기 블라지미르 성모이콘)
- 오란타 Оранта(그리스어; 기도하는 자세, Молящаяся) : 『기도하는 성모 이콘』의 전형
- 오모포르 Омофор(그리스어; 어깨발이 또는 장식) : 십자가를 수놓은 긴 천(약화 12)

약화 10 아기오소리티사

약화 11 아도라치제스트

- 오브라트나야 페르스펙티바 Обратная перспектива : 이차원 평면에 삼차원 대상을 투영시키는 선원근법 프랴마야 페르스펙티바(일점 원근법)에 반하는 이콘화법의 역원근법
- 오클라드 Оклад : 성상의 얼굴과 손을 제외한 모두 화판을 장식한 덮개. 화관, 리자, 짜타, 틀을 덮는 오클라드로 구분되는데, 금은 등의 금속제로 장식하거나 값진 보석으로 가능한 화려하게 장식함. 각종 직물로 짠 '자수 오클라드'로 만들어짐.
- 오라리 Орарь(그리스어; 감시, 경호, 관찰) : 사제의 법의에 다는 길고 좁은 리본(수장): 초임 사제(Священник)를 축복하는 징표이자 성직자(Дьякон, Священник, Епископ 등)의 지위를 나타냄(약화 13)
- 오푸쉬 Опушь : 이콘화판의 가장자리에 붙이는 가는 줄(데두리) : 그림의 액지 역할로서 화판의 바탕색과 구분되는 색으로 장식됨.
- 올리파 Олифа(라틴어; 유화, 기름) : 식물성 기름을 끓어서 정류한 도료. 그려진 이콘화 위에 얇은 보호막으로 덧칠됨.
- 우보르 Убор: 복장, 장식, 모자 Головной убор : 우보르카 уборка: 이콘의 테두리 장식
- 이코노그라피야 Иконография : 이콘 도상규범(Иконописный канон) 또는 도상화
- 이코노보르체스트보 Иконоборчество : 이콘화파. 이콘숭배 Иконопочитание 의 반대말
- 이코노피사니에 Иконописание : 도료와 재료를 사용하여 이콘을 제작하는 행위 또는 과정
- 이코노피시 Иконопись : 교회 회화예술의 한 유형, 이콘제작술
- 이코노스타스 Иконостас : 이콘화벽(이콘병풍),

약화 12 오모포르

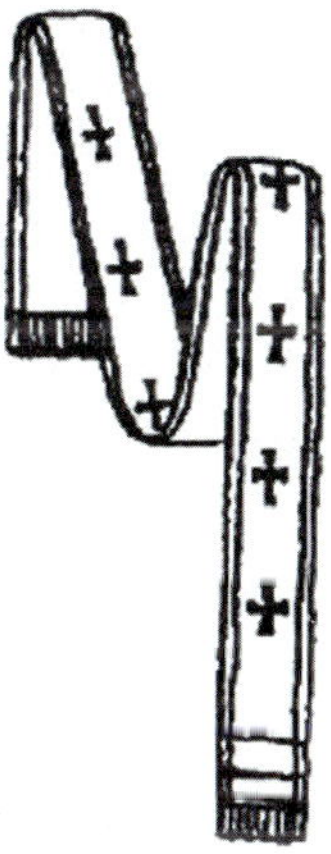

약화 13 오라리

다양한 이콘들로 구성된 제단과 회중석(교회 중심부)사이의 칸막이

- 제스니차 Десница(교회슬라브어 : 오른손) : 신의 가호와 축복을 상징('신의 손 Десница божья') (약화 14)
- 쥐티이나야 이코나 Житийная икона : 성모, 성자 등의 성애 전 이콘 (약화 15)
- 즈나메니에 Знамение(교회 슬라브어 : 기적, 징표) : '성모의 현시' 가슴에 안긴 어린 예수와 함께 기도하는 성모의 두 손(아도라찌 제스추어)이 중심 형상임
- 짜리 짜렘 Царь царем : 황제의 예복차림을 한 구세주 이콘의 전형
- 차타 Цата : 왕관에 붙는 반원형 장식
- 체페츠 Чепец : 마포리안에 입는 여성용 미니 두건. 성모의 두건은 초록 또는 청색임.
- 코쿨 Кокуль, Кукуль (그리스어; 카퓨손) : 숄에 달린 끝이 뾰족한 두건(모자 убор)
- 콥체그Ковче г : 노아의 방주, 언약괘 : 이콘의 목판
- 쿠폴 Купол : 교회의 둥근 지붕, 쿠폴의 외형은 양귀비 씨방(мак)의 형태에서 비롯되어 그 후 군인의 투구를 상징하기도 하였음.
- 클랍 Клав, Клавий(라틴어; 띠, 줄무늬) 히톤에 세로로 기워 붙힌 띠. 이콘 속 클랍은 순결과 덕성의 상징이자 메시아의 역할을 상징(구세주 또는 성사도 이콘)
- 클레이모 Клеймо : 성애전 이콘 속 중심 형상을 둘러싼 작은 이콘 들. 성자와 관련된 중요한 사건이나 이콘의 주제를 설명함. 약화 15는 클레이모 이콘의 배열순서임.
- 키오트 Киот, 키보트 Кивот(그리스어; 콥체그) : 이콘 보관용 유리장

약화 14 제스니차

약화 15 쥐티이나야 이코나

- 파르수나 Парсуна(라틴어; 페르손, 인물) : 16세기 말부터 그려진 이콘을 바탕으로 한 세속적인 초상화 기법
- 파볼로카 Паволока : 덮개. 장막용 직물. 이콘화판 앞면의 균열이나 흠집 또는 변형을 방지하기 위한 보호덮개.
- 판토크라토르 Пантократор(그리스어; 절대자) : 만유의 왕 구세주 이콘의 전형. '축복의 오른손'에는 열리거나 닫힌 성서를 들고 있고 그것은 양피지 고사본 또는 두루마리 고문서 형태임. 비잔틴 교회의 쿠폴 내부를 장식함.

약화 16 페르스토슬로제니예

- 페레보드 Перевод : 복제 이콘 기술 또는 이콘의 윤곽을 그린 초벌 화판용 그림.
- 페르스토슬로제니예 Перстосложенис (약화 16) : 교리상의 성호 규정; 두 손가락 파지(Двуперстис–구 교리), 세 손가락 파지(Троеперстие–신 교리)
- 펠론 Фелонь(그리스어; 성직자의 겉옷 장식)
- 포드노쥐예 Подножье : 이콘 속의 앉아있는 형상의 발판 또는 의자
- 포젬 Позем : 이콘 속 흙이나 땅의 묘사
- 폰 Фон: 배경, 바탕, 후광(Нимб,цита)을 덮는 오크라드의 일종
- 폴레, 폴랴 Поле, Поля : 이콘화판
- 프랴주스코예 피시모 Фряжское письмо : 18세기 러시아에서 유행한 서구풍의 이콘화법
- 프레스카 Фреска : 회반죽 도료위에 수채로 그린 벽화기법
- 히톤 Хитон(그리스어; 고대 그리스인들의 평복, 약화 17) : 루바하 형태의 겉옷

약화 17 히톤

정교회 및 이콘의 연대표

- BC 285 – 246 : 프톨레마이우스 Ⅲ 필라젤프(이집트 왕가)의 치세; 알렉산드리아에서 『셉투아긴트』(70명의 번역사가 히브리어에서 그리스어로 공동 번역한) 성경 완성
- BC 7 – AD 7 : 로마 교황 술피지 크비린이 시리아와 유대의 인구조사 실시. 복음서는 예수 그리스도 탄생을 이 시기로 봄
- AD 30 : 본디오 빌라도가 예수를 십자가 책형함. 부활한 예수와 함께 예루살렘에서 사도와 후계자들이 공동체 형성. 성령강림절(오순절)을 기리는 사도들의 교회 헌당
- 49–50 : 최초의 사도집회가 열림, 기독교가 전세계로 확산됨
- 54–68 : 네로 황제의 기독교 탄압 시작
- 50–60 : 마태복음.
- 65 : 로마에서 베드로와 바울의 순교
- 70 : 누가와 마가복음. 사도 바울, 베드로, 야곱, 유다의 사도행전
- 95 : 요한 복음서와 요한 묵시록.
- 100 : 에베소에서 사도 요한 사망.
- 180 : 신약의 골격이 만들어짐.
- Ⅲ세기 : 시리아에서 예수와 아브가리 황제와의 서신 교환에 관한 전설이 나옴 : '구세주의 손으로 그리지 않은 형상(убрус)'이 에뎃사로 옮겨짐. 4세기에 이 전설은 그리스어로 번역 전파됨
- 250–356 : 성 사제 안토니 벨리키, 이집트 닐 강 유역의 피바이드 사막에서 고행 생활 시작, 은둔 수도사의 아버지로 명명됨
- 282–347 : 파로미 성 사제, 수도원 공동체 삶(키노비아)의 시조로서 이집트 사막의 수도원 창립
- 301 : 아르메니아의 기독교 세례
- 284–303 : 디오클레티안 황제의 기독교 탄압
- 284–373 : 벨리키 수도원의 성 아파나시 알렉산드린스키 교부의 생애. 아리안 이교도에 맞서 정교회를 수호함. 『안토니 벨리키 생애전』을 씀

- 305 : 엘비라 공의회는 교회내벽의 성상 묘사를 거부한 이교도의 성물 모독 행위를 징계
- Ⅳ 세기 초 : 성 니나의 그루지아 복음 선교. 그루지아 황제 미리안의 정교 세례. 카프카즈 민족으로 정교회의 확산
- 313 : 로마황제 성 콘스탄틴과 리키니의 밀라노 칙령 성포. 로마제국은 기독교를 포함한 모든 종교의 자유를 인정함. 기독교는 카타콤바에서 세상 밖으로 나옴.
- 325 : 제1차 니케아 세계기독교공의회 개최. 아리안 이단 심판.
- 330 : 성 콘스탄틴 대제(306~337)는 보스포러스 해협의 비잔틴 항구에 도시 콘스탄티노플(새 로마)을 세움. 후에 로마제국의 수도가 됨
- 329-330 : 성 그리고리 나지안진(나지안자의 주교) 교부의 생애 : 성 삼위일체와 같은 교리연구 전문가. 성 바실리 벨리키, 그리고리 니스키 성자와 함께 '위대한 3인의 카파토키아인'으로서 기독교 문학 발전에 큰 영향을 준 대시인이기두 함.
- 330-379 : 성 바실리 케사르스키 벨리키 교부의 생애. 신학자, 작가, 웅변가, 전례서 작가로서 그는 『대바실리 전례서』 텍스트를 만들고 수도원 생활 규범을 개조하였음. 그는 '대카파토키아인'들을 카파토키아에서 소아시아로 결집시켜, 친구 그리고리 나지안진과 자신의 형제 그리고리 니스키와 함께 고대 철학을 연구하고 동방 기독교 신학의 기초가 되는 언어를 창제하였음
- 336 : 성 콘스탄틴 벨리키 황제 '그리스도 부활' 바질리카 형식의 교회와(장방형 원주의 교회 내부) 예루살렘의 '주 예수 무덤' 위의 로톤다 양식(회랑과 돔형 지붕)의 교회를 축조함. 전설에 따르면 황제의 어머니 성 엘레나가 이곳을 발굴하면서 세 개의 십자가 중의 하나인 주 예수 그리스도의 십자가를 찾아냈고, 이날이 곧 '성 십자가제' 축일로 지정됨
- 337 : 콘스탄틴 벨리키의 서거로 하나의 로마제국은 그의 두 아들 콘스탄트와 콘스탄티아이 제국으로 각각 분할 됨
- 340-420 : 성 이예로니 스트리돈스키 교부(일명 '세 개 언어의 달인')의 라틴어 성경 번역. 성 암브로시이 메지오란스키 교부는 「암브로시안

예배서』를 저작하면서 라틴교회의 코러스(사제와 예배참석자들의 교대 합창)를 도입함

- 350–407 : 성 요한 즐라토우스트 교부의 생애 : 콘스탄티노플 총대주교의 재임시 위대한 동방기독교의 전례서인 『요한 즐라토우스트 예배서』를 만듬
- 353–430 : 성 아브렐리아 아브구스친 라틴 교부의 생애 : 그의 「참회록』은 아벨야르, 단테, 그리고 페트라르카를 거쳐 루소와 레프 톨스토이에까지 영향을 준 기독교 사상의 보고가 됨
- 381 : 제2차 세계기독교공의회(제1차 콘스탄티노플 의회) 개최 : 아폴리나리아 이교를 심판. '니케오–짜르그라드스키' 라는 기독교 신앙의 상징성 보완. 콘스탄티노플 주교의 칭호(새 로마로서의) 제정, 알렉산드리아 그리고 로마의 주교제도 이후 당시 동방에서는 제1의 지위가 되면서 '파파(Папа)'로 불림. 이른바 '5두마차(Пентархия)'–예루살렘, 로마, 콘스탄티노플, 알렉산드리아, 안티오키아–로 불리우는 5개의 주교 관구가 형성됨
- 392 : 페오도시이 황제의 칙령에 따라 기독교가 로마제국의 공식 종교가 됨
- 395 : 페오도시이 황제가 죽고 로마제국은 로마를 수도로 하는 서로마와 콘스탄티노플을 수도로 하는 동로마제국으로 분리됨
- 431 : 에베소 제3차 공의회. 성 처녀 마리아의 성모 명명식
- 451 : 할키스톤 제4차 공의회 개최. 단성론주의자에 대한 심판 : 공의회는 "그리스도는 하나의 형상 또는 인성(삼위일체의 위격)이지만, 그러나 그것은 서로 결합될 수도, 분리될 수도, 변할 수도 없는 두 개의 천성(인성과 신성)을 본질로 한다"는 이른바 할키스톤 교리를 채택하였음. 이집트(콥트 족), 에디오피아, 아르메니아, 시리아, 인도의 단성론주의자들이 정교회로부터 분리됨
- 460 : 레오 황제시대, 로마의 집정관이자 귀족 스투지는 콘스탄티노플의 세례 요한 교회(후에 스투지온 또는 스투짙스키 수도원이 됨)를 세

움. 스투지의 교회는 한 주야를 기도로 지새우는 끈기있는 사람들로 조직한다는 교회의 법규를 운영함. 수도원이 보다 유명해진 것은 사제 표도르 스투지트(†826)가 이콘숭배자들의 대표자가 되어 정교회 세계에서 인증한 '스투짙스키 특별 규범'을 제정했을 시점이었음. 1070년 경 '스투짙스키 법규'는 키예보-페체르스키 수도원으로 보내졌고 '예루살렘 규범'으로 대체된 14세기까지 모든 러시아 수도원으로 확산됨.

- 474 : 콘스탄티노플 블라헤른의 성모탄생교회에서 팔레스타인으로부터 온 '가장 신성한 성모이콘'의 겉옷 장식(리자)과 견대(포야스)가 입혀짐 : 성모이콘의 '리자 장식 축일'로 제정됨. 성 로만 슬라드코페베츠 사제에 의해 '성모탄생 찬미가 대전집'이 여기서 만들어짐. 10세기 콘스탄티노플 봉쇄시에 성 안드레이 유로지브이는 마포리를 펼쳐 기도하는 신도의 몸을 덮어주는 성모의 모습을 교회안에서 목격하였음. 12세기에 이 날은 '수호(Покров)의 성모이콘' 축일로 제정됨.
- 484 : 카파토키아 사제 사바 오스뱌쉔느이가 '팔레스타인 수도원(대성당)'건립. 여기서 만들어진 『티피콘 전례 규범』은 모든 정교회 삶의 근본이 됨 '예루살렘 규범'이라 불리는 이 규범집은 14-15세기에 루시로 유입되어 '스투짙스키 법규'와 혼합 또는 대체됨.
- 498 : 프랑코의 왕 흘로드비그의 기독교 세례 : 바르바르인들의 기독교화의 시초가 됨
- 525-600 이후 : 시나이의 성 에카테리나 수도원 원장 요한 시나이스키(†649)는 자신의 저서 「천국의 계단」으로 요한 레스트비츠니크라는 별호를 받음. 고결한 자기 희생과 선행을 통한 영적 완성, 즉 천국을 향한 30단계의 길을 제시한 이 책은 정교회 금욕주의의 교과서가 됨.
- 527 : 유스티니안 황제, 시나이 산에 대 순교 성자 예카테리나의 수도원 건립. 553년 요한 레스트비츠니크(시나이스키)가 이 수도원의 원장으로 재직시에 4세기경의 성서 사본과 납화기법으로 제작된 고대 이콘들이 발굴됨.
- 532-537 : 유스티니안 황제의 지시로 트랄에서 초빙된 건축가 안피미

와 밀레트 출신 이시도르가 콘스탄티노플의 성 소피아 성당 축조.

- 544 : 에뎃사의 도시 성벽 한 곳에서 '네루코트보르니 구세주 이콘(만딜리온)' 발견됨.
- 545-547 : 시나이 수도원에서 코스마 인지코프로프의 『기독교 지형도』가 제작됨. 중세 과학발전에 영향을 준 우주기원론 등의 우주학 자료가 포함됨.
- 553 : 제5차 세계기독교공의회(제2차 콘스탄티노플 공의회) 개최
- 548-565 : 시나이 산 성 예카테리나 수도원에 '그리스도 현성용 교회'가 축조됨
- 580-662 : 신학자이자 교회문학가 성 막심 이스포베드니크는 정교회 교리수호(각종 축어적 표현의 사용과 오른손 서약 이론 주장)를 고집한 죄로 혀와 오른손을 잘리고 유형생활 도중 순교함. 대표작 『창조의 신비』를 남김.
- Ⅶ세기 초 : 아라비아 민족 사이에 급성장한 이슬람교의 출현
- 626 : 12편의 익소스와 12편의 콘닥으로 구성된 성모 찬가 『아카피스트』가 제작됨. 아카피스트의 그리스어 의미는 '앉아서 들을 수 없는 찬송'이며 고대 슬라브어로는 '네세달렌: 앉아서 찬송할 수 없는 성모 찬송'의 뜻임. 아카피스트 텍스트는 교회의 벽화로도 그려짐.
- 630-640 : 아랍-무슬림의 안티오키아, 알렉산드리아, 예루살렘 점령.
- 637 : 아랍인의 침공으로 예루살렘 붕괴.
- 675-754 : 비잔틴 신학자 요한 다마스킨의 생애, 『정교회 신앙의 올바른 해석』 등의 신학이론서 및 옥토이흐(8옥타브) 찬송가 편찬. 다마스커스의 아브달 멜레흐 갈리프 왕궁의 순례 후, 그는 팔레스타인의 사바 오스뱌쉔느이 사원의 수도사 생활 중에 사망함.
- 680-681 : 3차 콘스탄티노플 공의회(제6차 세계기독교공의회), 단성론자와 같은 이단을 심판. 그리스도의 두 개의 천성(신성과 인성)에 대한 교리 확정.
- 691-692 : 트롤 공의회가 6차 세계기독교공의회를 보완 : 82개 조항

을 채택하면서 구세주는 어린 양의 알레고리적 형상이 아니라 신의 말씀, 즉 이수스 크리스토스인 인간의 형상으로 묘사되어야 함을 결정.

- 723 : 예지드 칼리프는 칼리프가 지배하는 모든 지역의 기독교 사원에 있는 성물들의 퇴치를 명함.
- 726 : 레오 Ⅲ세 이사브르 황제는 공공장소에서 이콘의 전시를 금함. 이에 불복한 게르만 총대주교는 유형에 처해짐.
- 726-787 : 공식화된 이콘타파주의가 대두되면서 이콘에 대한 찬반논쟁이 심화됨. 제7차 세계기독교공의회는 이콘숭배주의의 승리를 확정하고 이콘숭배사상에 대한 박해가 종식됨.
- 726 : 요한 다마스킨 교부는 이콘타파주의에 대항한 자신의 주장 『세 개의 변론』을 공의회에서 발표함으로써 이콘숭배주의를 수호함.
- 726 : 로마 법왕 그리고리 Ⅱ세는 게르만 총대주교를 지원함과 동시에 황제와 총대주교에게 공식서한을 보냄. 법왕의 서한은 7차 기독교공의회가 이콘숭배주이를 공인하는데 큰 역할을 하였음.
- 731 : 그리고리 Ⅲ세 법왕 또한 이콘의 영성을 부정, 비난하는 자는 교회조직에서 제명할 것을 공포함.
- 754 : 콘스탄틴 Ⅴ. 코프로님(743-775)황제, 이콘숭배주의자를 심판한 회의에서 이콘 옹호자들을 파문시킴.
- 756-826 : 이콘숭배주의의 수호자인 비잔틴 교부 페오도르 스투지트는 디오니시이 아레오파키트의 교서를 기초로 이콘과 이콘의 원상도상 규범을 만듬.
- 787 : 이리나 황녀와 성 타라시아 총대주교가 주재한 7차 공의회(제2차 니케아공의회)는 지금까지의 공의회가 채택한 교회의 이콘숭배 교리의 적합성을 확인함.
- 794 : 프랑크푸르트 공의회, 이콘숭배주의에 대한 중도적 입장 표명.
- 825 : 파리 공의회는 7차 공의회의 결정을 일부 인정하지 않고 중도적인 입장을 시사함.
- 813-843 : 2차 이콘파괴주의 시대 도래. 레오 Ⅴ세 이르먀닌 황제가 이콘파괴주의 옹호.
- 814 : 요한 그람마티크가 쓴 이콘타파주의에 대한 옹호의 글이 두 번째

이콘타파주의 파동을 부추기게 됨.

- 842-843 : 페오드르 황제와 성 메포지 총대주교는 콘스탄티노플 회의에서 7차 공의회가 확정한 이콘숭배주의를 재결의 함. 843년 3월 11일 대재 첫 번째 일요일에 구세주 이콘의 십자가 행렬을 거행. 정교회는 이날을 정교회 승리의 날로 제정함.
- Ⅸ세기 후반 : 성 키릴(콘스탄틴: 826-869)과 메포지(미하일: 820-885)형제 수도사, 슬라브 민족의 계몽자로 활동 시작.
- 864-865 : 불가리아 황제 성 보리스의 정교 세례 : 불가리아 기독교화의 시작이자 타 슬라브 민족의 기독교화의 발판이 됨.
- 867-1056 : 콘스탄티노플의 마케돈스키 왕조 통치시대. 비잔틴 예술과 문화의 이른바 마케톤 르네상스가 시작됨.
- 916 : 불가리아의 뛰어난 작가이자 남 슬라브 민족의 계몽자 성 클리멘트 오흐리드스키(키릴과 메포지의 제자) 사망.
- 944 : 로만 Ⅰ세 레카핀 황제의 군대가 아랍의 지배하에 있던 에뎃사를 봉쇄. 황제 군은 에뎃사시의 회교 족장과의 담판에서 '구세주 만딜리온 이콘'과 성물들을 전리품으로 하사받음. 성모승천의 날에 수건에 새겨진 손으로 그리지 않은 구세주 이콘은 콘스탄티노플에서 성대히 봉헌됨
- 949-1032 : 스투짇스키 수도원의 수도사이자 시메온 블라고고베이니 성자의 제자 시메온(신학의 신 이론가) 교부는 『찬신론(Теозис)』과 찬송가 제작을 통하여 이시하즘 사상을 고취시킴.
- 963 : 아파나시 트라페준트스키 교부, 아폰 산의 최초의 수도원(멜레기스치 사원)을 건립함. 아폰 지역의 전설에 따르면 AD 44년에 성모마리아가 이곳을 찾아와 자신의 성령을 내렸다고 함. 이미 4세기부터 은둔자들의 거주지가 되어왔던 수도원의 수도사들은 성모를 이 성산의 영광스러운 여 수도원장으로 추대하게 되었고, 성모는 이 땅에 발을 디딘 유일한 여성이 된 것임.
- 955 : 성 올가 여공의 세례가 콘스탄티노플의 바그랴노로드니 황제의 궁에서 거행됨.

- 965 : 폴란드의 메치슬라브 공후의 정교 세례, 폴란드의 기독교화 시작.
- 987 : 키예프 대공 성 블라지미르 스뱌토슬라비치, 코르순(헤르소네스)에서 그리스인들로부터 세례를 받음. 비잔틴 황녀 안나와 결혼.
- 988 : 루시의 정교 세례 : 블라지미르 대공의 명에 따라 드네프르 강에서 키예프 대주교 미하일의 주재로 루시민족의 세례식이 거행됨.
- 988-996 : 키예프에 성모이콘으로 봉헌된 '십일조교회'가 건립됨(현존하지 않음).
- 1017-1037 : 현공 야로슬라프(1019-1054)의 성 소피아 사원 건립.
- 1043-1046 : 비잔틴 건축가를 초빙하여 키예프 성 소피아 사원의 내부를 모자이크, 프레스코, 이콘 등으로 장식함. 이들과 함께 작업을 도왔던 루시인들은 비잔틴 성상예술을 사사받음.
- 1046 : 체르니고프의 브세블로드 야로슬라비치 공후에게 시집 온 그리스의 안나 공주는 결혼 선물로 성모이콘을 비잔틴에서 루시로 가져 옴. 후에 이 이콘은 '오지기트리아(길을 인도하는 성모) 스몰렌스카야 성모이콘'으로 명명되어 수많은 기적을 현시하였음.
- 1046-1050 : 노브고로드에 성 소피아 사원 건축(1108).
- 1056-1057 : 키예프 루시에서 오스트로미르 복음서 창제.
- 1062 : 동굴 위에 성모승천교회 축조. 키예프의 수도원을 불만스럽게 생각했던 고행수도사 안토니(†1073)와 페오도시(†1074)는 이 동굴에서 은둔처를 찾았고, 이것이 키예보-페체르스키 동굴수도원의 기원이자 모든 러시아 수도원의 요람이 됨.
- 1071 : 키예프의 수난자 공후 보리와 글렙의 최초의 성자 추존.
- 1081-1185 : 콘스탄티노플의 콤니노프 왕조 시대, 비잔틴 문화예술의 번성을 기함.
- 1114 : 키예프 동굴수도원의 수도사이자 루시 최초의 이콘화가 성 알림피(알림피)이 사망.
- 1130 : 콘스탄티노플에서 키예프로 옮겨진 '가장 신성한 성모이콘'은 수많은 기적을 만들면서 '블라지미르 성모이콘'으로 숭배 됨.
- 1155 : 성 안드레이 보골류프스키 공후는 이 기적의 성모이콘을 키예프

에서 블라지미르로 모셨고, 정교회력에 루시 땅의 수호자 성모의 뜻을 받들어 '수호 성모이콘' 축일로 지정함.

- 1170 : '성모출현 이콘'의 계시를 받은 노브고로드 주교 성 요한, 노브고로드를 수즈달 군대의 침공으로부터 구원함.
- 1189 : 비잔틴 황제 알렉세이 콤닌은 루시인의 청을 받아들여 아폰의 성 환테레이몬 수도원을 루시에게 위임함. 성산위에 세워진 이 수도원은 가장 규모가 큰 러시아의 수도원이 됨.
- 1204 : 제4차 십자군원정으로 콘스탄티노플 패망. 라틴제국의 국가가 동방에 창건됨.
- 1204-1261 : 비잔틴 황제 니케아(소아시아)로 천도. 라틴제국의 압제가 끝난 1261년 콘스탄티노플로 환도.
- 1237 : 성 사바 세르뱐스키 서거. 정교회 활동가이자 계몽자였던 그는 세르비아 교회의 자치독립권을 얻어내면서, 아폰의 힐란다르스키 세르비아 수도원을 부흥시킴. '세르비아 교회의 아버지'로 불리움.
- 1259- 1453 : 콘스탄티노플의 팔레올로그 왕조시대. 비잔틴 최후의 정교문화 발전을 이룩함.
- 1261 : 사라이스키 그리스정교 감독관구의 설립. 타타르족과 볼가지역민들의 정교화.
- 1274 : 정교와 가톨릭교의 통합을 시도한 이른바 '리온스카야 통합'(리온의 공의회)은 비잔틴 황제 마하일 Ⅷ 팔레올로그의 사망(1282)으로 유명무실해짐.
- 1296-1359 : 성 그리고리 팔라마의 생애. 테살로니키 대주교로서 이시하즘 사상의 신학적 기초를 확립. 동방수도원의 신비주의적 고행수도로서 이시하즘의 근본은 '사고의 능력,' 즉 명상, 관조, 침묵, 그리고 충성스러운 기도임. 자연의 힘, 파보르산의 천상의 빛에 대한 그의 가르침은 비잔틴 이콘예술과 모든 정교회 세계에 지대한 영향을 끼침.
- 1299 : 성 막심 부주교(1283-1305), 키예프의 부주교 관구를 블라지미로 옮김.
- 1325 : 성 표트르 부주교(1308-1326), 블라지미르에서 모스크바로 이

주 후 크렘린 내의 우스펜스키 사원을 건립하고 모스크바 공국의 통치권을 확립시킴. 그의 후계자 페오그노스트(1328-1353)는 블라지미르의 부주교 관저를 모스크바로 옮기고 우스펜스키 사원 장식을 위해 그리스 장인들을 초빙함.

- 1341 : 세르비아 총대주교 관구 설립. 세르비아 교회, 콘스탄티노플로부터 독립.
- 1352 : 콘스탄티노플 공의회는 신의 능력과 파보르산의 빛의 의미에 관한 성 그리고리 팔라마 교회의 원천을 확증함.
- 1378 : 성 알렉세이 모스크바 부주교(수좌대주교) 서거. 정치와 교회를 모두 관장한 현명한 지도력으로 타타르의 한으로부터 정교회의 특권을 인정받음.
- 1378 : 비잔틴에서 루시로 건너온 이콘화가 페오판 그렉, 노브고로드의 그리스도 현성용 교회를 자신의 독창적인 화법의 이콘과 벽화로 장식함. 동시대 루시 이콘화가들은 그를 '비범한 솜씨의 철학자'로 일컬음. 그의 화법은 안드레이 루블료프에게 전수됨.
- 1382 : 투르크인의 소피아 정복과 불가리아의 굴복. 코소보 평원 전투(1389)에서 무라드 I세 술탄의 터키군대는 라자리 공후의 세르보-보스니아군을 격퇴시킴. 세르비아는 오스만터키 제국의 속국이 됨.
- 1392 : 성 사제 세르기이 라도네주스키의 생애. 가장 위대한 러시아 성자들 중의 한 사람으로 타타르의 압제에 맞서 루시의 종교적 부흥을 조성하면서 공후들의 내분을 진정시켰음. 자신의 수도원을 성삼위일체 이콘에 헌당한 세르기이는 사랑의 화합, 형제애, 그리고 자기 희생의 정신을 전도하였음. 그의 제자들은 기독교 계몽의 근원이자 루시인의 정신적 안식처가 된 90여개의 수도원을 설립하였음.
- 1395 : '블라지미르 성모이콘'의 모스크바로 이전의식 거행. 후에 정교회는 블라지미르 성모이콘 봉헌 축일로 제정함. 이 이콘에 대한 모스크바인들의 기도는 타메르란 한(티무르)의 모스크바 침공으로부터 루시를 구원하였음 : 티무르의 꿈에 현시된 성령의 빛을 발하는 성처녀가 그에게 루시 국경으로부터 물러날 것을 명령하자 이에 놀란 타메르란 한은

즉시 퇴각하였음.

- 1396 : 사제 스테판 페름스키의 사망. 성 세르기이 라도네주스키의 친구였던 그는 이교도 코미인들을 전도하면서 코미문자를 창제하였고, 성서와 예배서를 번역하여 페름교구 주교들의 복음전파를 도왔음.
- 1405 : 페오판 그렉, 프로호르 스 고로제츠, 그리고 수도사 안드레이 루블료프 등 세명의 이콘화가에 의해 크렘린 내의 '성모 수태고지 교회'가 장식됨.
- 1406 : 부주교 키프리안 서거. 루시의 뛰어난 정치, 종교 활동가로서 작가이자 성체의례 전문가이기도 함.
- 1408 : 안드레이 루블료프, 동료 수도사 다니일 초르니와 함께 블라지미르 우스펜스키 사원을 장식.
- 1425 –1427 : 성 사제 안드레이 루블료프, '성삼위일체 이콘' 제작. 그는 이 이콘을 자신의 정신적인 아버지 세르기이 라도네주스키(트로이차-세르기예보 수도원의 성삼위일체 교회에 봉헌)에게 바침.
- 1429 : 성 시몬 솔룬스키의 서거. 그는 성찬식의 상징적 의미 해석과 사원 예술 연구에 전념한 신학자이자 작가임.
- 1430 : 술탄 무라드 II세, 콘스탄티노플 이후 비잔틴제국의 두 번째 도시인 테살로니키를 봉쇄.
- 1433–1508 : 성 사제 닐 소르스키의 생애. 루시의 수도원 생활의 근본인 금욕, 청렴, 은둔과 기도를 통한 고행의 모범이 됨.
- 1438–1439 : 페라로-프로젠스키 공의회는 정교와 가톨릭의 연합을 시도함. 회의에 참석한 모스크바 부주교 이시도르는 모스크바 관구 성직자들의 반대의사를 대변함.
- 1444 : 바르나 근교의 전투에서 십자군 원정군을 격퇴한 터키인들은 유럽으로의 통로를 개척함.
- 1448 : 러시아 최초의 독립주교회의 개최. 랴잔의 주교 성 요나가 모스크바 부주교에 임명됨. 이로서 콘스탄티노플로부터 독립된 모스크바 루시의 교회가 됨.
- 1453 : 술탄 메흐메드 II세 파티흐(정복자)의 군에 의해 콘스탄티노플

패망. 비잔틴제국의 멸망과 함께 콘스탄티노플은 이스탄불이 됨.

- 1470 : 이콘의 거장 미트로파니이와 디오니시이, 파프누티예프-보로프스키 수도원의 '예수탄생교회'장식.
- 1472 : 대공 이반 Ⅲ세, 비잔틴의 마지막 황제 콘스탄틴 팔레올로그의 질녀 소피아(조에) 공주와 결혼.
- 1475-1479 : 루시에 살았던 이탈리아 건축가 아리스토텔 피오르반티는 이반 Ⅲ세의 초청을 받고 모스크바 크렘린의 우스펜스키 사원을 축조함.
- 1480 : 아흐마트 한의 군대, 오카강 지류의 우그라강에서 루시의 민병대에 의해 격퇴됨. 모스크바 루시인들은 이 전장에서 성모마리아 이콘의 현시를 목격하였음. 이반 Ⅲ세는 한의 칙서를 파기하고 타타르에게 바치던 공물을 중단함. 이로써 2세기가 넘는 루시땅의 타타르 압제가 종식됨.
- 1499 : 노브고로드의 성 겐나지 부주교의 축복하에 구약과 신약이 슬라브어로 번역됨.
- 1500 : 성 사제 요십 볼로츠키의 저서 『계몽자』 속에 포함된 『이콘화가에게 보내는 교서』의 수신자(이콘의 거장 디오니시이) 주소가 밝혀짐.
- 1501-1503 : 디오니시이는 동료화가들과 함께 페라폰토프 수도원의 성모탄생교회를 장식함.
- 1518 : 아폰에서 예배서 수정을 위해 루시로 온 수도사 막심 그렉(미하일 트리볼리스)은 자신의 저서 『성스러운 이콘에 관하여』에서 이콘화법에 대한 문제제기를 함.
- 1520-1550 : 엘리아자로프 수도원의 고행수도사 필로페이, "모스크바 제3로마" 이론을 제기함.
- 1541-1552 : 모스크바 부주교 성 마카리, 러시아 성자들의 생애전 전집 『체치이미네이』를 창간.
- 1547 : 이반 Ⅳ세 대관식 거행. 모스크바 대화재로 수많은 교회와 크렘린 궁의 사원들이 손실됨. 그 후 이반 Ⅳ세는 모든 도시의 이콘을 모아 모스크바로 집산토록 명령함.
- 1551 : '백개조항회의'에서 이콘화법(43조항)에 관한 문제를 심의. 회의

는 안드레이 루블료프와 그리스 이콘화가들의 화법을 따르도록 결의함.

- 1553-1554 : 모스크바 회의는 보제 이반 비스코바트이 사건을 심의함. 성부의 형상묘사와 같은 새로운 이콘화법이 고유한 이콘 원상 규범을 모독하는 것임을 주장한 이반 비스코바트이를 심판함.
- 1564 : 이반 페도로프와 표트르 티모페예프 무스티 슬라베츠의 『사도-사도행전과 복음서』가 모스크바 국영인쇄소에서 출간.
- 1579 : 카잔의 9살 소녀 마트료나에게 성모마리아 이콘이 현시됨. '카잔의 성모이콘'이라 명명된 이 기적이콘은 러시아정교회 역사속의 많은 사건들과 관계되는데, 1612년과 1812년 (조국전쟁)이 그 예이다.
- 1580-1581 : 콘스탄틴 오스트로주스키 공후의 슬라브어 성경 '오스트로주스키 성경' 출간.
- 1589. 1. 26 : 초대 러시아 총대주교 성 욥의 등장. 루시에 총대주교 관구의 설립.
- 16세기 말 : 솔브이체곧스크의 스트로가노프가문 세습영지에 이콘화가 조합이 형성됨. 여기에 모스크바 화파(오루제이니야 팔라타)와 대 우스튜그 원류 화파들의 이콘화가들이 합세되면서 이른바 '모스크바 스트로가노프 화파'를 형성함. 스테판 아레피예프, 세묜 보로진, 이스토무 사빈, 그의 두아들 나자리아와 니키포르 사빈, 그리고 프로코피이 치린 등이 대표함.
- 1613 : 젬스키 사보르에 의해 미하일 표도로비치 로마노프 황제가 선출되면서 새로운 로마노프 왕조 출범(1613-1917).
- 1620 : 모스크바 왕실 부설 이콘제작소와 화실 그리고 이콘성(省)이 창설. 각 지역 출신 거장들이 모여 교회회화술과 세속예술의 제작 · 보존에 전력.
- 1626-1686 : 왕실 성상화가 시몬 표도로비치 우샤코프가 새로운 이콘화법 이론인 '사실화기법'을 주창. 서유럽 회화의 영향을 받은 그의 논문 『이콘화법의 정밀화에 관하여』는 정교회 이콘예술의 세속화(파루수나와 루복이콘의 등장)를 가속화 함.
- 1640 : '옛것을 숭상하는 애호가 모임' 출현. 전통교회의 구교회로의 회

귀를 목표로 한 이들은 이콘의 전통화법 고수 또한 그들의 임무였음. 스테판 보니파티예프가 이끄는 이 그룹의 한 사람이었던 사제 아바쿰 페트로프는 이 구교회 신봉자들의 수장이 됨. 당시 노보스파스키 수도원의 관장이던 니콘 총대주교는 아바쿰 사제의 적수이자 박해자가 됨.

- 1648. 10. 13 : 아폰에서 '이베리아 성모이콘'의 모사본이 모스크바에 도착. 니콘 총대주교의 주문에 따라 아폰의 수도사 얌브리흐 로마노프가 제작한 이콘임. 성대한 이콘의 봉헌식 후 이 이콘은 키타이시의 '부활성문' 곁에 있는 차소브냐(작은 예배당)에 봉정됨.
- 1652 : 짜르의 명에 따라 "퍄티글라비예(5개의 돔형지붕건물)"를 교회건축의 기본으로 규정하고 천막형교회(하나의 지붕) 건축을 불허함.
- 1658 : 총대주교 니콘의 의도에 따라 '노보 예루살렘스키 수도원'의 예수부활교회 건축은 '모스크바 제2의 예루살렘' 사상을 구현할 것을 전제로 함. 결국 이 사원은 예루살렘의 '주 부활무덤' 사원을 정확히 복제되어 완공 됨. 트로이차-세르기예보 사원의 고행수도사 아르세니 수하노프는 교회건축을 위해 두 차례에 걸쳐 예루살렘에 파견됨.
- 1660-1670 : 새로운 이콘화범에 관한 논쟁에는 『성스러운 전통 이콘 숭배에 관한 이야기(1677)』의 저자인 시메온 폴로츠키도 포함됨.
- 1666-1667 : 모스크바 대공의회는 구교도와 구교도의 사상을 심판함. 사제장 아바쿰 페트로프를 파문하고 이콘의 총대주교직을 박달함. 회의에서는 '신약의 삼위일체 이콘'과 '부성(отечество)'이라는 이콘의 표제와 주제의 부당성을 심판함.
- 1668-1676 : 솔로베츠키 수도원 폭동 진압을 위한 짜르군대 투입. 8년간 계속된 수도사들과 구교도 농민들의 저항이 끝나고 반란자들은 가혹한 처벌을 받음
- 1675 : 구교도 페오도시 모로조프와 그의 누이 에브토기야 우루소바 유형지에서 시망.
- 1682 : 사제장 아바쿰과 그의 동료 구교도 사제 라자리, 표도르 보제, 에피파니 수도사 등등은 푸스토 오제르스크(지금의 네네츠키 자치주)에

서 화형(сруб)에 처해짐. 죄목은 '짜르가문에 대한 대역죄'라는 유죄판결이었으나, 원죄는 니콘 총대주교의 신교리에 맞선 구교도 관습과 전례의식의 주장이었음. 또한 아바쿰은 정교회의 전통 도상규범을 무시한 왕실 이콘화가들의 새로운 이콘화법을 부정하였음.

- 1700 : 아드리안 총대주교의 등장으로 향후 2세기가 넘도록 러시아의 총대주교 선출은 이루어지지 않았음. 모스크바 인쇄국 교정사 옙피미 추도프스키(추도프수도원 수도사)는 『러시아 이콘화법에 대한 질의 응답』을 통하여 교리에 어긋난 성상화, '성부 또는 부성'과 같은 이콘화법을 비판함.
- 1721 : 표트르 I 세의 '신성종무원' 제정에 관한 칙령 발표. 종무원장은 세속인 행정가로 임명되면서, 총대주교제를 폐지하고 정교회 관구는 국가통제를 받게됨.
- 1730 : 디오니시이 푸르노아그라피오트의 『회화예술에 대한 교시』는 향후 러시아 이콘화가들의 교과서이자 포르피리 주교에 의해 러시아로 유입된 『이콘원상도상규범』이 됨. 이 도상규범은 1868년 러시아어로 완역됨.
- 1751 : 엘리자베타 페트로브나 예제 시대에 슬라브어판 성경 개정본이 출판됨. 이것은 현재 러시아정교회가 사용하고 있는 텍스트임.
- 1764 : 에카테리나 II세의 칙령으로 모든 교회재산이 종교성으로부터 몰수되고 정부예하 행정기관으로 이전됨. 성직자와 일반 수도사들의 봉급은 행정관리들의 봉급에 준하여 지급됨.
- 1771 : 모스크바에 역병이 창궐했을 때 죽은 구교도들의 매장지역은 로고주스키관문 너머의 특별장소로 지정되었음. 후에 이곳은 '벨로크리니츠키 고위성직자'와 같은 구교도의 중요한 거점이 되었고, 프레오브라젠스키 마을은 무승파(페도세예프스키 종파)들의 거점이기도 함.
- 1783-1867 : 모스크바 부주교 성 필라레트는 성직자들의 러시아어 성서 번역과 정교회의 계몽활동을 적극 지원하였음.
- 1800 : 모스크바 부주교 플라톤(렙쉰)이 이끄는 신성종무원은 국가의 통합된 종교를 위해 구교도 교구의 국가교회로의 전환을 유도함. 구교

도들에게 구의식을 지킬 권리를 부여함과 동시에 러시아정교회의 전통 복장인 오모포르(사제복)속으로 뭉치자는 회유책이었음.

- 1804-1885 : 고대 기독교 예술 연구가인 치기린스키의 주교 포르피리의 생애.
- 1812-1891 : 성 사제 암브로시이 틴스키의 생애: 그는 브베젠스카야 옵티나 수도원에서의 고행수도생활을 통하여 대중과 인텔리겐치야들의 귀의를 선도하였음. 도스토옙스키는 성 암브로시이로부터 조시마 장로의 형상과 알료샤 카라마조프의 형상을 찾았음.
- 1813 : 과학아카데미 원장 우바로프 백작, 국민계몽성 장관에 임명. 알렉산드르 I 세와 니콜라이 I 세 치세기간의 '관제국민주의' 독트린 선포.
- 1820 : 예술가 장려회는 1812년 조국전쟁 승리기념으로 '구세주 사원'의 건축 설계 공모. 비트베르그의 설계(바로비예프 산상에 축조계획)가 채택 되었으나 실현되지 못함.
- 1832-1884 : 건축가 콘스탄틴 톤의 재설계로 '구세주 사원'의 건설 재개. 사원은 1859년 교회의 내부장식이 시작된지 30년후에 준공됨.
- 1883 : 성 사제 세라핌 사롭스키 서거. 이시하즘의 전통을 고수함.
- 1842 : 니콜라이 I 세, 민족과 국가자산으로서 고대기념물 보호 칙령 발표.
- 1846 : 러시아 고고학 협회 창설.
- 1850 : 포르피리주교, 시나이 수도원에서 납화이콘(6세기) 발견, 키예프 종교 아카데미 박물관에 소장됨.
- 1853 : 구교도 부주교 관구가 모스크바 로고주스키 묘역에 설립됨.
- 1859 : 알렉산드르 II 세의 칙령으로 '고고학 위원회'가 결성되고, 교회를 비롯한 고대건축기념물 연구 및 재건기구가 부설됨. 10월 혁명 이후 이 기구는 문화재역사아카데미(1919-1937), 역사문화재연구소(1937-1959), 그리고 과학아카데미 고고학연구소(1060)로 개명됨.
- 1864 : 이콘화법연구를 위한 고대미술협회가 모스크바 출판박물관에 부설됨.
- 1876 : 『종무원성경』발간.
- 1877 : '고대문헌과 예술애호가협회,' 『시이스키 이콘도상규범집』 간행.

- 1890 : 모스크바 역사박물관, 8차 고고학회의와 고대이콘 전시회 개최.
- 1896-1897 : 모스크바예술애호가협회, 그리스도와 성모이콘 전시회 개최.
- 1905. 4. 17 : 니콜라이 II세, 러시아제국 종교의 자유 칙령 선포.
- 1912-1913 : 러시아정교회는 자치독립교회의 제도화를 공인함.
- 1913 : 모스크바에서 로마노프왕조 300주년 기념 이콘전시회 개최.
- 1913 : 종무원의 결정에 따라 아폰의 성 판테레이몬 러시아 수도원의 수도사들을 소환: 이들은 '이먀노쥐스트보' 이단(살아있는 신으로 숭배하거나 이수스의 이름을 우상화 함)으로 비난 받음.
- 1917 : 2월, 10월 혁명. 볼쉐비키 권력장악.
- 1917. 3 ~ 11 : 그루지아 정교회 자치독립교회 선언. 모스크바 구세주 사원에서 러시아정교회의 자치독립교회 대표자 회의 개최: 러시아의 총대주교제를 부활시킴. 사제장 요한 카추로프 피살: 교회에 대한 볼쉐비키 테러 시작. 모스크바 크렘린의 우스펜스키 사원에서 총대주교 티혼의 등위식 거행.
- 1918. 1 ~ 2 : 인민위원회의 법령, 『국가와 학교로부터 교회의 분리에 관하여』에 의거 교회는 법인과 재산권을 박탈당함.
- 1920. 4 : 인민위원회, '세르기예보 삼위일체 사원' 폐쇄 결정. 수도원 재산의 국유화.
- 1920. 11월 콘스탄티노플에서 '해외임시최고러시아교회 관구'(부주교 안토니)결성.
- 1921 : 세르비아 총대주교의 초청에 따라 종무원회의는 스렘스키 카를로비츠이(유고슬라비아)로 옮김. 이것은 러시아정교회의 해외관구 결성의 시작이 됨.
- 1921. 4 : 티혼 총대주교와 종무원의 칙령: 서유럽의 모든 러시아교회는 에블로기이(게오르기옙스키: 당시 파리에 망명 생활 중) 대주교의 지휘를 받게 됨.
- 1922 : 소비에트 당국은 베르쟈예프, 불가코프, 프랑코, 페도토프 등등의 철학자와 신학자를 러시아에서 추방시킴: 망명 중 그들은 파리의 종교철학과 학교를 창립함. 전 러시아 중앙집행의회(ВЦИК)는, 교회재

산권을 박탈.

- 1923 : 솔로베츠키 수도원을 폐쇄하고 특수집단수용소를 만듦, 많은 평신도, 수도사, 사제들은 수감생활 중에 사망. 교회는 이들을 새로운 순교자로 성자 추존함. 혁명 후 러시아정교회 혁신파의회는 티혼 총대주교의 추종자 '티호노베츠'들의 반혁명활동을 심판.
- 1924 : 파리에 성 세르기예프스키 기숙사교회(подворье)가 부주교 예브로기이에 의해 건립되어 정교회의 정신적 본산이 됨.
- 1925 : 파리에 고등 신학교 설립, 성 세르기옙스키 신학대학으로 승격됨. 라부쉰스키의 주관으로 파리의 '이콘협회'가 창립됨. 협회는 이콘을 포함한 유럽내의 정교회 사원건축과 장식예술을 유행시킴. 모스크바에서 티혼 총대주교 서거. 그의 유언에 따라 부주교 표트르(폴랸스키)가 총대주교를 대행함.
- 1925. 12 : 표트르 총대주교 대행 체포. 페름으로 유형에 처해진 후 총살됨. 세르기이(스트라고드스키) 부주교가 총대주교 대행.
- 1927. 7 : 세르기이 총대주교 대행이 소집한 고위 성직자 협의회에서 임시 총대주교 신성종무원 설립. 임시 신성종무원의 신도단에게 보내는 교서는 교회의 합법화와 소비에트 당국에 대한 충성맹세에 관한(이른바 '세르기이 부주교 선언') 내용이었음.
- 1931. 12 : 모스크바 '구세주 사원' 폭발.
- 1932 : '전투적 무신론자 동맹'(1925결성)의 수도사에 대한 탄압 시작.
- 1938 : 뉴욕에 '성 블라지미르스키 정교회 신학아카데미' 개설.
- 1943. 4 : 스탈린, 크렘린 궁으로 러시아정교회 고위 성직자들 초빙: 부주교 세르기이, 알렉시이, 니콜라이 등. 국가와 교회관계 호전됨. 정교회는 사원, 수도원, 아카데미, 그리고 세미나의 공개를 결정. 총대주교의 선출과 저널 출판 결정. 모스크바, 레닌그라드 종교아카데미 개원. 모스크바 고위 성직자 대표자회의, 세르기이를 총대주교로 선출.
- 1945 : 세르기이 총대주교의 서거. 자치독립교회 대표자 회의는 알렉시이(시만스키)를 총대주교로 선출.
- 1946 : 르보프스키 기독교공의회는 종교의 통합원칙을 폐지시킴. 그레

크-가톨릭교회와 러시아정교회의 재통합을 공포. 세르기이 성삼위일체 사원에서 부활절 전례식 갱신.

- 1947 : 바지-쿰란, 사해 해변 어촌에서 고대 교회문헌(1세기 전후의 것으로 추정)발견: 구약의 단편, 공동체 텍스트(신약 또는 쿰란공동체) 등의 내용.
- 1948 : 폴란드 정교회 자치독립 됨.
- 1951 : 체코슬로바키아 정교회 독립.
- 1956 : 소비에트 체제 이후 최초의 러시아 성경 출간.
- 1958 : 모스크바 종교아카데미 소속 삼위일체 세르기에보 사원에서 M.H. 소콜로바가 종교아카데미 부설. 이콘학교의 모태가 됨.
- 1958-1964 : 흐루시초프 시대, 교회 탄압재개. 사원과 수도원의 폐쇄와 함께 성직자 또는 열성 평신도에 대한 탄압 시작.
- 1961 : 기념물 재건축 사업의 명분으로 키예프 페체르스키 사원 패쇄. 신성종무원은 러시아정교회가 기독교 전세계공의회를 주관함을 공포. 러시아정교회의 공식적인 전 세계 교회화 시작.
- 1965 : 아피노고르 I 세 전세계 기독교 총대주교와 로마의 파벨VI세 교황의 만남. 콘스탄티노플과 로마간의 상호파문(1054년 포고)을 철회함.
- 1970 : 아메리카 정교회, 자치독립교회 결성. 일본 정교회의 자치교구 인정. 알렉시이 총대주교 서거. 자치독립교회대표자 회의는 피멘(이즈베코프)을 총대주교로 선출. '구교도와 구교를 고수하는 교인들에 대한 서약변경 방안'을 채택함.
- 1983. 11 : 성 다닐로프 수도원이 모스크바 관구에 양도됨으로써 모스크바의 교회 부흥사업은 1988년에 끝남.
- 1987 : 러시아정교회에 의해 옵티나 수도원이 반환됨. 최초의 예배의식이 1988. 6. 3일에 거행됨.
- 1988. 6 : 소비에트 연방, 루시의 정교세례 1000주년 기념행사 거행. 기념식과 함께 개최된 구교도 공의회는 모스크바 구교도 부주교관구를 제정하고 알림피이를 부주교에 선출함. '벨로 크리니츠키 구교도 교회'는 최초로 '러시아정교회 구교도 교회'로 명명됨.

- 1989 : 키예보 페체르스키 사원의 수도사들에 대한 처우 개선.
- 1989. 5 : 모스크바에서 '현대이콘전시회'가 개최됨.
- 1990. 3 : 피멘(이즈베코프) 총대주교 서거. 알레시이 II세(리기게르) 총대주교 선임. 연방 최고의회는 '양심과 종교의 자유에 관한 법안'을 채택: 현실적인 교회의 자유와 교회재산의 법인화 부활. 교회의 복음 활동이 폭넓게 전개되고 사원과 수도원의 반환과 교회의 부활이 본격화 됨.
- 1990. 10 : 솔로베츠키 수도원의 신규 전례서가 마련됨.
- 1992. 4 : 모스크바 고위성직자 회의는 새로운 순교성자들에 대한 성자 추존을 결정: 키예프의 블라지미르 부주교, 페트로그라드스키의 부주교 베냐민, 성 엘리자베타 표도로브나 여공, 바르바라 등등의 수도사들이 포함됨.
- 1995 : 모스크바 구세주 사원 복구 시작.
- 2000 : 기독교 2000년 기념 고위성직자 회의는 1154명의 성직자, 사제 그리고 러시아의 신임 고행수도사들에 대한 명명일 기념식을 거행함. 여기에는 황제의 가족도 포함시킴.

찾아보기

[ㄱ]

[ㄹ]

[ㅁ]

[ㅂ]

[ㅇ]

그림 찾아보기

이콘과 문학

초판 1쇄 인쇄 2010년 11월 20일
초판 1쇄 발행 2010년 11월 30일

지은이 장 실

펴낸이 박 철

펴낸곳 한국외국어대학교 출판부

130-791 서울특별시 동대문구 이문동 270

전화 02·2173·2495~6

팩스 02·2173·3363

홈페이지 http://press.hufs.ac.kr

전자우편 press@hufs.ac.kr

출판등록 제6-6호(1969. 4. 30)

편집 • 디자인 (주)이환디앤비 02·2254·4301

인쇄 • 제본 (주)동국문화 02·718·5011

정가 24,000원

ISBN 978-89-7464-632-5 93800